Le droit romain

Chez le même éditeur

Ngondankoy Nkoy-ea-Loongya, *Droit congolais des droits de l'homme*, 2004.

Stéphane Hoebeke et Bernard Mouffe, *Le droit de la presse*, 2ᵉ éd., 2005.

Lieven Vandekerckhove, *La punition mise à nu. Pénalisation et criminalisation du suicide dans l'Europe médiévale et d'Ancien Régime*, 2004.

Christian Panier, *Comprendre la justice*, 2004.

René Robaye, *Une histoire du droit civil*, 2004.

Pierre Nicaise, Jacques Malherbe et Yves De Cordt (eds), *Code des sociétés*, 2004.

Marc Fallon, *Droit matériel de l'Union européenne*, 2ᵉ éd., 2003.

René Robaye, *Comprendre le droit*, 2002.

Vincent Gautrais, *Le contrat électronique international. Encadrement juridique*, 2002.

Jean-François Taymans et Jacques Van Compernolle (eds), *Les incidents du partage judiciaire. Problèmes concrets. Solutions pratiques*, 2001.

Jean-Louis Renchon et Fabienne Tainmont (eds), *Le couple non marié à la lumière de la cohabitation légale*, 2000.

René Robaye

Le droit romain

3e édition

Louvain-la-Neuve   Bruxelles

Troisième édition de l'ouvrage paru autrefois en deux volumes chez le même éditeur.

D/2005/4910/40

ISBN 2-87209-815-1
ISBN 2-8027-2151-8

© **BRUYLANT-ACADEMIA s.a.**
   29, Grand'Place
   B-1348 Louvain-la-Neuve

Imprimé en Belgique.

Rome se perpétuera dans la moindre petite ville où des magistrats s'efforceront de vérifier les poids des marchands, de nettoyer et d'éclairer les rues, de s'opposer au désordre, à l'incurie, à la peur, à l'injustice, de réinterpréter raisonnablement les lois. Elle ne périra qu'avec la dernière cité des hommes.

Marguerite Yourcenar

Introduction

Construit, sous la forme qu'on lui connaît aujourd'hui, par l'empereur Hadrien au deuxième siècle de notre ère, le Panthéon passe pour être un chef-d'œuvre de l'architecture antique. Rome ne manque pas de sites et de monuments aptes à satisfaire la curiosité des milliers de touristes qui s'y arrêtent chaque année, mais le Panthéon offre quelque chose de plus, un je ne sais quoi qui lui est propre et qui ne tient pas seulement à son remarquable état de conservation. On reste silencieux devant la beauté et la majesté de sa voûte, superbe dans la pureté et la simplicité de ses lignes. D'un diamètre égal à sa hauteur, elle peut contenir une sphère, qui est le volume parfait.

Le droit romain partage avec le Panthéon deux propriétés qui font sa valeur et lui assurent une forme de pérennité : il faut le découvrir de l'intérieur pour comprendre sa beauté et cette beauté tient plus à son équilibre interne qu'à sa complexité. Comme le Panthéon réconcilie l'horizontale et la verticale, les juristes romains ont toujours eu le souci de l'équilibre entre la justice et la sécurité, entre la stabilité des règles et leur nécessaire évolution, entre la logique et l'humanité, entre l'abstraction et l'adéquation au problème concret.

Le droit romain fait partie du patrimoine culturel européen, au même titre que la littérature française, l'architecture italienne ou la musique allemande. Pendant des siècles, il a été considéré comme la raison écrite, comme le seul système juridique de qualité. Depuis deux millénaires, les juristes l'étudient, bon gré mal gré, génération après génération. La plupart des universités continuent à en faire un objet de recherches scientifiques, car le génie de Rome est d'abord celui de son droit et l'influence des institutions romaines reste considérable, surtout dans le domaine des rapports entre particuliers.

Il est vrai que l'histoire du droit romain est celle d'un système juridique que l'on peut observer sur une période fort étendue – quasiment un millénaire – et pour lequel nous disposons de sources documentaires abondantes et variées. De plus, l'étude du droit romain peut se faire avec d'autant plus d'objectivité que ce système juridique ne nous est plus directement applicable. Mais la pérennité du droit romain tient surtout à ses qualités.

Les qualités du droit romain classique. – Si on le compare à d'autres systèmes juridiques de l'Antiquité ou même à d'autres droits plus récents, le droit romain a connu une laïcisation rapide et profonde. Bien entendu, comme tout système normatif, il plonge ses racines dans la religion et la magie. En témoigne, notamment, le caractère religieux de certaines sanctions pénales ou de certaines procédures contractuelles ou judiciaires. Mais assez rapidement dans son histoire, le droit romain est vécu comme une création humaine au lieu d'être présenté comme le reflet de la loi divine.

Ce caractère laïque s'accompagne d'une diffusion des normes juridiques dans le corps social dès le IVème siècle avant notre ère et donne au droit romain une autonomie certaine par rapport aux autres systèmes de régulation sociale comme la religion ou l'éthique. L'autonomie du droit se marque par exemple dans la répartition des rôles entre les autorités publiques : les pontifes ont des compétences essentiellement religieuses, les censeurs sont les garants des mœurs et des traditions tandis que les préteurs administrent la justice. Séparé de la sphère religieuse, le droit peut être analysé et critiqué sans que la critique soit ressentie comme une atteinte à l'ordre divin ou un sacrilège. Il peut être enseigné à tous et son application ne doit plus être le monopole d'une classe de prêtres.

Fait par les hommes, le droit romain est également fait pour eux. Grâce à son autonomie, il peut évoluer et s'adapter à des situations sociales nouvelles. C'est sa deuxième qualité : la souplesse. Comme nous le verrons, la cause principale doit en être recherchée dans les sources du droit objectif. Ce sont principalement les magistrats, les conseillers juridiques et les juristes de la chancellerie impériale qui ont fait le droit romain classique. Ces créateurs de normes peuvent intervenir avec rapidité et souplesse, plus rapidement à coup sûr que la coutume, par essence conservatrice, et la législation, lente à répondre au changement du paysage social.

La souplesse du droit classique a également pour cause le souci constant des juristes romains de respecter la réalité sociale et de résoudre des cas particuliers. Réalistes comme des paysans peuvent l'être, jamais les juristes romains ne se laissent entraîner par la conséquence strictement logique d'un principe général, sans s'assurer au préalable de l'opportunité de la solution retenue.

La troisième qualité du droit romain est son esprit analytique. Sa force, par opposition aux autres systèmes juridiques de l'Antiquité, est d'avoir élaboré tous les concepts et les distinctions nécessaires au bon fonctionnement du droit. Ainsi, dans la plupart des branches juridiques, les juristes classiques distinguent des situations de fait et des situations de droit. Les premières sont des réalités qui s'imposent à l'observation, sans être nécessairement conformes à l'ordre juridique. Les secondes, par contre, du fait de leur conformité au droit, sont reconnues et protégées par les institutions. C'est parce que nous sommes les héritiers du droit romain que cette distinction nous paraît aller de soi. Elle n'est pourtant pas une donnée qui s'impose d'elle-même : les juristes médiévaux, dans de nombreux domaines, ne l'ont pas connue, confondant la réalité empirique et la légitimité de cette réalité.

Par exemple, comme nous le verrons en droit des biens, la possession d'un objet est une situation de fait, tandis que la propriété de cet objet est une situation de droit, qui peut coïncider avec la première – je suis possesseur et propriétaire de ma veste – ou non – le voleur de ma montre en devient possesseur alors que j'en reste propriétaire. De même, les juristes romains ont distingué, plus nettement encore que nous, le contrat de vente ou de donation d'une part, le transfert de propriété qui en est la suite logique de l'autre. La vente ou la donation sont des accords de volonté, créateurs d'obligations, tandis que le transfert de propriété est un effet juridique, qui résulte en droit romain d'un formalité distincte, cérémonie, procès fictif ou livraison, nous le verrons plus loin.

Quatrième qualité des juristes romains : leur respect du principe d'économie, qui impose, pour atteindre un résultat déterminé, de mettre en œuvre le minimum de moyens. Une institution déterminée doit pouvoir être utilisée pour réaliser de multiples fonctions. Par exemple, les formalités de transfert de propriété citées plus haut peuvent être mises en œuvre avec des mobiles divers : finaliser une vente, liquider une dette antérieure, faire une donation ou réaliser un échange. Le même contrat, la *stipulatio*, permet en droit classique de réaliser une dizaine d'opérations différentes. Le contrat romain de *locatio conductio* correspond à nos contrats de bail, de travail et d'entreprise. Le contrat de fiducie est utilisé pour créer aussi bien un gage qu'un dépôt ou un prêt, etc. Les juristes romains ne conçoivent pas que l'on crée une règle ou une institution s'il est possible de rencontrer le problème par une interprétation souple des normes existantes. Cette attitude prudente, dictée il est vrai par un fond de conservatisme, a permis au droit romain de fonctionner grâce à des sources formelles relativement restreintes, du moins si on les compare à l'inflation législative actuelle.

Autonomie, souplesse, richesse analytique et simplicité sont les qualités qui expliquent que le droit romain ait survécu à la société qui l'a créé, pour devenir, plusieurs siècles après, le fondement de la plus importante famille de systèmes juridiques modernes, la famille des droits dits "romano-germaniques", que les Anglais appellent, le terme est significatif, "droit continental". A ce titre, le droit romain mérite incontestablement une place de choix dans la formation universitaire des juristes.

Première partie

Droit romain et
culture juridique européenne

Chapitre 1ᵉʳ
Rome et le droit romain

Le principal héritage que nous a légué la Rome antique est son droit, beaucoup plus que sa philosophie, sa peinture ou sa sculpture. Pourquoi le destin de Rome est-il si étroitement associé à son système juridique ? Comment le droit romain a-t-il survécu à la disparition de l'empire qui l'a développé et comment nous est-il parvenu ? Pourquoi l'étudie-t-on encore aujourd'hui ? Au départ, le droit romain n'a rien d'universel. Comme bien d'autres systèmes juridiques de l'Antiquité, sa destinée se limite à prévenir et régler les conflits qui surviennent au sein d'une petite société traditionnelle, celle des *Quirites*, les citoyens d'une petite bourgade du Latium. Mais de façon continue, malgré des revers et des échecs, parfois sévères, Rome connaîtra une remarquable expansion territoriale, jusqu'à conquérir le Latium, l'ensemble de l'Italie, puis la totalité du bassin méditerranéen, et imposer son ordre politique et social, son mode de vie, son architecture et son urbanisme, sa langue et sa civilisation à de nombreux peuples.

Sous l'Empire, le pouvoir de Rome s'étendra de l'Espagne à la Syrie, de l'Angleterre à l'Afrique du Nord. Durant les deux premiers siècles de notre ère, que l'on a appelés l'âge d'or de Rome, les citoyens de cet immense Etat auront véritablement l'impression de faire partie d'un empire universel. Le droit romain, lui aussi, évoluera et s'adaptera à l'histoire de la société qu'il entend régir.

Nous allons examiner les grandes lignes de l'histoire de Rome, pour comprendre le cadre chronologique et géographique dans lequel le droit romain a évolué. Nous pourrons ensuite distinguer différentes étapes dans le développement de ce système juridique, qui a été d'application durant un millénaire.

Section 1
Les grandes lignes de l'histoire de Rome

La légende et l'histoire. – Comme celle de chaque peuple, l'histoire de Rome est un mélange de légendes et de réalités historiques, qu'il est souvent difficile de séparer, surtout si l'on entend remonter à ses origines. D'une part, les sources disponibles sont, pour la plupart, postérieures à la période étudiée. Ainsi, le premier écrivain qui rédige une histoire des origines de la ville, Fabius Pictor, écrit à la fin du IIIème siècle avant notre ère, soit cinq siècles après la fondation légendaire de la ville. D'autre part, les écrivains romains sont aussi soucieux de magnifier leur cité que de rendre compte des faits historiques. Comme l'avoue l'historien romain Tite-Live lui-même, "On permet aux anciens de mêler le merveilleux aux actions humaines, pour rendre l'origine des villes plus vénérables. S'il faut accorder à une nation le droit de sanctifier son origine et de la rattacher aux interventions divines, la gloire militaire de Rome est assez grande pour qu'elle puisse attribuer sa naissance et celle de son fondateur au dieu Mars, et que les hommes acceptent cette prétention, comme ils acceptent son autorité." Même si les légendes présentent beaucoup d'intérêt – dans la mesure où elles sont le reflet des conceptions religieuses, philosophiques ou politiques des Romains –, il importe de les traiter avec prudence et de les lire à la lumière de la critique historique.

Division chronologique de l'histoire de Rome. – Il a fallu des siècles pour que la fédération de villages des bords du Tibre qui est à l'origine de Rome devienne un vaste empire. Traditionnellement, l'histoire de la Rome antique, qui couvre plus d'un millénaire, se divise en trois grandes étapes chronologiques : la Royauté, la République et l'Empire. Cette division a évidemment un aspect conventionnel. Outre le fait qu'elle a été élaborée longtemps après la fin du monde antique, elle ne correspond pas à des mutations aussi importantes ni, surtout, aussi rapides que ne le suggèrent les termes employés. Ainsi, la mise en place des institutions républicaines n'a pas bouleversé en profondeur le mode de vie qui était celui des citoyens sous la Royauté. De même, le Principat, qui marque le début de l'Empire, n'a certainement pas été vécu par les Romains comme une rupture par rapport à la République, compte tenu de la continuité des institutions publiques. La distinction entre Royauté, République et Empire, cependant, permet de souligner les grandes caractéristiques de chaque période et présente donc un aspect pratique, qui justifie son maintien.

1. Les origines de Rome et la Royauté

La légende des origines. – La question des origines de Rome continue à alimenter le débat des historiens et des archéologues, qui avouent leur impuissance à confirmer la tradition littéraire antérieure à la période étrusque. La fondation de Rome repose sur une double légende, celle d'Enée et celle de Romulus.

Au XIIème siècle avant notre ère, après la prise de Troie par les Grecs, le héros troyen Enée, fils de Vénus, fuit la ville en flammes et, après un long voyage, parvient en Italie, où il s'établit avec quelques compagnons. Il fonde la ville de Lavinium, épouse la fille du roi Latinus et, à la mort de ce dernier, donne à tous ses sujets le nom de *Latins*. Pour les Romains, ce premier récit légendaire donne à leur ville grandeur et éclat, en rattachant sa fondation à la guerre de Troie, donc aux grandes épopées de la civilisation grecque. D'un point de vue historique, cette légende est un écho de la présence, en Italie centrale, de navigateurs et de marchands venus de l'Est de la Méditerranée au deuxième millénaire avant notre ère.

Le deuxième récit légendaire se situe au VIIIème siècle avant notre ère. Romulus et son frère jumeau Remus, fils du dieu Mars et de la vestale Rhea Silvia, sont les descendants d'Enée par leur mère. Elevés par une louve avant d'être recueillis par des bergers du Palatin, ils décident, devenus adultes, de fonder une ville à l'endroit où ils ont été découverts par les bergers. Mais les deux frères entrent en conflit. Remus est tué par Romulus, qui devient le premier roi de la ville nouvelle, Rome, en 753. L'incertitude qui entoure les premiers siècles de son histoire a permis aux Romains de rattacher la naissance de leur Cité, par l'intermédiaire de Romulus, aux dieux Vénus et Mars.

D'après les témoignages de l'archéologie, on s'accorde sur le fait qu'au VIIIème siècle avant notre ère, le Latium est occupé par des populations unies par la même langue et une organisation sociale assez similaire, les Latins et les Sabins. Il y a vraisemblablement, dans ces villages, une organisation politique rudimentaire : un roi, un conseil des anciens, une assemblée des hommes libres, selon un modèle social dont on a de nombreux exemples dans l'Italie ancienne.

Les premiers rois de Rome. – Après un long règne, Romulus est, d'après la légende, enlevé au ciel. Son successeur, Numa Pompilius, est un législateur, qui organise la cité, institue les rites religieux et crée le calendrier. Le troisième roi, Tullius Hostilius, est un guerrier, qui détruit la cité ennemie de Rome, Albe la Longue, guerroie contre les Etrusques et accroît la gloire et la puissance de Rome. Le quatrième roi, Ancus Marcius, est un constructeur. Il bâtit la première enceinte fortifiée de Rome ainsi que le port d'Ostie. Il est évidemment impossible de dire si ces quatre rois légendaires ont quelque réalité historique. Plus vraisemblablement, la légende veut nous parler des fonctions que doit remplir un chef d'Etat : parmi les quatre rois qui se succèdent, nous rencontrons un fondateur, un législateur, un guerrier et un bâtisseur.

Les Etrusques. – Au VIIème siècle avant notre ère, le destin de Rome se mêle à celui des Etrusques. D'origine encore discutée aujourd'hui, les Etrusques ne sont pas des indo-européens. Venus sans doute d'Orient, ils se sont établis au Nord du Tibre, dans l'actuelle Toscane, le Nord du Latium et l'Ombrie, où ils ont développé une civilisation brillante, fondée sur des cités groupées en fédérations. Vers 620, ils conquièrent Rome, qu'ils transforment et aménagent en ville, dotée d'une citadelle et de murailles. Ils dominent alors un empire qui s'étend de la plaine du Pô au Nord à la Campanie au Sud. Jusqu'à la fin du VIème siècle, Rome est gouvernée par des rois étrusques. Le premier roi étrusque, Tarquin l'Ancien, entreprend de grands travaux d'embellissement de la ville et construit notamment un réseau d'égouts. La domination étrusque est bénéfique pour Rome, qui connaît un développement urbain et un accroissement important de sa population. Elle devient le centre d'attraction du Latium.

Sous la royauté, les structures sociales de Rome se mettent en place. La population s'organise en *gentes*, en clans se réclamant d'un même ancêtre. La structure de base est la famille élargie, placée sous l'autorité d'un *paterfamilias*, propriétaire du patrimoine familial et seul détenteur de la plénitude des droits civils et politiques. Le sénat, qui contrôle le roi, chef religieux, militaire et politique de la cité, est composé de l'ensemble des *paterfamilias*.

2. La République

Durant près de cinq siècles – de 509 à 29 –, Rome connaît un régime républicain. Période essentielle dans l'histoire politique et juridique de Rome, la République met en place des institutions qui consolident les droits du citoyen et équilibrent les pouvoirs. Durant cette période, Rome se lance dans une politique de conquête, d'abord de l'Italie, ensuite de l'ensemble du bassin méditerranéen. Les institutions républicaines et l'extension territoriale sont les deux caractéristiques majeures de cette période.

Les institutions républicaines. – Le dernier roi étrusque, Tarquin le Superbe, est déposé, selon la tradition romaine, en 509. L'histoire exalte les vertus romaines de l'honneur et de la fidélité : un fils du roi Tarquin, serait tombé amoureux de Lucrèce, une vertueuse épouse romaine. Devant le refus de Lucrèce de céder à ses avances, il l'aurait violée, provoquant ainsi le suicide de Lucrèce et la révolte des Romains. En réalité, l'éviction des chefs étrusques semble quelque peu postérieure. Les historiens considèrent que les institutions républicaines se substituent au pouvoir royal vers 470. On a parfois parlé d'une révolution nationale et populaire – Romains contre Etrusques – mais il s'agit en réalité d'une réaction des patriciens contre le pouvoir royal, dictée par le souci de maintenir leurs privilèges.

Pragmatiques, les Romains créent plusieurs pouvoirs qui s'équilibrent et se contrôlent mutuellement. Pour remplacer la royauté et barrer la route au pouvoir personnel, les patriciens – les chefs des grandes familles – mettent en place un gouvernement original, le consulat. Il y a deux consuls, qui exercent le pouvoir exécutif de façon collégiale et se contrôlent ainsi l'un l'autre. De plus, les consuls sont élus annuellement, ce qui les empêche de mener une politique à long terme et permet au Sénat, contrôlé par les patriciens, de garder le pouvoir effectif.

D'autres magistratures sont créées par la suite : les préteurs, chargés de rendre la justice, les censeurs, responsables du recensement et, à ce titre, autorisés à adresser un blâme aux citoyens coupables de mauvaise conduite, les questeurs et édiles, qui aident les hauts magistrats pour les questions financières et matérielles.

A côté des magistrats, le Sénat joue un rôle de premier plan. Composé de représentants des grandes familles, de rang *sénatorial,* il exerce une fonction législative, dirige la politique extérieure de Rome et gère le trésor public.

Ces institutions ne font pas de la République romaine une démocratie au sens moderne du terme car le pouvoir, à travers le Sénat comme les magistratures, est aux mains d'une minorité, une classe dirigeante, les patriciens. Cicéron par exemple, reconnaît et légitime cette réalité, lorsqu'il se déclare opposé tant à l'absolutisme royal qu'au pouvoir du peuple. Il faudrait donc plutôt parler d'oligarchie et le Sénat, par son caractère aristocratique, en est le miroir. Ceci étant dit, les institutions républicaines ont permis de réduire l'absolutisme royal et de consacrer la *libertas,* dans la mesure où elles consacrent et protègent les droits civils et politiques du citoyen romain qui peut, sur base de cette qualité, exiger le respect des lois qui lui garantissent cette liberté.

L'extension territoriale. – De façon constante, la période républicaine est caractérisée par une conquête continue de l'espace. Dès le Vème siècle avant notre ère, Rome entre en conflit avec ses voisins, qu'elle soumet pour contrôler peu à peu toute l'Italie, avant de se lancer à la conquête du bassin méditerranéen. On a parlé, avec raison, d'impérialisme romain. Sans doute, au départ, y a-t-il surtout la nécessité de se protéger contre les menaces que font régner les voisins comme les Etrusques ou les autres peuples italiques, sans oublier les Gaulois qui attaquent Rome et prennent la ville au début du IVème siècle. Même si les Gaulois s'éloignent peu après, le souvenir de l'invasion celtique et de l'incendie de la ville restera vif dans la mémoire romaine, qui n'oubliera pas le danger du *barbare*, qu'il soit Gaulois, Germain ou, plus tard, Dace ou Parthe.

La peur d'Etats ennemis assez forts pour les menacer a donc poussé les Romains dans une politique militaire expansionniste constante. Mais il faut y ajouter l'appât du gain — butin de guerre, nouvelles terres à exploiter, richesses minières, impôts à charge des vaincus — et une foi certaine dans la mission civilisatrice de Rome. Même si les peuples soumis ont de la *pax Romana* une autre vision que celle du vainqueur, il est certain que nombre de Romains, sincères, sont persuadés de la supériorité de leur organisation politique et de leur mode de vie. C'est avec le sentiment de remplir une mission de pacification et de civilisation qu'ils lancent leurs légions à la conquête de nouveaux territoires.

Conséquences des conquêtes et fin de la République. – Les conquêtes procurent à Rome de grandes richesses, qui modifient profondément le paysage économique et social. Rome était une petite république de paysans-soldats, elle devient une place financière importante, au centre d'une intense activité commerciale internationale. L'austérité, l'attachement à la terre et la solidarité familiale font place à la recherche du luxe, à la spéculation financière et à l'individualisme.

Mais l'afflux de richesses, d'ailleurs fort inégalement partagées, provoque des mutations dans les mentalités et des divisions sociales. La prospérité économique est loin de profiter à tous. Une minorité s'enrichit, tandis que le chômage s'accroît dangereusement dans les villes, suite à l'arrivée massive d'esclaves provenant des provinces conquises. La classe moyenne tend à disparaître et les petits paysans, ruinés par l'importation massive de produits agricoles des provinces, viennent grossir la plèbe urbaine.

Ces difficultés provoquent plusieurs révoltes sociales, qui dégénèrent en guerres civiles. Les institutions républicaines sont de moins en moins adaptées aux réalités politiques et économiques. Au premier siècle avant notre ère, la République se débat dans les troubles sociaux et les guerres civiles, qui entraînent sa disparition de fait. C'est le temps des dictateurs : Marius, Sylla, Pompée, César, Antoine et Octave se succèdent, de coups d'Etat en luttes fratricides.

3. L'Empire

Le règne d'Auguste. – Vainqueur de son rival Antoine, Octave parvient à rétablir la paix, après un siècle de guerres civiles. Il licencie une partie de l'armée, crée une administration et des institutions adaptées à la gestion d'un Etat qui s'étend de l'Espagne à la Syrie, et opère de nombreuses réformes, tout en donnant l'exemple du travail, de la correction des mœurs et de l'intégrité.

En 27 avant notre ère, le Sénat donne à Octave le titre d'*Auguste*. Un nouveau régime politique est né, c'est le Principat, qui, pour les historiens modernes, marque le début de l'Empire. Auguste, tout en conservant à son régime une apparence républicaine, concentre d'importants pouvoirs militaires, politiques et religieux et devient, de fait, le premier empereur même si, officiellement, il n'est que le *princeps*, le premier d'entre les citoyens.

Les deux premiers siècles de l'Empire. – Les successeurs d'Auguste gouvernent l'Empire avec des fortunes diverses. Certains, comme Vespasien, Trajan ou Hadrien, sont de remarquables hommes d'Etat, d'autres, comme Caligula, Néron ou Domitien, sont de véritables psychopathes, arrivés au pouvoir par le jeu malheureux des successions héréditaires ou des adoptions.

Cette première période de l'Empire s'étend du règne d'Auguste à celui d'Alexandre Sévère. En règle générale, les deux premiers siècles de notre ère constituent une période de paix, d'essor économique et de bien-être matériel. L'ordre et la sécurité – la fameuse *paix romaine* – sont assurés, un vaste réseau routier est créé, de bonnes liaisons maritimes permettent le développement des échanges commerciaux. Un modèle de développement urbain se met également en place partout dans l'Empire. Les villes de province s'organisent selon le même schéma urbanistique, avec le même type d'administration municipale. Durant cette même période, le droit romain connaît son plein épanouissement.

Tout n'est pas rose dans le tableau et certains éléments négatifs annoncent la fin de l'âge d'or de Rome. La situation des esclaves est, dans l'ensemble, très dure tandis qu'à Rome, plusieurs centaines de milliers de citoyens sans ressources vivent de l'assistance de l'Etat, qui leur distribue du pain et organise des jeux. Ce prolétariat urbain, désœuvré et assisté, est un danger permanent pour l'ordre public. Enfin, la succession au pouvoir impérial est assez aléatoire. Le fondateur du principat, Auguste, n'avait certainement pas voulu créer une dynastie, mais c'est bien son beau-fils, Tibère, qui lui succède à défaut d'héritiers directs, et le pouvoir impérial reste dans la même famille. La plupart des empereurs prennent soin de choisir leur successeur. Une dévolution héréditaire tend à s'instaurer, sans être pour autant une règle impérative. Cette incertitude est source de luttes de clans, qui annoncent les désordres et les guerres du troisième siècle.

4. Le Bas-Empire

La crise du pouvoir. – A la mort d'Alexandre Sévère, décédé en 235 sans avoir désigné d'héritier, s'ouvre une période d'anarchie militaire, durant laquelle la plupart des empereurs sont nommés et déposés par l'armée. Jamais Rome ne retrouvera la prospérité et la paix qu'elle a pu connaître par le passé. Les généraux se disputent le pouvoir impérial tandis que les dangers extérieurs se font de plus en plus vifs : les Perses menacent l'Orient et les Germains les frontières européennes. Les peuples barbares envahissent plusieurs parties de l'Empire et, dans certaines provinces, s'y établissent de façon durable.

Le déclin économique et social. – La crise politique et militaire de l'Empire n'est pas sans conséquences sur la vie des individus. On assiste à un déclin général de l'économie : les échanges commerciaux diminuent ou sont même interrompus dans certaines régions, des villes autrefois prospères sont ruinées. Les grands domaines ruraux développent une économie de subsistance et vivent en autarcie. Compte tenu des dévaluations monétaires successives, les militaires et les fonctionnaires veulent être payés en nature. Pour faire face aux dépenses militaires, les empereurs alourdissent la charge de l'impôt. Afin d'assurer les besoins vitaux, le pouvoir s'en prend aux libertés individuelles : les responsables municipaux sont obligés d'exercer leurs fonctions, les fonctionnaires sont militarisés et les métiers indispensables pour assurer l'approvisionnement sont considérés comme des services publics obligatoires. Les travailleurs agricoles ne peuvent plus quitter leur domaine. Partout, l'état de nécessité conduit à la dictature.

Les réformes de Dioclétien. – Certains empereurs, comme Dioclétien à la fin du IIIème siècle ou Constantin au IVème siècle, s'efforcent de remettre de l'ordre dans l'administration de l'Etat et la vie économique.

Dioclétien prend des mesures énergiques pour renforcer l'empire. Il réorganise les finances, l'armée et l'administration. Mais pour obtenir les moyens de sa politique, il donne au pouvoir impérial une nouvelle base, en s'inspirant des monarchies orientales. Désormais, l'empereur est un maître, dont les citoyens ne sont que des sujets. L'administration est organisée selon un modèle militaire, elle est entièrement soumise au bon vouloir de l'empereur. Rome devient une monarchie absolue.

De plus, pour faciliter l'administration d'un territoire aussi étendu et mieux résister aux menaces extérieures, Dioclétien s'adjoint un co-empereur, chargé de gouverner la partie occidentale de l'empire tandis que lui-même prend en charge l'Orient. Cette mesure ouvre une nouvelle étape dans l'histoire de Rome – c'est le Bas-Empire, que l'on fait généralement commencer à l'avènement de Dioclétien en 284. Cette période marque surtout la fin de l'unité du monde méditerranéen. Désormais, l'Occident et l'Orient, malgré quelques tentatives plus ou moins fructueuses de réunion, constituent deux mondes qui vont s'éloigner de plus en plus l'un de l'autre.

Les progrès du christianisme constituent le dernier facteur caractéristique de cette période. A partir de Constantin, l'Eglise reçoit un statut privilégié. Constantin se convertit au christianisme, arrête les persécutions contre les chrétiens et, par l'édit de tolérance, encore appelé édit de Milan, autorise la religion chrétienne. Peu après, le christianisme devient la religion officielle de l'Empire. L'empereur s'entoure de conseillers ecclésiastiques et accorde aux évêques un pouvoir de juridiction. Cette situation aura une influence importante sur le droit privé romain.

La fin du monde romain. – Durant le IVème siècle, Rome résiste tant bien que mal aux menaces des populations barbares. D'incursions armées en mouvements de population, les tribus germaniques menacent la partie occidentale de l'empire, qui s'effondre au Vème siècle. Rome est prise en 410 par Alaric, roi des Wisigoths et le dernier empereur d'Occident, Romulus Augustule, est déposé en 476. Il est vrai que, depuis longtemps, l'empereur d'Occident n'avait plus qu'un rôle de figurant dans des provinces gouvernées, de fait, par des chefs barbares.

5. L'Empire byzantin

Byzance, que l'on appellera plus tard Constantinople, aujourd'hui Istanbul, est une cité grecque érigée sur la rive européenne du Bosphore, aux portes de l'Asie. Elle fut conquise par les romains et intégrée à l'Empire, tout en demeurant de culture grecque. En 330, l'empereur Constantin en fit la nouvelle capitale de l'empire et lui donna son nom. A la fin du IVème siècle, l'Empire fut définitivement divisé en deux parties, l'Orient et l'Occident. Quand l'Empire romain d'Occident s'effondra au Vème siècle, la rupture entre les deux parties du monde antique fut consommée : Constantinople et l'Orient devinrent exclusivement de culture gréco-hellénistique, chrétienne et orientale, jusqu'à la chute de l'Empire romain d'Orient en 1453, date à laquelle Constantinople fut prise par les Turcs.

Le règne de Justinien. – Dans l'histoire du monde byzantin, une parenthèse latine doit être relevée, car elle a joué un rôle important dans l'histoire de l'Occident et du droit romain.

Le dernier empereur oriental à utiliser le latin comme langue officielle est Justinien, qui règne de 527 à 565. Hanté par la grandeur passée de Rome, Justinien veut restaurer la puissance de l'empire, récupérer les provinces perdues en Occident, réformer l'administration et codifier le droit romain.

Politiquement et militairement, l'œuvre de Justinien fut un échec, malgré quelques victoires de façade. Décidé à rétablir l'empire romain en récupérant les provinces perdues en Occident, Justinien parvint à reconquérir l'Afrique du Nord, l'Espagne et l'Italie. Mais ses armées furent mal accueillies par les populations, à cause des taxes et des prélèvements qui s'en suivirent. De plus, les frais provoqués par les campagnes militaires épuisèrent les ressources de l'empire. Les successeurs de Justinien ne purent maintenir ses conquêtes, à l'exception de l'Italie qui resta byzantine pendant deux siècles.

Dans le domaine juridique, Justinien entreprend de restaurer le droit romain classique et d'en faire un instrument de stabilité politique et d'unité de l'empire. Dans cette perspective, il entend codifier l'essentiel du droit romain, tel qu'il a été élaboré au cours des siècles par les juristes classiques. Pour Justinien, cette codification – le *Corpus Iuris Ciuilis* – est à la fois un moyen d'accroître son prestige, en se présentant comme le continuateur des traditions romaines, et un moyen d'administrer plus facilement et plus efficacement l'empire.

Section 2
Une brève histoire du droit romain

On a coutume de distinguer quatre phases dans l'évolution du droit romain : le droit ancien, le droit classique, le droit postclassique et le droit de Justinien. A ces quatre étapes s'ajoutent la redécouverte du droit romain au Moyen Age et son influence sur le Code civil des Français de 1804 et sur les systèmes juridiques s'inspirant de la codification napoléonienne.

1. Le droit ancien

La première période, qui s'étend des origines de Rome à la moitié du IIème siècle avant notre ère, est celle du droit romain ancien. Au premier stade de son élaboration, ce droit conserve des liens étroits avec la religion et la magie, même s'il se laïcise assez rapidement. La société qu'il régit est rurale et il s'agit, pour l'essentiel, d'un droit coutumier et très formaliste, qui convient bien à des familles vivant dans des structures patriarcales strictes, où le respect de la tradition est la vertu première.

Le formalisme juridique. – Dans un système formaliste, la simple expression de volonté ne suffit pas pour qu'un acte juridique produise ses effets. Encore faut-il accomplir des rites, en paroles ou en actes. La moindre erreur rend l'acte inefficace. En cela, il y a une différence essentielle avec la plupart des droits modernes, qui consacrent le principe selon lequel l'effet juridique est produit non par les formes mais par la volonté humaine.

De même, pour agir en justice, il existe, dans la vieille procédure connue sous le nom de *legis actiones* (les "actions de la loi"), un nombre limité de modes rituels qu'il faut respecter scrupuleusement. La moindre erreur dans le chef du plaideur a pour effet de lui faire perdre son procès.

Le formalisme présente néanmoins plusieurs avantages. Il permet de déterminer avec précision la nature et le moment exact de l'engagement, en distinguant l'engagement proprement dit de la période préalable de négociation. De plus, il simplifie le problème de la preuve dans la mesure où les paroles rituelles et les gestes stéréotypés sont généralement accomplis devant des témoins, qui les retiendront plus facilement. Enfin, les formalités attirent l'attention des usagers sur l'importance de ce qu'ils sont en train de faire et leur évitent de se retrouver engagés par surprise. Enfin, la solennité, qui plonge souvent ses racines dans la sphère du religieux, donne plus de poids à l'engagement et incite les individus à le respecter.

2. Le droit classique

La deuxième période constitue l'âge d'or du système juridique romain. Cette période commence traditionnellement en 150 avant notre ère, pour deux raisons. C'est l'époque où apparaissent les premiers juristes professionnels, qui feront du droit romain un ensemble cohérent et rationnel. De plus, une nouvelle procédure judiciaire se met en place. C'est la *procédure formulaire*, qui permet le développement de nouvelles règles de droit, élaborées par le magistrat.

La procédure formulaire. – Beaucoup plus souple que la vieille procédure des *legis actiones*, la procédure formulaire se fonde sur des instructions écrites (*formulae*). Elle comprend deux étapes, la phase *in iure* ("en droit") et la phase *apud iudicem* ("devant le juge"). La première phase se déroule devant le préteur, qui est le magistrat chargé de rendre la justice. Après discussion avec les parties au conflit, le préteur résume la question de droit dans une instruction écrite adressée à un juge, qui devra respecter la solution exprimée. Ensuite, la deuxième phase est organisée chez un juge, qui ne doit pas être un professionnel du droit. Le juge, sur base des instructions reçues du préteur, vérifie les faits invoqués, entend les témoins et condamne ou absout le défendeur.

Grâce à cette procédure, le préteur reçoit de larges pouvoirs et en use pour compléter, voire modifier le droit lorsqu'il estime que ce dernier n'est plus adapté aux problèmes qui lui sont soumis. En cela, l'introduction de la procédure formulaire a permis au droit romain de connaître son âge d'or, en lui donnant une souplesse et une rapidité d'adaptation remarquables. Nous y reviendrons en étudiant les sources du droit.

3. Le droit postclassique

La période postclassique du droit romain coïncide plus ou moins avec le Bas-Empire. Ces deux perspectives, juridique et politique, sont d'ailleurs étroitement liées, car les traits marquants du Bas-Empire – le centralisme politique, le pouvoir absolu et l'avènement du christianisme – expliquent l'évolution de son droit.

Le droit postclassique est caractérisé par la concentration du pouvoir législatif dans les mains de l'empereur, par la fin du rôle créateur reconnu au préteur en droit classique et par l'influence du christianisme, notamment dans le droit des personnes. La science juridique elle-même perd toute créativité. Puisque l'on doit, partout, appliquer docilement la législation impériale, il n'est plus nécessaire d'en faire une interprétation détaillée. Du reste, les empereurs eux-mêmes interviennent pour éviter les divergences juridiques et préciser quels juristes font autorité.

Les invasions germaniques ne font pas disparaître le droit romain en Occident, car il continue à régir les populations d'origine gallo-romaine. Grâce aux codifications ordonnées par les rois germaniques pour leurs sujets d'origine romaine, il ne tombe pas complètement dans l'oubli durant le haut Moyen Age.

Mais il s'agit d'un droit qui s'éloigne de plus en plus du modèle classique, du fait de la disparition des grandes écoles de droit et de l'isolement croissant des régions occidentales par rapport à Constantinople et à l'Orient grec. Il se transforme en "droit romain vulgaire", c'est-à-dire en droit provincial applicable surtout en Italie et dans la France du Sud.

Ce droit est connu et transmis par des compilations que les rois germaniques font rédiger, comme, au VIème siècle, la *Lex Romana Visigothorum* ou la *Lex Romana Burgundionum*. Ces diverses compilations s'inspirent principalement, en les déformant, du Code de l'empereur romain Théodose II, proclamé en 438, et des Institutes du juriste classique Gaius. Mais petit à petit, même ce droit romain simplifié cesse d'être adapté aux mentalités et aux problèmes juridiques de l'époque et disparaît de la pratique.

4. Justinien et le *Corpus Iuris Ciuilis*

Soucieux, comme nous l'avons relevé plus haut, de restaurer le droit romain classique, Justinien s'entoura de juristes chevronnés et les chargea de réaliser une vaste codification. Appelée *Corpus Iuris Ciuilis* depuis le XVIème siècle, cette codification, réalisée de 528 à 534, comprend le Digeste, les Institutes, le Code et les Novelles.

Le Digeste est une compilation d'avis et de solutions doctrinales élaborées par les meilleurs juristes classiques – principalement Paul et

Ulpien, deux juristes du IIIème siècle de notre ère. Le Digeste ne cite pas les auteurs dans un ordre chronologique, mais retient les extraits les plus significatifs en les classant, de façon relativement cohérente, selon l'ordre des matières.

Les Institutes sont un manuel de droit romain élémentaire, destiné à l'enseignement. Cet ouvrage s'inspire largement des Institutes de Gaius, qui datent du IIème siècle de notre ère.

Le Code est un recueil de décisions impériales, d'Hadrien à Justinien. Les décisions ne sont pas citées in extenso mais abrégées, complétées ou corrigées, ce qui montre bien le but pratique de la compilation. Le Code, qui connut deux éditions successives, fut complété par les Novelles, collections particulières reprenant les décisions postérieures au Code.

Après la mort de Justinien, son œuvre juridique resta d'application en Orient, soumis à l'empire byzantin, mais pas en Occident, qui avait subi depuis plus d'un siècle les invasions germaniques. Le Digeste parut beaucoup trop compliqué. Tout au plus utilisa-t-on, partiellement et seulement en Italie, le Code et les Institutes, qui tombèrent en désuétude à la fin du VIème siècle, même si certaines régions européennes, comme l'Italie et le midi de la France, restèrent dominées par les principes juridiques romains.

5. La redécouverte du droit romain

L'histoire du droit romain ne s'arrête pas avec la fin de la Rome antique, car il connaît une seconde vie, à travers l'influence profonde qu'il exerce sur la pensée médiévale et par sa réception dans des systèmes juridiques modernes. Au XIème siècle, la codification de Justinien est redécouverte, un peu par hasard, dans une bibliothèque italienne. Les intellectuels trouvent ce système juridique plus intéressant que le droit pratique appliqué dans leur pays et ils l'adoptent comme base de l'enseignement juridique à l'Université de Bologne. C'est l'époque où l'école de droit de Bologne est particulièrement active. Elle devient le principal centre d'étude du *Corpus Iuris Ciuilis*.

C'est le point de départ de la renaissance du droit romain, progressivement étudié dans la plupart des universités européennes, qui se créent du XIIème au XVème siècle. Avec le droit canonique, il est le seul à y être enseigné. De la sorte, même s'il n'est officiellement pas appliqué par les tribunaux, il joue un rôle déterminant à travers la formation des juristes. Il y a donc, en Occident, deux systèmes juridiques : le droit coutumier, que l'on apprend sur le tas, par la pratique, et le droit savant, que l'on étudie à l'université, et que le Moyen Age appelle *ratio scripta*, la "raison écrite".

Base de l'enseignement dans les universités, le droit romain peut donner à l'Europe moderne des concepts, un vocabulaire et des raisonnements spécifiques. Soutenu et diffusé par cet enseignement, défendu par la plupart des intellectuels et notamment par les membres de l'école du droit naturel, le droit romain est souvent incorporé aux textes législatifs ou aux coutumes lorsqu'elles sont rédigées. Dans plusieurs pays européens, il entre naturellement en concurrence avec le droit coutumier, issu de la tradition juridique germanique.

6. Le Code civil de 1804 et le droit romain

A l'époque moderne, le droit romain trouvera un instrument de diffusion privilégié dans le *Code civil des Français*, encore appelé *Code Napoléon*, promulgué en 1804.

Pour réaliser son projet d'unification du droit, Napoléon nomme une commission de quatre juristes, qu'il charge de rédiger un code civil. Parmi ces quatre juristes, Portalis, dont l'influence est la plus grande, est profondément marqué par le droit romain. Même s'il reste dominé, dans certains domaines, par l'esprit de la Révolution française, le Code civil s'efforce de faire la synthèse des solutions coutumières et des règles du droit romain qui, dans certaines matières comme les contrats ou le droit des biens, reçoivent une place prépondérante.

Le Code Napoléon a exercé une influence considérable, au-delà du ressort territorial pour lequel il était initialement prévu et au-delà du régime politique qui l'a vu naître. Son expansion a d'abord été réalisée par la force des armes. Les territoires et pays occupés par l'armée française se sont vu imposer le Code plus qu'ils ne l'ont adopté. Le rêve de Napoléon était de voir son code s'appliquer à l'Europe entière et cet objectif a été réalisé, au moins en partie. Le Code fut introduit en Belgique, au Luxembourg, aux Pays-Bas, dans de nombreux Etats allemands, en Pologne, en Italie et en Espagne. Il est souvent resté d'application après la chute de l'Empire français, ce qui s'explique surtout par ses qualités. Aux XIXème et XXème siècles, par le fait de la colonisation, son influence s'étendit ensuite à l'Amérique latine et à la plupart des pays d'Afrique francophone.

7. La famille romano-germanique

On a pris conscience assez tardivement de la réalité de la famille romano-germanique. Jusqu'au milieu du XXème siècle, les pays qui en relevaient étaient plus sensibles à leurs différences internes qu'à leurs points communs, parce qu'ils ne prenaient en considération que les droits du continent. Mais à partir du moment où la comparaison s'est faite par rapport au *common law* anglo-saxon, l'appartenance des droits continentaux à une même famille juridique est devenue évidente.

Même si le contenu des règles est différent, tous ces droits utilisent le même vocabulaire, les mêmes concepts et, surtout, les mêmes divisions, par exemple droit public – droit privé, responsabilité civile – responsabilité pénale, droits réels – droits personnels, etc. Ils connaissent les mêmes sources du droit, en accordant la primauté à la loi, comprise comme l'expression idéale d'une règle générale et abstraite. Ils ont, pour cette raison, tous connu le phénomène de la codification.

Pour les juristes relevant d'un système romano-germanique, l'étude du droit romain s'impose en ce qu'elle permet de comprendre l'évolution des institutions juridiques et de distinguer, dans le droit moderne, l'essentiel et l'accessoire. Les règles évoluent constamment dans leur contenu matériel, mais beaucoup moins dans leur structure et leur mode de fonctionnement. Il existe une méthode juridique, assez stable pour être maîtrisée, qui permet de définir un système.

Section 3
Les multiples sens du mot "droit"

Selon le contexte dans lequel il est utilisé, le mot "droit" – *ius* en latin – peut revêtir une des quatre significations suivantes : un idéal supérieur d'ordre philosophique, un ensemble de règles en vigueur dans une société donnée, la discipline intellectuelle qui étudie ces règles, ou un pouvoir reconnu à un individu.

1. Le droit comme valeur morale

Dans la culture juridique romaine, il arrive que l'on parle du droit comme d'un idéal, une finalité de l'agir humain, comme un ensemble de valeurs qui s'imposent à toute autorité. C'est dans cette perspective que l'on parle de "droit naturel" ou *ratio naturalis*. Par exemple, le juriste Gaius, au IIème siècle de notre ère, distingue le droit propre à chaque peuple, du droit que la raison naturelle établit entre tous les hommes. En mentionnant la raison naturelle, Gaius la reconnaît comme source universelle, qui s'impose à tous. La célèbre définition de Celse, pour qui le droit est *ars boni et aequi*, "l'art du bon et du juste", relève de la même inspiration.

Gaius cependant, comme la plupart des juristes romains, n'entend pas identifier l'ordre juridique et l'ordre moral. Il sait bien que le droit n'est pas synonyme de justice et que tout ce qui est juridiquement permis n'est pas pour autant moralement correct. Par exemple, les juristes romains sont conscients du fait que l'esclavage, s'il correspond aux normes en vigueur dans la plupart des sociétés antiques, est malgré tout une institution *contra naturam*, un état contre nature. Si Gaius recourt à la *ratio naturalis*, c'est essentiellement pour donner au droit un fondement rationnel, pour éliminer l'arbitraire, pour défendre la liberté du juriste, qui n'a pas à se soumettre à des ordres extérieurs à la sphère juridique ni à la dictature des faits.

2. Le droit positif

Dans son deuxième sens, le droit désigne l'ensemble des règles en vigueur à une époque donnée dans une société donnée. Dans ce sens, on parle aujourd'hui de "droit objectif", pour l'opposer aux droits subjectifs, ou de "droit positif", pour l'opposer au droit naturel.

Le droit positif a un but immédiat, qui est d'assurer la résolution des conflits entre les membres d'une société donnée. Assez logiquement, l'intervention du droit va d'ailleurs se marquer dans les secteurs de la vie sociale que la société considère comme nécessaires à sa cohésion et à sa reproduction. Par exemple, si le droit romain ne réglemente guère l'utilisation de ressources naturelles comme l'air ou l'eau, c'est parce qu'il n'y voit pas d'intérêt, du fait de l'abondance de ces ressources naturelles, apparemment inépuisables.

Ainsi, lorsqu'un propriétaire dit qu'une chose est à lui *ex iure Quiritium*, "en vertu du droit des Romains", il fait référence à un ordre juridique précis : l'ensemble des normes appliquées à son époque dans les territoires soumis à la puissance de Rome.

Pour qu'il y ait du droit, il faut qu'il y ait un juge. Une règle de droit, pour mériter cette qualité, suppose que les tribunaux acceptent de la reconnaître comme telle et de la sanctionner en conséquence.

Il en résulte qu'une société donnée peut considérer comme juridique une règle qui, dans une autre société, relève d'un autre mode de gestion des rapports sociaux, comme la religion ou la morale. Par exemple, le rapport entre parents et enfants peut être abandonné aux usages familiaux dans la société romaine de l'époque classique alors qu'il est l'objet de règles qui, dans la plupart des sociétés contemporaines, seront considérées comme juridiques et pourront, de ce fait, donner lieu à intervention d'un tiers en cas de conflit. Cette différence tient au fait que le droit, beaucoup plus qu'un catalogue de règles, est fondamentalement une façon de penser les rapports aux autres.

***Ius ciuile* et *ius gentium*.** – Plus précisément, au sein de ce que l'on pourrait appeler le droit positif romain, il convient de distinguer le *ius ciuile* du *ius gentium*. Les juristes classiques parlent du *ius ciuile* pour désigner l'ensemble des normes applicables aux citoyens romains. Le *ius ciuile* est donc le vieux droit romain, élaboré à une époque où il ne fallait régir que les seules relations entre citoyens. Comme le dit le juriste Gaius, "le droit que chaque peuple s'est donné à lui-même lui est propre et s'appelle droit civil, ce qui signifie droit propre à la cité".

Mais l'extension territoriale et le développement du commerce entraînèrent un développement croissant des litiges impliquant des étrangers. Pour traiter ces litiges, on nomma un magistrat particulier, le préteur pérégrin, en 242 avant notre ère. Ce magistrat est beaucoup plus libre que le préteur urbain, chargé lui d'appliquer le *ius ciuile*. En effet, le préteur pérégrin, puisqu'il ne s'adresse pas exclusivement à des citoyens, peut adapter les règles romaines aux nécessités du moment, ou emprunter à d'autres droits des règles qu'il juge mieux adaptées.

De la sorte, une espèce de droit commun se met en place petit à petit, plus pratique, plus moderne et moins formaliste, un mélange de droit romain simplifié et de règles empruntées au commerce international et aux communautés étrangères établies à Rome.

Le *ius gentium* a joué un rôle important dans l'histoire du droit romain. Appliqué au départ à Rome par le préteur pérégrin, il se répandit petit à petit dans les provinces et, surtout, influença profondément le *ius ciuile*. Les Romains qui connaissaient des litiges avec des étrangers eurent l'occasion d'apprécier la simplicité et l'efficacité du *ius gentium*, dont de nombreuses règles furent reprises par le préteur urbain et intégrées de ce fait dans le *ius ciuile*.

En 212 de notre ère cependant, un édit de l'empereur Caracalla accorda la citoyenneté romaine à tous les habitants de l'empire. Dès lors, il n'y eut plus de différence significative entre le *ius ciuile* et le *ius gentium*.

3. La science du droit

S'il est une pratique, le droit est également une science ou une discipline intellectuelle, qui fait l'objet d'un enseignement. Il revient aux juristes romains d'avoir élaboré une véritable science du droit, avec ses méthodes et ses objectifs spécifiques, et d'en avoir fait l'objet d'un enseignement systématique. Une des parties de la codification de Justinien, les *Institutes*, dont nous avons parlé plus haut, est un manuel d'enseignement auquel l'empereur attachait beaucoup d'importance.

4. Les droits subjectifs

Le quatrième sens du terme est celui de "droits subjectifs". On entend par là des prérogatives, des facultés, des pouvoirs d'action reconnus à un individu. Par exemple, le juriste Paul définit l'usufruit comme *ius alienis rebus utendi fruendi*, "le droit d'utiliser la chose d'autrui et d'en percevoir les fruits". En ce sens, on parle du droit de se marier, du droit de propriété ou du droit de vote.

Les pouvoirs reconnus aux individus par un ordre juridique s'exercent le plus souvent sous la protection d'institutions créées à cet effet, comme les tribunaux. Il est difficile d'imaginer des droits subjectifs si ceux-ci ne bénéficient pas d'une protection juridique, essentiellement grâce à des actions en justice. La chose est particulièrement vraie en droit romain, où chaque droit subjectif est protégé par une action en justice spécifique : le droit de propriété par l'action en revendication ou *rei uindicatio*, celui du créancier gagiste par l'action de gage, etc.

Droits subjectifs et personnalité sont des notions étroitement liées. Comme nous le verrons en étudiant le droit des personnes, le concept de *personne*, entendu comme "sujet de droits et d'obligations" est un concept moderne, que les juristes romains n'ont pas dégagé aussi nettement que nous. Dans la perspective romaine, un être humain ne peut pas être considéré en dehors de la communauté à laquelle il appartient. C'est en fonction de son statut — familial et social — qu'il se voit reconnaître des droits subjectifs. Il n'empêche que les romains comprennent la personne, même si elle n'existe qu'à travers son réseau de relations, comme le siège de pouvoirs, de prérogatives, qui lui donnent sa véritable existence sociale.

Chapitre 2
Les sources du droit romain

Typologie des sources du droit. – Les règles de droit ont leur histoire. Elles procèdent de différents facteurs qui expliquent leur élaboration progressive. Lorsque l'on parle des sources d'un ordre juridique, on distingue généralement les sources documentaires, les sources matérielles et les sources formelles du droit.

Les sources documentaires, encore appelées sources historiques, sont les données de toute nature, qui permettent de connaître le droit et les institutions juridiques en vigueur dans une société donnée. Par exemple, les sources documentaires du droit romain classique sont des manuscrits, des papyrus, des inscriptions gravées sur des monuments ou des mentions dans la littérature latine. Elles intéressent surtout les historiens qui, grâce à elles, peuvent savoir quelles règles sont d'application dans la société qu'ils étudient.

Les sources matérielles, qui tirent leur nom du fait qu'elles fournissent aux règles leur matière, leur contenu, sont les causes profondes de l'émergence d'un ordre juridique, celles qu'étudient les historiens lorsqu'ils se demandent pourquoi telle règle est née. Ce sont les facteurs économiques, politiques et sociaux, les principes religieux et philosophiques, le poids de la tradition, les données de l'histoire et les contraintes géopolitiques, qui imposent en quelque sorte à une société donnée de produire telle ou telle règle. Par exemple, une société qui tire l'essentiel de ses revenus de la production agricole ne sera pas régie par les mêmes règles qu'une collectivité urbaine.

Les sources formelles, enfin, sont les procédés par lesquels une règle arrive à l'existence. Il s'agit des procédures à suivre pour qu'une règle puisse s'insérer dans un système existant, être considérée comme valide et acquérir de ce fait une force obligatoire. Par exemple, dans notre société, la source formelle de la majorité des règles est aujourd'hui la législation. Les sources formelles intéressent les juristes qui se demandent comment telle règle est née. Ce sont elles qui vont nous intéresser ici.

Les sources romaines. – C'est dans le désordre que le juriste Gaius énumère les sources du droit romain : "Les droits du peuple romain proviennent des lois, des plébiscites, des sénatus-consultes, des constitutions impériales, des édits [des magistrats] et des opinions émises par les jurisconsultes". Gaius place apparemment ces sources sur pied d'égalité alors que, nous le verrons, elles sont de nature différente et, surtout, d'importance variable.

Il importe de ne pas analyser les sources romaines à travers nos catégories juridiques contemporaines. S'il y a des lois à Rome, jamais elles n'ont eu l'importance qui est la leur aujourd'hui.

Dans la première partie de son histoire, le droit romain a été essentiellement coutumier. Les normes du *ius ciuile*, du droit des citoyens, n'ont pas été adoptées à un moment précis par une autorité donnée. Elles ont au contraire été élaborées petit à petit, pour s'intégrer aux traditions ancestrales et constituer l'ordre de la Cité.

Dans une deuxième phase, la source la plus importante du droit romain résulte de l'activité du préteur, qui est le magistrat chargé de rendre la justice, et des jurisconsultes, simples particuliers formés au droit, qui remettaient des avis sur les questions juridiques. On le voit, la loi, à Rome, n'a joué qu'un rôle restreint dans l'élaboration du droit.

Si l'on s'efforce de mettre de l'ordre dans l'énumération de Gaius – qui ne mentionne pas la coutume, sans doute parce qu'à son époque, elle a cessé d'être source de droit –, on examinera successivement, en ayant recours à la classification moderne, les sources coutumières, législatives, jurisprudentielles et doctrinales.

Section 1
La coutume

Règle juridique résultant d'habitudes collectives répandues depuis longtemps et tenues pour obligatoires, la coutume se distingue du simple usage et requiert trois éléments : un comportement répété, un caractère obligatoire et une ancienneté suffisante.

Les éléments constitutifs d'une coutume. – Pour que naisse la coutume, il faut qu'il y ait continuité de comportement au sein d'un groupe social. Il n'est pas nécessaire que l'usage soit constant et sans intermittence, mais des comportements isolés ne seront pas suffisants.

Le deuxième élément est d'ordre psychologique. Il faut que le comportement en cause soit ressenti comme obligatoire, contraignant. Pour prendre un exemple contemporain, le fait pour une femme mariée de porter le nom de son mari constitue un usage, plus ou moins répandu selon les groupes sociaux et les milieux professionnels, mais non une coutume, parce que cet usage est dépourvu de force obligatoire.

Il ne doit pas pour autant y avoir unanimité, toute société connaissant une déviance partielle. Le fait que quelques personnes refusent de respecter le comportement en cause est sans conséquence.

Enfin, troisième élément requis, pour être considérée comme établie, la coutume doit avoir subi l'épreuve du temps. Il n'y a pas de règle unique à ce propos. Il faut et il suffit que la coutume ait été appliquée pendant un temps assez long pour que son existence ne puisse pas être mise en cause. C'est le sens de l'expression "coutume immémoriale", qui signifie que l'on n'a plus le souvenir d'une norme contraire.

Il est normal que la coutume soit, chronologiquement, la première source du droit. La société traditionnelle romaine accorde aux ancêtres une place prépondérante. Leurs comportements ont naturellement une valeur impérative. De plus, les contraintes sociales pèsent plus lourdement sur une communauté encore limitée dans l'espace, parce que le contrôle mutuel est serré. L'extension de Rome s'accompagnera d'ailleurs d'une diminution nette de l'importance relative de la coutume. Le juriste Julien, au IIème siècle de notre ère, ne la considère plus que comme une source subsidiaire, "à défaut de lois écrites".

Les coutumes du droit romain. – Les coutumes romaines, à l'époque de leur plein essor, entendent régir tous les cercles de la vie sociale. On trouvera donc, selon le groupe social étudié, des coutumes familiales, gentilices, ethniques ou commerciales.

Les coutumes familiales corrigent ce que le pouvoir absolu du *paterfamilias* pourrait avoir de dangereux et d'arbitraire. Il est vrai que le *paterfamilias* règne en maître sur tous les individus, libres ou non, qui sont soumis à sa puissance. Mais il est lui-même tenu de respecter les traditions familiales, sous peine de subir la colère des dieux ou, surtout, la réprobation de ses pairs. De nombreuses règles du droit des personnes sont issues de coutumes familiales concordantes.

Les coutumes gentilices sont les usages communs à plusieurs familles qui sont alliées par le fait qu'elles prétendent descendre d'un ancêtre commun. Elles ont un nom commun et des habitudes religieuses communes. Les rapports entre ces familles sont réglés par des normes précises, notamment en matière de mariage ou de droit des successions.

Les coutumes ethniques créent un lien juridique entre les Romains et plusieurs autres communautés latines. Même s'ils se font la guerre à l'occasion, les Latins ont en commun de nombreuses institutions, religieuses et culturelles, qui permettent l'émergence d'un droit privé commun. Ainsi, les rites et conditions du mariage sont semblables, de même que les procédures contractuelles ou certaines actions en justice.

Les coutumes commerciales sont dictées par les nécessités du métier, qui poussent chaque catégorie professionnelle à adopter des usages communs. Depuis toujours, les commerçants ont ressenti la nécessité de disposer de règles juridiques adaptées à leur pratique, concernant par exemple les contrats ou les modes de preuve. Issues de la pratique, ces coutumes se distinguent souvent du droit commun par leur souplesse et leur absence de formalisme.

La codification des coutumes. – En droit romain comme dans d'autres systèmes juridiques, un phénomène particulier a contribué au déclin de la coutume. Il s'agit de la codification qui a, paradoxalement, pour but premier de mieux la connaître et la conserver.

A partir du Vème siècle avant notre ère, les plébéens, poussés par le sentiment d'être livrés à l'arbitraire des magistrats, tous patriciens, exigèrent que les règles juridiques coutumières fassent l'objet d'une mise par écrit, afin de vivre, non pas dans l'égalité, mais du moins dans une relative sécurité. Après une longue opposition, le Sénat finit par s'incliner et institua une commission de dix magistrats chargés de rédiger le droit en vigueur. Ce travail de codification aboutit, sans doute en 450 avant notre ère, à la rédaction de la *loi des XII Tables*, qui fut affichée au forum sur douze plaques de bronze.

Si elle augmenta la sécurité juridique en améliorant la connaissance des règles coutumières, cette codification – qui n'en est pas une au sens moderne du terme parce qu'elle est lacunaire et désordonnée –, eut un effet négatif sur le dynamisme naturel de la coutume, qu'elle empêcha d'encore évoluer et s'adapter aux problèmes nouveaux. Elle contribua à son déclin, au profit d'autres sources de droit.

Section 2
La législation

L'antériorité de la coutume sur la loi au sens large – comprise comme la décision unilatérale d'une autorité déterminée – se marque dans le fait que la première grande œuvre juridique, la loi des XII Tables, est en réalité, comme nous l'avons dit, une mise par écrit de principes coutumiers. Son objectif n'est pas de mettre en cause le droit existant, mais simplement de préciser les règles coutumières immémoriales et, surtout, d'en rendre la connaissance plus facile. C'est d'ailleurs une constante en droit romain : longtemps, les interventions législatives ne seront pas un instrument de changement mais le moyen de préciser et d'expliciter les normes du *ius ciuile* traditionnel. La législation au sens large, à Rome, est composée des lois républicaines, des interventions du Sénat et des décisions impériales.

Les lois républicaines. – Disposition générale et abstraite émanant d'une autorité compétente pour la poser, la loi, dans la Rome républicaine, prend la forme de la *lex*, la loi au sens strict, et du plébiscite, voté par l'assemblée de la plèbe. L'initiative appartient toujours à un magistrat, qui convoque l'assemblée et lui soumet son projet. L'assemblée ne peut qu'adopter ou rejeter l'ensemble du projet, sans pouvoir l'amender. Cette technique législative favorise le dépôt de lois fourre-tout, ressemblant à nos "lois uniques" ou "lois-programmes" actuelles, permettant de faire adopter, en les mêlant à d'autres, des mesures impopulaires.

Sous la République, un grand nombre de lois et plébiscites sont adoptés, qui règlent surtout des questions de droit pénal et de droit administratif. Il en existe néanmoins qui concernent le droit privé, comme la *lex Aquilia*, du IIIème siècle avant notre ère, qui impose la réparation du dommage causé injustement au bien d'autrui et constitue le fondement de notre responsabilité dite "aquilienne" ou civile.

Il ne faut pas se faire d'illusion sur la démocratie parlementaire à Rome. Ni la composition des assemblées, ni le processus de vote ne sont démocratiques. La lourdeur de la procédure, les risques de troubles et la difficulté de contrôler une assemblée populaire expliquent sans doute la disparition de la voie législative sous l'Empire. Les successeurs d'Auguste préféreront recourir au Sénat, plus facile à contrôler, pour adopter des décisions générales.

L'activité législative du Sénat. – Assemblée importante à Rome, du moins sous la République, le Sénat, composé d'anciens magistrats, peut délibérer sur tout problème de politique intérieure ou extérieure. Juridiquement, il ne fait qu'exprimer un avis, ou sénatus-consulte, qui n'a pas force obligatoire. Mais les magistrats en fonction sont pratiquement tenus de suivre les avis du Sénat, autant à cause du prestige qui s'attache à cette institution que parce qu'ils seront obligés, à leur sortie de charge, de lui rendre des comptes.

Sous la République, l'intervention du Sénat dans le processus législatif prend la forme d'un contrôle de régularité des décisions des assemblées. Le Sénat peut annuler une loi lorsqu'il estime qu'elle est irrégulière, soit pour vice de fond, soit pour vice de forme. Il joue ainsi le rôle de cour constitutionnelle.

Sous l'Empire, le Sénat perd une grande partie de son pouvoir politique. L'empereur le consulte encore pour certaines questions mineures ou le charge d'organiser les grands procès criminels, mais tous les problèmes importants, comme la levée d'impôts ou la politique militaire, sont gérés directement par l'administration impériale.

En revanche, le Sénat conserve un rôle important dans le domaine du droit privé. Les empereurs préfèrent confier la gestion de ces matières au Sénat plutôt que de s'en occuper eux-mêmes ou de les laisser aux assemblées populaires, qui ne sont d'ailleurs plus réunies. Pour cette raison, les sénatus-consultes traitant de droit privé acquièrent force de loi et participent à l'évolution du droit. Par exemple, au IIème siècle de notre ère, les sénatus-consultes Tertullien et Orfitien accordent un droit de succession à la mère de famille sur les biens de ses enfants, et réciproquement, modifiant ainsi les vieilles règles successorales du *ius ciuile*.

Les décisions impériales. – Sous l'Empire, le Sénat perd à peu près tout son pouvoir politique, tandis que les assemblées législatives ne sont plus réunies. Le pouvoir législatif passe donc dans les mains de l'empereur, qui reçoit le droit de prendre des décisions ayant force de loi et pouvant même modifier les lois existantes. Il laisse le plus souvent cette prérogative au Sénat en matière de droit privé mais, dans les autres domaines, exerce lui-même le pouvoir législatif. Réduite au premier siècle de notre ère, la législation impériale prend une importance croissante au IIème siècle, surtout à partir d'Hadrien (117-138).

D'une manière générale, toute expression de la volonté de l'empereur, quelle qu'en soit la forme ou l'occasion, a force obligatoire.

Les décisions impériales peuvent cependant prendre la forme plus précise d'un édit, d'un mandat, d'une lettre, d'un rescrit ou d'un décret.

Les édits sont des ordonnances générales, qui portent le plus souvent sur des questions administratives ou fiscales. Ils peuvent parfois avoir une incidence sur le droit privé, comme le fait l'édit de Caracalla qui, en 212 de notre ère, accorde la citoyenneté romaine à tous les habitants de l'Empire. Les édits s'imposent à tous leurs destinataires et restent en vigueur aussi longtemps qu'ils ne sont pas abrogés.

Les mandats sont des instructions données à des gouverneurs ou des hauts fonctionnaires impériaux. Ils permettent de déterminer les compétences des fonctionnaires et d'organiser l'administration. Ces objectifs amènent parfois l'empereur à fixer un point de droit privé, par exemple en matière de droit des successions.

Les lettres sont des réponses à des questions posées par des magistrats ou des fonctionnaires. Les rescrits sont également des réponses, adressées à des particuliers qui interrogent l'empereur sur un point de droit. L'autorité de l'empereur et la qualité de ces consultations juridiques sont telles que les rescrits s'imposent à tous, particulièrement aux magistrats qui ont à juger un cas similaire à celui qui a été examiné.

Les décrets sont les jugements rendus par l'empereur lui-même, soit pour juger les personnalités importantes, qui relèvent directement du tribunal impérial, soit pour statuer sur les appels des citoyens qui, depuis le premier siècle de notre ère, peuvent se pourvoir auprès de l'empereur contre toute sentence civile ou pénale. Pour les mêmes raisons que les rescrits, les décrets ont, de fait, une autorité considérable et les magistrats, s'ils n'y sont pas formellement tenus, s'en inspirent néanmoins dans leurs jugements.

Section 3
La jurisprudence ou *ius honorarium*

Origine et définition du droit honoraire. – Depuis l'avènement de la République (509 avant notre ère), le pouvoir est aux mains des consuls, qui exercent notamment les prérogatives judiciaires. Mais la complexité croissante de la vie politique et administrative rend difficile le maintien d'une telle concentration des pouvoirs. Au IVème siècle avant notre ère, on crée une nouvelle magistrature, la préture. Au départ, le préteur est un collègue des consuls. Il participe à leur pouvoir de commandement militaire et civil et les remplace lorsqu'ils sont éloignés de Rome. Mais rapidement, les consuls prennent l'habitude de confier les affaires judiciaires au préteur, qui devient ainsi le spécialiste de la justice et un acteur de premier plan dans la vie du droit romain.

Le *ius honorarium*, encore appelé droit honoraire ou droit prétorien, correspond à la jurisprudence actuelle. C'est le droit tel qu'il est mis en œuvre, interprété et complété par les tribunaux. Constitué par l'ensemble des décisions des préteurs, qui ont donné au droit romain sa consistance et sa richesse, il est appelé droit "honoraire" parce qu'il résulte des interventions de magistrats – préteur urbain, édiles chargés notamment de la police des marchés et gouverneurs de province – tous revêtus d'un *honor* ou reconnaissance publique.

L'édit du préteur. – Comme tous les hauts magistrats romains, le préteur a un pouvoir de commandement civil et militaire *(imperium)* qui lui permet d'édicter des règlements généraux dans sa sphère de compétence. A son entrée en charge, le préteur promulgue un édit, qui indique les modalités selon lesquelles il rendra la justice durant son mandat. Il y précise les conditions d'accès à la justice, les actions, les moyens de défense qu'il acceptera, les modèles de formules qui sont proposées, etc.

L'édit promulgué par un préteur est valable pour la durée de sa charge, soit une année. Chaque préteur est tenu par son édit, en ce sens qu'il peut le compléter en cours d'année, mais pas le modifier. Le successeur peut en principe promulguer un nouvel édit, mais en pratique, chaque nouveau préteur reprend les dispositions qui se sont révélées utiles et opportunes. De la sorte, dès la fin de la République, la majeure partie de l'édit est constituée d'une partie permanente, qui se transmet, sans modification, d'un préteur à l'autre.

Pour les justiciables, l'édit du préteur présente un double intérêt. D'une part, la publication anticipée de règles valables pour un an permet de prévoir l'activité du magistrat et limite l'arbitraire. D'autre part, comme la plus grande partie de l'édit est constante, les particuliers peuvent compter sur des règles stables pour établir leurs projets, par exemple leurs relations commerciales.

Au IIème siècle de notre ère, l'empereur Hadrien fit codifier l'édit du préteur, poussé sans doute par des considérations pratiques. Au fil du temps, l'édit était devenu un ensemble assez disparate de dispositions qui s'étaient ajoutées sans grand ordre les unes aux autres, comportant des variations dans les termes et des lacunes. Le travail fut confié au juriste Salvius Julien, qui ordonna les dispositions en suivant l'ordre logique d'un procès, combla les lacunes et unifia la terminologie. Si la codification constitua, dans un premier temps, un progrès appréciable, en offrant aux justiciables un texte plus cohérent et plus clair, elle eut cependant un effet négatif. Revêtu de l'autorité de l'empereur et de l'approbation du Sénat, le texte de l'édit fut pratiquement figé, aucun préteur n'osant le modifier de sa propre initiative. La codification marqua pratiquement la fin du rôle actif des magistrats dans la création du droit.

Rôle créateur du droit honoraire. – En se fondant sur la souplesse de la procédure formulaire, sur leur pouvoir de commandement et sur leur droit de promulguer des édits, les préteurs ont créé un droit nouveau, qui n'a pas remplacé le *ius ciuile* traditionnel mais s'y est ajouté, le complétant et l'adaptant aux réalités sociales, toujours mouvantes.

Dans un procès, il peut être fait appel aux deux droits, notamment lorsqu'une des parties au conflit appuie sa revendication sur le *ius ciuile* et que l'autre fait appel au droit prétorien. Cette coexistence de règles parfois contradictoires est surprenante par rapport à notre conception du droit, mais témoigne de la souplesse et du pragmatisme des juristes romains. Pour prendre un exemple sur lequel nous reviendrons, le *ius ciuile* reconnaît une propriété "civile", qui est l'affirmation d'un droit *ex iure Quiritium*, "en vertu du droit des Romains". Mais le préteur accorde parfois une protection à de simples possesseurs, même contre le propriétaire civil, parce qu'il estime équitable de protéger ces personnes. Une telle intervention du préteur revient à reconnaître à ces possesseurs une véritable propriété de fait, appelée à l'époque moderne propriété "bonitaire", sanctionnée aussi efficacement que la propriété du *ius ciuile*.

Un deuxième exemple peut être tiré du droit des successions. Selon le *ius ciuile*, un enfant émancipé par son père ne peut plus hériter de ce dernier, car l'émancipation, dans la société traditionnelle, est considérée comme un déshonneur pour l'enfant. Avec le temps pourtant, le système des valeurs évolue et l'émancipation devient une faveur accordée à un enfant jugé assez mûr pour devenir juridiquement indépendant. Le préteur traduit cette évolution en accordant à l'enfant émancipé une part d'héritage. Mais cette mesure ne supprime pas la vielle règle du *ius ciuile*. Si l'enfant émancipé ne réclame rien, le *ius ciuile* s'appliquera, au profit des autres enfants. Si l'enfant réclame ce qui lui est dû, le préteur accordera la propriété de leur part aux autres héritiers, l'enfant émancipé recevant seulement la possession de la sienne. En permettant au préteur d'intervenir, même contre le *ius ciuile*, les Romains, sans devoir toucher à ce dernier, permettent au droit d'évoluer avec facilité.

Section 4
La doctrine ou *iurisprudentia*

Les jurisconsultes et la rationalité juridique. – A partir du IIème siècle avant notre ère, la connaissance et l'interprétation du droit cessent d'être le monopole des pontifes, qui sont des magistrats religieux, pour être exercées par les jurisconsultes. Ces derniers sont de simples particuliers, qui étudient le droit et dont l'autorité intellectuelle est reconnue. Ce sont les premiers vrais juristes, que l'on peut considérer comme les fondateurs d'une science du droit, précisément parce qu'ils n'ont pas d'autorité officielle. Les Pontifes, eux, en tant que magistrats, étaient des interprètes reconnus, qui n'avaient pas à justifier leurs interprétations. Les jurisconsultes, en revanche, pour donner un poids suffisant à leurs opinions et avis, doivent utiliser des arguments rationnels. Leurs interprétations du droit ne seront donc plus de simples solutions pragmatiques de cas particuliers mais feront appel à des considérations théoriques.

En pratique, les jurisconsultes jouent un triple rôle, qui correspond à trois fonctions actuelles : avocat, conseiller et notaire. Comme conseillers, ils donnent leur avis sur les questions de droit qui leur sont soumises par les particuliers. Comme avocats, ils aident leurs clients dans la conduite des procès en justice. Comme notaires, ils rédigent des actes juridiques, selon les besoins de leurs clients.

La doctrine élaborée par les jurisconsultes fait du droit romain une discipline scientifique véritable, grâce à la création de nouveaux concepts et, surtout, grâce au recours à des raisonnements inspirés de la logique grecque. Ainsi, les notions abstraites d'obligation ou de propriété sont créées au premier siècle avant notre ère De même, les jurisconsultes mettent de l'ordre dans l'ensemble informe des règles applicables en utilisant notamment le raisonnement par déduction, qui permet de partir d'une même règle générale pour l'appliquer à tous les cas particuliers correspondant à l'hypothèse décrite. S'il se présente un cas nouveau, les jurisconsultes règlent ce dernier en ayant recours aux arguments par analogie, *a contrario* ou par l'absurde, bref, en élaborant, de façon pragmatique, une méthode rationnelle d'interprétation du droit.

Sous l'Empire, il y a dans la société romaine un véritable attrait pour le droit. Nombre d'hommes de valeur qui, sous la République, se seraient tournés vers la politique, voient dans l'étude du droit et la pratique juridique l'occasion de se distinguer. La diversité et l'ampleur de la littérature juridique de cette époque témoignent de cet intérêt pour le droit.

Valeur juridique de la doctrine. – On peut s'interroger sur la portée juridique des avis et réponses des jurisconsultes qui, après tout, sont de simples particuliers sans fonction officielle. Sous la République, les magistrats n'avaient d'ailleurs aucune obligation de tenir compte de la doctrine, l'influence de chaque jurisconsulte étant proportionnelle à sa notoriété.

Les choses changent sous l'Empire car le pouvoir impérial, soucieux de se faire des alliés parmi des citoyens aussi influents, accorde une reconnaissance officielle à certains jurisconsultes, grâce au *ius publice respondendi* ou "droit d'émettre publiquement une opinion". Un caractère d'autorité s'attache ainsi aux interprétations juridiques des juristes investis de ce droit, dont l'opinion s'impose au magistrat, du moins dans le cas précis pour lequel l'opinion a été exprimée. Bien plus, au IIème siècle de notre ère, un rescrit de l'empereur Hadrien décide que les réponses des jurisconsultes investis du *ius publice respondendi*, si elles sont concordantes, reçoivent force de loi et s'imposent à tous les magistrats. La doctrine, sous ces conditions, devient une source de droit effective, qui contribue au développement du droit romain.

Deuxième partie

Le droit des personnes
et des successions

Chapitre 3
Personnalité et capacité d'exercice

Le concept de personne. – Tout système juridique doit rencontrer la notion de personne. Il n'est pas possible de concevoir des droits subjectifs et des obligations sans les rattacher à des sujets, c'est-à-dire à des titulaires. Dans son sens premier, *persona*, en latin, désigne la face, le visage, le masque que portaient les acteurs du théâtre antique. Ce masque permettait notamment d'individualiser le personnage et d'identifier le rôle qu'il jouait dans la pièce. Repris dans le langage courant, le terme désigne l'être humain en tant qu'individualité, reconnu par son rôle et sa place dans la vie de la cité.

Une *personne* ou *sujet de droit* est un être qu'un système juridique déterminé considère comme titulaire de droits subjectifs. Dans cette définition, le mot "être" a une extension volontairement imprécise. Il appartient en effet à chaque ordre juridique de préciser qui sont les sujets de droit qu'il reconnaît, en établissant les conditions qui doivent être respectées pour obtenir cette reconnaissance.

Capacité de jouissance et capacité d'exercice. – Etre une personne, c'est avoir la capacité juridique ou capacité de droit. Les juristes romains, qui connaissaient le terme abstrait *capacitas*, utilisaient plus volontiers des expressions concrètes, comme *caput habere*, "avoir une tête", le visage étant une marque évidente de l'individualité. Cette aptitude à être titulaire de droits subjectifs est le plus souvent désignée aujourd'hui par l'expression "capacité de jouissance", que l'on oppose à "capacité d'exercice". Il convient de distinguer les deux notions.

En effet, le fait qu'un individu soit titulaire de droits subjectifs ne signifie pas pour autant qu'il a la pleine capacité de les exercer lui-même. Il importe donc de distinguer soigneusement, d'une part la capacité de jouissance, comprise comme le fait d'être titulaire de droits, et d'autre part la capacité d'exercice, comprise comme la faculté de les exercer personnellement.

Si la capacité de jouissance est l'aptitude à être titulaire de droits subjectifs, la capacité d'exercice est la faculté de créer ces droits, de les transmettre, les éteindre ou les faire valoir en justice. Il est possible d'être titulaire de droits sans pouvoir les exercer soi-même.

Ainsi, dans la plupart des systèmes juridiques, on admet qu'un jeune enfant ne puisse pas exercer une activité juridique, parce qu'il n'a pas de discernement suffisant. Si le système juridique de référence lui reconnaît des droits subjectifs, par exemple d'avoir un patrimoine propre, on peut dire que cet enfant a la capacité de jouissance, mais pas la capacité d'exercice. Il doit, pour l'exercice de ses droits, être représenté par une autre personne, parent ou tuteur, qui agira en son nom et pour son compte.

Nous examinerons successivement la capacité de jouissance et la capacité d'exercice.

Section 1
La capacité de jouissance

Héritiers des acquis de la Révolution française et de la philosophie des Lumières qui l'a préparée, imprégnés des schémas de pensée du Code Napoléon, nous avons tendance à considérer que tout être humain est une personne et que toute personne est un être humain. Si la première proposition est vraie aujourd'hui, l'histoire se charge de nous apprendre qu'il n'en a pas toujours été ainsi. Et la deuxième proposition oublie les groupements et associations qui se voient attribuer la personnalité juridique : les associations sans but lucratif ou les sociétés commerciales par exemple. C'est donc à un double titre que la personne ne peut se confondre avec l'être humain.

En droit romain, l'attribution de la personnalité répond à plusieurs conditions.

1. L'existence physique

Pour les juristes romains, la capacité de droit est avant tout la marque des personnes physiques. Le droit romain n'a en effet jamais développé la notion de personne morale, telle que nous la connaissons aujourd'hui, principalement pour les sociétés commerciales, qui se voient reconnaître une personnalité distincte de celle de leurs propriétaires.

Parmi les vivants, seuls les êtres humains, de la naissance à la mort, ont la capacité de jouissance. Certains textes admettent bien que les animaux, comme les hommes, sont soumis à des lois biologiques et parlent d'un droit naturel qui serait commun à tous les êtres vivants, mais il s'agit-là de réflexions d'ordre philosophique, sans conséquences juridiques. Les animaux sont des choses et les choses n'ont pas de droits.

Si un tel principe paraît aller de soi, il faut surtout en relever les conséquences juridiques. Dans le domaine de la responsabilité civile par exemple, la conséquence la plus marquante de l'exclusion des animaux de la scène juridique, c'est qu'un recours exercé par la victime, en cas de dommage causé par un animal, ne s'exercera pas contre ce dernier, qui n'est le siège d'aucune obligation, mais contre son propriétaire. Cette exclusion a en quelque sorte obligé les juristes romains à développer l'idée de la responsabilité du propriétaire pour le fait de ses animaux.

Le début de la personnalité. – La personnalité juridique est attribuée à l'être humain à partir de sa naissance. Le nouveau-né doit être né vivant et viable : disposer des organes vitaux et avoir manifesté des signes de vie au moins pendant quelques instants.

Une extension est admise, essentiellement dans le domaine du droit des successions, au profit de l'enfant simplement conçu, uniquement lorsqu'il y va de son intérêt. La règle permet à l'enfant conçu mais non encore né de prétendre à sa part d'héritage par exemple en cas de décès de son père avant sa naissance.

Il importe cependant de bien comprendre la portée juridique de cette règle. Il serait inexact de dire que les juristes romains ont entendu affirmer que la personne humaine existe et est titulaire de droits dès l'instant de sa conception. En réalité, la personne n'existe pas, juridiquement, avant sa naissance, mais lorsqu'elle est née, on lui attribue rétroactivement les droits auxquels elle aurait pu prétendre si elle était née au moment présumé de sa conception. Il s'agit donc d'une simple fiction, qui ne joue qu'en faveur de l'enfant. On peut aussi présenter cette règle en disant qu'il y a attribution de droits, mais seulement à la condition suspensive de naître ultérieurement vivant et viable.

La fin de la personnalité. – La personnalité juridique est attribuée à l'être humain seulement jusqu'à sa mort. Même si les Romains croient pour la plupart à une forme de survie, l'âme du défunt n'est plus titulaire de droits subjectifs.

De là découlent des règles comme celle qui fixe au moment précis de la mort la transmission du patrimoine : "Le mort saisit le vif". C'est au moment de la mort du défunt qu'il convient de se reporter pour fixer les droits des héritiers, même s'ils ne reçoivent matériellement les biens que plus tard. Pour des raisons pratiques cependant, afin de maintenir la cohésion du patrimoine, les biens qui font partie de la succession continuent à former un tout, comme s'ils étaient toujours la propriété du défunt, jusqu'au moment où les héritiers prendront effectivement possession de l'héritage.

De là proviennent également les règles relatives à l'extinction de certaines actions qui ont un caractère personnel, comme l'action *de iniuria*, accordée à la victime de coups et blessures. Cette action ne peut plus être intentée après la mort de l'auteur du délit.

Il ne suffit pas, en droit romain, d'être un individu vivant pour se voir accorder la personnalité juridique. Encore faut-il répondre à trois autres conditions, relatives à la place que l'on occupe dans la société. Chaque individu voit son rôle social déterminé et délimité par un triple statut, relatif à la citoyenneté, à la liberté et à la famille. Pour avoir la personnalité juridique, il faut donc être libre, citoyen romain et *sui iuris*, c'est-à-dire ne pas être soumis à la puissance d'autrui.

2. La liberté

L'esclavage est une institution qui existe depuis le départ en droit romain, comme dans la plupart des sociétés de l'Antiquité, et qui n'a jamais disparu, même en droit byzantin. Il n'a d'ailleurs été aboli en Europe qu'au XIXème siècle.

Les causes de l'esclavage. – En droit romain, la condition servile vient de la naissance ou d'une cause postérieure. On naît esclave quand on naît d'une mère esclave. Mais la cause la plus fréquente d'asservissement est la capture. L'asservissement des prisonniers de guerre est un fait universellement admis dans l'Antiquité. Les prisonniers, comme les populations civiles vaincues, sont généralement vendus comme esclaves. Pendant les grandes conquêtes des derniers siècles de la République, des peuples entiers ont été asservis. Les armées romaines étaient suivies de trafiquants qui achetaient les captifs en masse pour les importer en Italie.

Condition matérielle des esclaves. – Dans la réalité, la situation matérielle des esclaves est fort variable selon le temps, le lieu et le type de travail auquel ils sont soumis. A l'origine, les esclaves sont peu nombreux et font plus ou moins partie du groupe familial, sous l'autorité du chef de famille, qui s'impose d'ailleurs à tous.

Durant les deux derniers siècles de la République, la situation se dégrade. Les grandes conquêtes jettent des centaines de milliers d'esclaves sur les marchés d'Italie. Les esclaves sont traités comme du bétail et les révoltes qui éclatent sont sauvagement réprimées.

Sous l'Empire, une lente amélioration se dessine, avant tout pour des raisons économiques. La main d'œuvre servile est devenue indispensable et les conquêtes ont pris fin. La plus grande rareté des esclaves augmente leur valeur. De plus, l'influence de la philosophie stoïcienne, puis du christianisme, vient améliorer sensiblement cette condition car ces différents courants de pensée insistent sur la dignité de tous les êtres humains. A partir de Constantin, l'Eglise se montre favorable à leur affranchissement et développe leur protection, mais le principe même de l'esclavage ne sera pas aboli.

D'un individu à l'autre, la situation concrète peut être radicalement différente. Certains esclaves gagnent la confiance de leurs maîtres et exercent des fonctions importantes : comptables, secrétaires, précepteurs, médecins, artistes, dont la situation n'a rien de commun avec celle des esclaves anonymes qui travaillent par centaines dans des mines, des carrières ou de grandes exploitations agricoles.

Statut juridique des esclaves. – Juridiquement, l'esclave est une chose, un élément du patrimoine de son propriétaire, qui en dispose théoriquement à sa guise. Si les magistrats interviennent pour imposer des limites au bon vouloir du maître, c'est plus pour sanctionner une espèce d'immoralité du propriétaire ne se comportant pas en bon gestionnaire que pour protéger l'esclave.

Au départ, l'esclave subit une totale incapacité de droit. Il n'a pas de famille. L'union qu'il contracte n'est pas un mariage mais une simple cohabitation, et il n'a aucun droit sur ses enfants. Il n'a pas de patrimoine propre. Les biens dont il peut disposer et toutes ses acquisitions tombent dans celui de son maître. De même, n'étant pas titulaire de droits subjectifs, il ne peut agir en justice. Si l'esclave est blessé par un tiers, il ne peut en demander réparation. C'est son maître qui intentera l'action pour obtenir des dommages et intérêts du fait qu'un élément de son patrimoine a été endommagé.

Néanmoins, compte tenu de leur intégration dans le circuit économique, les esclaves se sont vu accorder peu à peu une certaine capacité de fait leur permettant de poser certains actes au nom et pour le compte de leur maître, comme l'acquisition ou le paiement de marchandises.

Il a également été nécessaire d'admettre, dans l'intérêt même du propriétaire, que l'esclave puisse, sous certaines conditions, faire naître des obligations juridiques à charge de son maître. Certains cas sont intéressants à relever parce qu'ils sont à l'origine de mécanismes juridiques qui se développeront par la suite.

Il en va ainsi, par exemple, de l'institution du pécule. Le maître d'un esclave peut avoir intérêt à lui confier un pécule, c'est-à-dire un capital, qui reste sa propriété mais dont l'esclave a la disposition. Grâce à ce capital, un esclave peut réaliser des opérations commerciales ou financières. Avec une peu de chance et d'habileté, il va dégager de bons revenus de cette activité. Ces revenus restent la propriété du maître qui, souvent, pour stimuler l'esclave, lui promet de l'affranchir en retour dès qu'il aura amassé une somme déterminée.

Un tel mécanisme a pour le maître un double avantage : dégager des bénéfices grâce au travail d'autrui et, surtout, limiter les risques. Car s'il est normal que le maître prenne le risque de perdre le pécule si les affaires de l'esclave tournent mal, son engagement est en revanche limité au montant du pécule. Somme toute, le système du pécule correspond à celui de nos société commerciales à responsabilité limitée.

De même, un propriétaire peut confier à un esclave la direction d'un navire. En le désignant comme capitaine, il accepte la responsabilité pour tous les engagements que l'esclave sera amené à contracter dans le cadre de cette activité. Le principe est identique pour la gestion d'un commerce ou d'un atelier. En lui confiant cette gestion, le maître de l'esclave est présumé lui avoir donné le pouvoir de traiter avec la clientèle et les fournisseurs. Il répondra donc des dettes contractées par l'esclave dans l'exercice de sa mission.

3. La citoyenneté

Tout en ayant une politique de conquête du monde méditerranéen, Rome s'est toujours montrée soucieuse de ménager les différences et respecter les particularismes locaux. Désireux de faire reconnaître la supériorité de leur système politique et de leur droit plutôt que de les imposer par la force, les Romains n'ont jamais voulu assimiler de force les populations soumises. Le droit romain a donc respecté la variété des statuts, même s'il a créé une hiérarchie parmi eux, dont il joue avec intelligence pour récompenser les alliés de Rome et fidéliser les populations romanisées.

Cité et citoyenneté. – La perspective romaine est telle qu'un être humain ne peut pas être pris en considération en dehors du groupe auquel il appartient. La citoyenneté – l'appartenance à une *ciuitas*, une cité – est, dans l'Antiquité plus encore qu'aujourd'hui, un élément essentiel de reconnaissance et d'identification. Dans la hiérarchie des nations, les Romains distinguent les citoyens romains, qui en occupent le sommet, les Latins et les pérégrins ou étrangers.

Les citoyens. – Seuls les citoyens jouissent de la plénitude des droits, seuls ils peuvent invoquer les *iura propria ciuium romanorum*, les "droits propres aux citoyens romains". Parmi ces droits, on distingue les droits politiques, comme le droit de vote, le droit de servir dans l'armée ou celui d'accéder aux magistratures, et les droits privés : droit de contracter un mariage légitime, dont les effets sont reconnus, notamment dans le domaine de la filiation et des successions, droit d'utiliser les procédés formels du *ius ciuile* pour acquérir des droits patrimoniaux, droit de faire un testament valable ou encore d'agir en justice.

Les Latins. – Au départ, les Latins sont les citoyens des cités du Latium qui n'ont pas été intégrées dans l'Etat romain. Il existe, entre eux et les Romains, une communauté de race, de langue, de religion et d'usages sociaux justifiant le régime juridique privilégié qui leur est reconnu. Les Latins ont les mêmes droits privés que les Romains, et certains droits politiques leur sont accordés. Ainsi, ils ont le droit de vote mais ne peuvent être élus.

Progressivement, ces Latins seront absorbés dans la citoyenneté romaine et la condition de Latin évoluera pour devenir un simple statut administratif, sans référence ethnique. Ce statut, intermédiaire entre la citoyenneté romaine et la condition d'étranger, est attribué par les Romains à des communautés ou des individus auxquels ils veulent faciliter l'accès à la citoyenneté.

Les étrangers. – L'étranger ou pérégrin – celui qui *per agros uenit*, qui "vient à travers champs", autrement dit l'immigrant – est en dehors du *ius ciuile*, ce qui ne signifie pas qu'il soit en dehors de toute protection juridique. Au contraire, à partir du moment où les échanges commerciaux et culturels se sont développés autour du bassin méditerranéen, une nouvelle magistrature a été créée pour traiter des litiges entre étrangers, ou entre Romains et étrangers : c'est le préteur des pérégrins, qui applique, en matière de droit privé, les normes du *ius gentium*. Dans les provinces, les gouverneurs, chargés de rendre la justice, appliquent tantôt le droit local, tantôt le *ius gentium*, lorsque les plaideurs sont de nationalité différente ou que les usages locaux sont jugés incompatibles avec l'ordre juridique romain.

La coexistence de citoyens romains, de Latins et d'étrangers subsiste jusqu'en 212 de notre ère, date à laquelle l'édit de Caracalla accorde la citoyenneté à tous les habitants libres de l'Empire.

Acquisition de la citoyenneté. – Comment devient-on citoyen romain ? Le mode le plus naturel et le plus fréquent est la naissance, mais le droit romain connaît également la naturalisation – assez rare en dehors de l'Italie – et l'affranchissement, qui, paradoxalement, accorde à son bénéficiaire, sans autre condition, la citoyenneté en même temps que la liberté.

Les questions les plus intéressantes pour l'histoire du droit concernent la naissance parce qu'à ce propos, les juristes romains ont dégagé des règles qui sont à la base du droit international privé contemporain.

Le principe de base est simple. Est citoyen l'enfant dont les parents sont citoyens. Il n'y a pas de difficulté lorsque père et mère sont tous deux citoyens et unis par les liens d'un mariage reconnu. L'importance accordée au mariage s'explique par la nature du lien biologique qui unit l'enfant à chacun de ses auteurs. Si la mère est généralement connue avec certitude puisque la grossesse et l'accouchement sont des faits évidents, il n'en va pas de même du lien paternel. L'identification du père biologique a un caractère hypothétique puisque la conception n'est pas directement observable.

Pour résoudre le problème, les juristes romains ont eu recours à une présomption en vertu de laquelle l'enfant est censé être né des œuvres de celui qui était marié avec la mère durant la période normale de conception, qui ne peut remonter à plus de trois cents jours avant la naissance. La présomption ne peut jouer que si le mariage est régulier, ce qui implique surtout que la femme n'ait de relations sexuelles qu'avec son mari. Ceci explique partiellement que l'adultère de la femme soit sévèrement réprimé en droit romain.

Si sa mère est dans les liens d'un mariage légitime, l'enfant suivra la condition juridique de son père. L'enfant issu d'un Romain et d'une Latine sera citoyen romain, l'enfant issu d'un pérégrin et d'une Romaine, si le mariage est reconnu, sera pérégrin. Par contre, les enfants nés en dehors du mariage suivront la condition juridique de leur mère au moment de la naissance. L'enfant issu d'une Romaine célibataire devient citoyen, de même que celui qui est issu d'une étrangère célibataire qui acquiert la citoyenneté romaine avant la naissance.

4. L'autonomie au sein de la famille

Pour obtenir la personnalité juridique, il faut être *sui iuris*, c'est-à-dire de ne pas être sous la dépendance juridique d'un *paterfamilias*. Encore faut-il bien comprendre le sens que cette expression recevait en droit romain.

Si l'on prend la famille au sens strict, on voit que pour des raisons de cohérence et d'unité du patrimoine d'exploitation, il ne peut y avoir qu'une personne investie de droits subjectifs, une seule personne qui, véritablement, n'est sous l'autorité d'aucun autre. Elle seule est *sui iuris*, elle seule a la personnalité juridique. Il faut cependant être attentif au fait qu'un individu peut être *sui iuris* sans pour autant être *paterfamilias* au sens de "chef d'un groupe familial". Un jeune enfant, devenu orphelin, n'est plus sous la puissance d'un *paterfamilias*. Bien sûr, il sera placé sous le contrôle d'un tuteur, mais ceci n'enlève rien au fait qu'il est *sui iuris*, pleinement titulaire de droits subjectifs. Pour comprendre cette notion, il importe d'être attentif aux structures familiales romaines.

Le concept de famille. – Comme celui de parenté, le concept de famille est assez équivoque. Le même terme, *famille*, sert à désigner des groupements sociaux qui sont fort différents par leur étendue aussi bien que par le critère de rattachement. De même, la *parenté* est ambiguë si on ne précise pas aussitôt selon quel critère elle est établie.

Famille et parenté. – Aujourd'hui, dans la plupart des systèmes juridiques européens, la famille est le groupe des personnes liées par l'alliance ou la parenté dite biologique. L'alliance lie d'une part un individu à son conjoint, d'autre part un individu à certains parents de son conjoint (beau-père, belle-mère, beau-frère, belle-sœur). La parenté biologique réunit les personnes liées par le sang, aussi bien dans la ligne paternelle que dans la ligne maternelle.

Cette notion de parenté biologique dans les deux lignes, qui nous est familière, est loin d'être une constante dans le temps et dans l'espace. Nombre de droits traditionnels ne connaissent pas la parenté biologique en ligne paternelle et reposent sur un système d'organisation matriarcal, ce qui explique notamment que la prohibition de l'inceste se fasse surtout en ligne maternelle et que les parents de la mère jouent un rôle important vis-à-vis de l'enfant.

La parenté agnatique. – Dans le droit romain archaïque, la parenté la plus importante est d'abord celle qui se fonde sur la puissance, sur l'autorité, plus que sur le lien biologique. C'est le système agnatique ou patriarcat. Ce système s'explique par des données d'ordre économique (nécessité d'une hiérarchie et d'un chef permettant l'unité de gestion du patrimoine familial) et des considérations d'ordre culturel (comme dans beaucoup de sociétés d'origine indo-européenne, les anciens Romains sont plus sensibles au lien de cause à effet entre le père et l'enfant, parce qu'ils réduisent le rôle de la mère, dans la procréation, à celui d'un réceptacle).

Dans ce système, sont agnats entre eux tous ceux qui dépendent d'un même *paterfamilias* (chef de famille) ou qui en dépendraient si ce dernier était encore en vie.

A partir de ce lien de parenté, on peut distinguer trois cercles familiaux, trois groupes concentriques de plus en plus étendus : la famille au sens strict, la famille au sens large et la *gens*.

La première regroupe le *paterfamilias* et tous les individus qui sont placés sous son autorité soit parce qu'ils en sont issus (enfants et petits-enfants), soit parce qu'ils sont assimilés à des descendants par l'adoption ou le mariage.

La deuxième rassemble toutes les familles au sens strict dont les membres seraient sous la dépendance du même *paterfamilias* si ce dernier était encore en vie.

La troisième, la *gens*, est un groupe de familles dont les membres prétendent descendre d'un même ancêtre commun, parfois mythique il est vrai. L'origine, le fonctionnement et le rôle de la *gens* est discuté. A la fin de la République, l'institution est quasiment tombée en désuétude. Son effet juridique se limite à la transmission du nom gentilice. Ainsi, Jules César, *Caius Iulius Caesar*, fait partie de la gens *Iulia*, comme tous ceux qui en portent le nom et prétendent descendre d'un héros légendaire appelé *Iulius*, fils d'Enée.

La parenté cognatique. – Les Romains ont également connu, dès le départ, la parenté biologique, sans distinction de ligne paternelle ou maternelle : c'est la *cognatio*. Elle est nécessaire notamment pour fonder la prohibition de l'inceste. Elle permet de calculer le degré de parenté par le sang, selon un mode de calcul toujours utilisé dans notre droit civil. Le calcul de parenté entre deux individus donnés se fait en remontant de l'un d'eux à l'ancêtre commun, homme ou femme, puis en redescendant à l'autre. Il faut compter le nombre d'intermédiaires entre ces deux individus et ajouter une unité. Ainsi, deux frères sont parents au deuxième degré (un intermédiaire, qui est le père ou la mère, auquel on ajoute une unité), un oncle et sa nièce le sont au troisième degré, deux cousins au quatrième, etc. Dans l'évolution du droit romain, cette parenté par le sang finira par supplanter l'*agnatio*.

Section 2
La capacité d'exercice

Etre titulaire de droits subjectifs ne signifie pas pour autant que l'on soit capable de les exercer soi-même. Encore faut-il répondre aux conditions imposées par le système juridique de référence. A défaut, la personne est dite "incapable". Elle est inapte à exercer ses droits, à les faire naître, les transmettre, les faire valoir en justice ou les éteindre.

Deux situations différentes doivent être distinguées quant à l'incapacité d'exercice. Dans la première, la personne est d'une inaptitude totale à exercer personnellement ses droits. Elle sera nécessairement passive et devra être représentée par une autre personne qui exercera ses droits en son nom et pour son compte. La représentation est un mécanisme en vertu duquel une personne, appelée le représentant, accomplit, pour le compte d'une autre, appelée le représenté, un acte juridique. Si la représentation est parfaite, comme dans notre droit, les effets de cet acte se produiront directement et immédiatement sur la tête du représenté.

La représentation est une notion qui dépasse largement le cadre des incapacités puisqu'il existe d'autres situations juridiques où quelqu'un agit pour le compte et au nom d'un autre, par exemple dans le mandat où c'est volontairement qu'une personne qui est capable confie à une autre le soin de la représenter pour accomplir un ou plusieurs actes juridiques. On parlera dans ce cas de représentation facultative parce que le représenté choisit son représentant, organise la représentation et conserve la faculté d'y mettre fin lorsqu'il le désire. Dans le domaine des incapacités par contre, la représentation est nécessaire.

Dans la deuxième situation, la personne a une certaine aptitude à exercer ses droits, mais cette aptitude est limitée. C'est le cas par exemple des prodigues et de faibles d'esprit, visés par les articles 513 et 514 du Code civil. Dans ce cas, il y aura, non représentation, mais assistance. L'assistance est un mécanisme par lequel une personne désignée (le "conseil") doit exprimer son autorisation et donner son consentement pour que l'incapable puisse accomplir certains actes juridiques. L'assisté accomplira lui-même l'acte juridique mais n'est pas vraiment autonome puisque, pour agir valablement, il devra être autorisé par une personne qualifiée qui interviendra à ses côtés.

Ces deux situations distinguées, comment a évolué la notion de capacité d'exercice ? En droit romain classique, le problème de la capacité d'exercice se pose uniquement pour ceux qui sont titulaires de la capacité de jouissance, c'est-à-dire pour les citoyens romains de condition libre qui sont *sui iuris* et n'ont donc, par définition, pas ou plus de *paterfamilias*, de protecteur naturel, alors qu'ils sont amenés à devoir notamment gérer un patrimoine.

Le droit romain fait reposer la capacité d'exercice d'un individu sur quatre grands critères. Il faut être majeur, de sexe masculin, sain d'esprit et non-prodigue. Ceux qui ne remplissent pas ces conditions sont frappés d'une incapacité d'exercice tantôt totale, tantôt partielle et se voient adjoindre un tuteur ou un curateur.

1. La majorité

Dans l'ancien droit, la majorité correspond à l'âge requis pour le mariage : douze ans pour les filles, quatorze pour les garçons. La capacité d'exercice correspond ainsi à l'âge de la puberté. Une majorité aussi précoce n'était pas dangereuse tant que les rapports commerciaux et les contrats restaient peu nombreux, la société romaine connaissant un régime d'économie familiale fermée.

Mais par la suite, avec le développement de l'économie romaine et la multiplication des contrats, cette situation juridique devint dangereuse pour les jeunes Romains titulaires d'un patrimoine et appelés à le gérer eux-mêmes. C'est pourquoi l'âge de la majorité, donc de la pleine capacité d'exercice, fut porté à vingt-cinq ans.

Avant vingt-cinq ans, le mineur a la possibilité de conclure certains contrats, mais avec un risque pour le cocontractant. Si le contrat conclu lèse le mineur, il peut demander l'annulation de son engagement, soit au moyen d'une exception pour paralyser l'action en exécution forcée intentée par son cocontractant, soit par une action en répétition pour reprendre ce qu'il aurait déjà payé. Il est possible d'invoquer la lésion s'il y a une trop forte disproportion entre les prestations des parties ou s'il y a trop d'écart entre l'engagement du mineur et les moyens pécuniaires dont il dispose.

Cette protection juridique est rigoureuse et efficace pour protéger le mineur, mais elle a pour lui un effet négatif, qui est de lui faire perdre tout crédit. Aucune personne avisée n'osera en effet conclure un contrat avec quelqu'un qui risque d'invoquer sa minorité pour en demander l'annulation. Pour cette raison, le droit romain a dû mettre en place un régime de curatelle. C'est avec le mineur que l'on va conclure le contrat, mais celui-ci est assisté d'un homme plus expérimenté, parent ou ami, nommé *curator*, qui apparaît d'abord pour certains actes occasionnels. Son assistance finira par devenir une obligation.

2. Le sexe

Il faut, au départ, être de sexe masculin pour avoir la capacité d'exercice. On pourrait croire que la chose va de soi dans une société traditionnelle. Pourtant, rappelons qu'en ce qui concerne la personnalité juridique – l'aptitude à être titulaire de droits subjectifs, à avoir la capacité de jouissance –, le droit romain n'a jamais fait de différence entre l'homme et la femme. Ainsi, en matière successorale, contrairement à ce qu'établiront de nombreuses coutumes médiévales, le droit romain ne connaît ni privilège de masculinité, ni privilège de primogéniture : la fille hérite comme le garçon, le cadet a droit à la même part que l'aîné.

Les femmes sont frappées d'une incapacité partielle d'exercice. On ne leur reconnaît qu'une capacité limitée pour poser seules certains actes juridiques.

En premier lieu, si elles ont un discernement suffisant, les femmes s'engagent par leurs délits. Ce principe est une conséquence logique du fait que la responsabilité pénale et individuelle.

Ensuite, elles peuvent aliéner, seules, les biens qui appartiennent à la catégorie des *res nec mancipi*. Il s'agit, comme nous le verrons en droit des biens, de choses qui ne sont pas indispensables à la production agricole et qui sont généralement de faible valeur : vêtements, meubles, vaisselle, outils, etc. Par contre, en ce qui concerne l'aliénation des *res mancipi* – les immeubles, les esclaves et certains animaux comme les bœufs et les chevaux –, les femmes sont toujours incapables. Sans l'assistance de leur tuteur, elles ne peuvent ni les vendre ni les donner.

De même, sans leur tuteur, elles ne peuvent contracter seules une *conuentio in manum*. Comme nous le verrons à propos du mariage, la *conuentio in manum* est un acte juridique qui peut accompagner le mariage et qui fait passer la femme sous l'autorité de son mari ou du *paterfamilias* de ce dernier. Cet acte juridique, qui modifie donc le statut de la femme, a également pour effet d'entraîner le transfert des biens de cette dernière dans le patrimoine du mari ou du *paterfamilias* de celui-ci.

Pour justifier cette incapacité, les juristes classiques ont souligné la faiblesse des femmes, leur versatilité ou leur légèreté d'esprit ("*propter animi leuitatem*", dit Gaius), tandis que d'autres invoquent des raisons de convenance sociale. Il serait indécent, prétend-on, qu'une femme se mêle aux hommes en fréquentant le marché ou les entrepôts, qu'elle dirige une ferme ou un atelier, qu'elle participe à des transactions commerciales. Il s'agit d'un thème que l'on retrouve également dans la littérature latine. Mais ces explications sont peu convaincantes, en ce sens que vraisemblablement, les Romains n'y croyaient pas eux-mêmes. En effet, les témoignages historiques révèlent que, dans les classes populaires, les femmes accomplissent fréquemment de lourds travaux et participent activement à la gestion de l'exploitation agricole, du commerce ou de l'atelier. De même, dans les classes plus fortunées, dès la République, elles ont souvent un sens aigu des affaires et peuvent se montrer excellentes gestionnaires, à la tête de patrimoines importants.

En réalité, la véritable raison qui explique l'incapacité partielle de la femme à poser seule des actes juridiques est d'ordre patrimonial. Le souci premier du droit romain est de maintenir intact le patrimoine familial. Le problème vient précisément du fait que la femme peut avoir la capacité de jouissance, au même titre qu'un homme. Par conséquent, elle reçoit sa part de l'héritage paternel. Il faut éviter que ces biens soient mal gérés, ou vendus, ou qu'ils passent à une autre famille, notamment par le mariage si la femme se marie avec une *conuentio in manum*. Voilà pourquoi la femme, si elle peut se marier librement, du moins en théorie, a besoin de l'autorisation de son tuteur pour conclure la *conuentio in manum*, qui fait passer ses biens dans le patrimoine de son mari.

Cette incapacité officielle a progressivement disparu dès l'époque classique, à la suite de mesures législatives prises notamment pour combattre la crise de dénatalité qui frappe le monde romain depuis Auguste. Ainsi par exemple, à partir du début de l'Empire, sont libérées de la tutelle et acquièrent la pleine capacité d'exercice, si elles sont majeures, les femmes *sui iuris* qui ont au moins trois enfants , pour les ingénues, ou quatre enfants, pour les affranchies. En fin d'évolution, il n'y aura plus, en droit romain, de restriction juridique quant à l'acquisition de la pleine capacité d'exercice pour les femmes.

Il faut surtout relever qu'il y a, particulièrement dans cette matière, un monde entre les normes juridiques et les réalités sociales. Le contrôle effectué par le tuteur devient symbolique en droit romain classique. Son intervention n'est plus exigée que pour certains actes juridiques déterminés. Elle se réduit le plus souvent à une simple formalité, d'autant que la plupart des femmes choisissent librement leur tuteur. On peut dire qu'au IIème siècle de notre ère, sauf rares exceptions, les femmes *sui iuris* adultes gèrent personnellement et librement leurs affaires.

3. Les aptitudes mentales

Il faut également être sain d'esprit pour acquérir la capacité d'exercice. Quel que soit leur âge, les malades mentaux sont considérés comme totalement incapables. Ils sont donc représentés par un *curator*, qui se substitue à eux pour poser des actes juridiques en leur nom et pour leur compte, du moins s'ils ne sont pas soumis à la puissance paternelle ou à celle d'un tuteur.

L'ancien droit romain envisageait uniquement, dans la loi des XII Tables, le cas du *furiosus*, du fou qui ne sait pas ce qu'il fait et n'a aucune lucidité. La réalité est plus complexe et la folie connaît de nombreux stades intermédiaires. On peut subir une diminution relative de ses capacités mentales et conserver néanmoins une certaine intelligence. Cela, les juristes classiques le savaient, mais ils sont restés prisonniers de la logique du tout ou rien qui caractérisait le droit ancien. Voilà pourquoi le régime de protection des malades mentaux est, en droit romain, celui de la représentation et non celui de l'assistance.

Pendant ses intervalles de lucidité, s'il en a, le fou récupère une entière capacité d'exercice Il peut donc poser seul et efficacement tous les actes qu'il souhaite accomplir, et notamment les contrats. Ceci pose un problème de sécurité juridique. Les actes sont en principe valables, sauf à prouver que leur auteur était en état de démence au moment où il les a posés. Cette preuve peut être fort difficile à rapporter.

Il faut, enfin, être non-prodigue pour être juridiquement capable. La prodigalité est pour les juristes classiques une espèce de folie qui consiste à dilapider ses biens, à dépenser sans compter, à avoir en quelque sorte perdu le sens des valeurs matérielles. S'il est normal, dans un système juridique individualiste comme le droit romain, que chacun puisse en principe disposer librement de ses biens, il n'est pas permis pour autant de s'engager dans de folles dépenses, qui risquent surtout de ruiner la famille du prodigue.

Aussi les proches parents d'un prodigue peuvent-ils demander l'intervention du magistrat, qui va prononcer contre lui une interdiction ("Je t'interdis l'usage de la monnaie et des actes du commerce") et nommer un curateur qui va se substituer au prodigue dans la gestion de ses biens. C'est donc un système de représentation qui est mis en place en droit romain. L'interdiction prononcée par le préteur est définitive. Elle ne peut être levée que par un nouveau décret du préteur.

Chapitre 4
Le mariage

Le mariage et la famille. – Toutes les sociétés ne conçoivent pas et n'ont pas conçu de la même façon ni le mariage, ni la séparation juridique des époux, quelle qu'en soit la forme – divorce, répudiation, séparation. En veillant à ne pas lier trop étroitement le mariage et d'éventuelles formalités requises pour son existence ou sa reconnaissance par les tiers, on peut le définir comme l'union durable de deux personnes, généralement de sexe opposé. Parce qu'elle a des effets jugés importants, cette union bénéficie d'une certaine reconnaissance sociale et d'une protection juridique.

Aujourd'hui, dans le langage courant, le terme a deux sens distincts : il désigne tantôt la convention ou la volonté de vivre ensemble, tantôt le genre de vie qui en découle. Dans le premier cas, le mariage est un acte juridique, le plus souvent un contrat ("je me marie"), dans le second, il est un statut, un état personnel ("je suis marié"). Comme tel, il est une des plus vieilles institutions sociales et nombre de sociétés, depuis l'Antiquité, y ont vu une condition de leur stabilité et de leur survie.

Il faut également éviter de lier trop étroitement union et sentiments, mariage et amour. L'histoire nous apprend que l'amour n'est ni une condition nécessaire au mariage, ni une obligation qui en découle même si, très souvent, les sentiments ont été et restent l'élément qui donne son sens à l'institution. Ce qui apparaît plutôt comme une constante dans l'histoire des sociétés, c'est l'idéal de stabilité du couple, le fait que le mariage est destiné à s'inscrire dans la durée.

Le facteur temps semble répondre à une exigence sociale plus qu'à une nécessité biologique. La reproduction de l'espèce requiert seulement l'union sexuelle, non le mariage, puisque des rapports épisodiques avec des partenaires multiples permettent d'y répondre. Bien plus que la reproduction physique de l'espèce, c'est la reproduction sociale des comportements qui est visée. Le mariage permet d'inscrire l'éducation des enfants – beaucoup plus longue chez l'homme que chez les autres animaux – dans la durée et la stabilité.

Le mariage est donc destiné à fonder la famille, et la famille est l'institution qui a pour fonction de transmettre la culture, c'est-à-dire un ensemble de comportements permettant à l'être humain de s'adapter à son environnement. Bien entendu, pour associer étroitement mariage et éducation, il faut qu'une société ait reconnu le lien de cause à effet entre l'activité sexuelle et la procréation. Encore s'agit-il là d'une condition nécessaire mais non suffisante, l'éducation pouvant passer par d'autre canaux que ceux du couple.

Quant aux facteurs d'ordre psychologique, il semble bien que le mariage réponde souvent à plusieurs besoins chez l'individu : instinct d'appropriation, besoin de sécurité, désir d'afficher sa bonne fortune aux yeux des tiers. Voilà peut-être pourquoi le mariage, même dans les sociétés où il est coupé de toute référence religieuse, garde une sorte de gravité, de solennité qui le distingue de l'union libre, sans compter que les formes qui l'entourent lui procurent une reconnaissance permettant de doter d'un statut social les enfants qui en sont issus. Par les interdits qu'il formule et les rites qu'il impose, le droit laisse clairement apparaître la dimension sociologique du mariage.

De même, la rupture du lien matrimonial est très rarement laissée à la discrétion des époux ou de l'un d'eux. Même si un conjoint jouit d'un pouvoir discrétionnaire pour mettre fin à son union, la plupart des systèmes juridiques entourent le mariage de conditions précises, font très souvent intervenir une autorité judiciaire, et veillent en tout cas à entourer le fin du mariage de formes de publicité destinées à informer les tiers intéressés. De la sorte, si l'on peut dire que le mariage est un contrat dans beaucoup d'ordres juridiques, il n'a pas le même statut que les autres contrats, auxquels on peut généralement mettre fin par le seul consentement des parties.

Il n'y a pas un mais deux types de mariage en droit romain, qui a connu successivement le mariage traditionnel et le mariage forgé et diffusé par le christianisme à partir du IVème siècle de notre ère. Parallèlement, la conception juridique et la réalité du divorce connaîtront une évolution parallèle. Nous examinerons en premier lieu la conception du mariage en droit romain classique, avant de voir comment le christianisme a modifié cette institution.

Section 1
Le mariage romain classique

Définition du mariage. – Les juristes romains ont connu une définition du mariage, forgée au IIIème siècle de notre ère par Modestin et reprise dans le *Corpus Iuris Ciuilis* de Justinien : *Nuptiae sunt coniunctio maris et feminae et consortium omnis uitae, diuini et humani iuris communicatio,* "Le mariage est l'union de l'homme et de la femme, une société pour toute la vie, une mise en relation du droit divin et du droit humain".

Que cette union soit destinée à durer la vie entière ne veut pas dire que le droit romain considérait le mariage comme indissoluble. Non seulement le divorce était connu à Rome, mais il a même été fort répandu à certaines époques. L'idée exprimée par Modestin est plutôt que le mariage, contrairement à d'autres contrats, n'est pas destiné à produire ses effets dans un temps déterminé, mais qu'il a vocation à s'inscrire dans le long temps, parce qu'il est en même temps un statut.

Le consentement au mariage. – Comme le montre l'élément principal requis pour sa validité, le mariage romain est un acte essentiellement privé et conventionnel. Dès que les conjoints sont d'accord pour être mari et femme, le mariage existe, sans qu'il soit besoin d'aucune formalité particulière. De plus, l'élément psychologique l'emporte sur l'élément matériel. Selon les mots d'Ulpien, *Nuptias enim non concubitus sed consensus facit* : "Ce n'est pas la cohabitation mais le consentement qui fait le mariage".

Le mariage romain, comme tout acte purement consensuel, pose d'inévitables problèmes de preuve, surtout lorsqu'il faut le distinguer de la simple cohabitation. La différence entre ces deux situations de vie réside essentiellement dans la volonté des conjoints de fonder une union stable et durable et, le cas échéant, d'avoir et d'élever des enfants. La difficulté est donc de faire la preuve de cette volonté. Pour résoudre cette difficulté, on a eu recours à diverses manifestations extérieures : le cortège des époux et de leurs familles, la remise d'un anneau, la rédaction éventuelle d'un écrit, utile de surcroît pour régler des questions d'ordre patrimonial comme la dot. C'est là qu'il faut voir la justification de la pompe et des solennités entourant le mariage.

Compte tenu des structures familiales à Rome, la question du consentement au mariage doit être envisagée à deux points de vue : celui des futurs époux, celui de leur *paterfamilias* s'ils sont encore sous sa dépendance.

Dans l'ancien droit romain, le consentement du *paterfamilias*, qui jouit d'une autorité étendue sur tous les êtres placés sous sa puissance, est véritablement l'exercice d'un droit. Le mariage, qui est un acte privé et un fait social beaucoup plus qu'un acte juridique, est régi par les coutumes familiales et n'intéresse guère les autorités publiques. Si le consentement du *paterfamilias* est nécessaire, celui des conjoints semble avoir été purement formel dans l'ancien droit. Mais sur ce point, le droit romain va connaître une nette évolution.

En droit romain classique en effet, le consentement des conjoints est exigé, autant pour les garçons que pour les filles et même pour ceux qui sont encore soumis à la puissance du *paterfamilias*. Contrairement à ce que connaît notre système juridique où le mariage est un acte qui, pour être valide, requiert seulement le consentement des parties au moment de sa conclusion, le mariage romain est d'abord une situation de vie, qui s'inscrit dans le temps et suppose un consentement continu. C'est seulement au Bas-Empire, sous l'influence chrétienne de l'indissolubilité du mariage, qu'apparaîtra l'idée d'un consentement initial comme cause de mariage.

Conditions de validité du mariage. – Pour être valide, le mariage doit respecter quatre conditions en droit romain classique, toutes liées au statut physique ou social des futurs époux.

La première condition est liée à l'âge. Les conjoints doivent avoir atteint l'âge de la puberté : douze ans accomplis pour la fille, quatorze pour le garçon.

La deuxième condition est essentiellement politique. Les conjoints doivent avoir le *ius conubii*, qui est le droit de contracter un mariage reconnu par le droit civil romain. Il s'agit d'une prérogative des citoyens romains. Seuls les citoyens peuvent fonder une famille légitime, avec tous les effets juridiques qui y sont attachés : puissance paternelle sur les enfants à naître, lien de parenté agnatique, droits successoraux. Les étrangers peuvent bien entendu se marier, mais comme ils n'ont pas le *ius conubii*, leur mariage sera régi par leur droit national, et non par le *ius ciuile*.

Troisièmement, la proche parenté biologique constitue un empêchement au mariage. Comme tous les peuples indo-européens, les Romains connaissent la prohibition de l'inceste et pratique l'exogamie – les mariages se font entre membres de familles différentes. Un homme ne peut épouser ni sa mère, ni sa fille, ni sa sœur.

Jusqu'où s'étend l'interdiction en droit romain ? Elle est absolue entre ascendants et descendants. Entre collatéraux, le droit classique autorise le mariage entre cousins (parenté au quatrième degré), mais l'interdit lorsque l'un des conjoints se situe à un seul degré de l'ancêtre commun : oncle et nièce, tante et neveu, grand-oncle et petite-nièce. A fortiori, le mariage entre parents au deuxième degré est prohibé.

Historiquement, une seule dérogation a été admise, pour légitimer un mariage entre un oncle et sa nièce. Il s'agissait, pour le Sénat, d'autoriser l'empereur Claude à épouser Agrippine, fille de son frère Germanicus. Le droit postclassique supprimera cette dérogation.

Enfin, la quatrième condition est l'absence de mariage dans le chef des futurs conjoints. Le droit romain n'admet pas la bigamie. On ne peut contracter un nouveau mariage avant la dissolution du précédent. La règle est cependant atténuée par la facilité avec laquelle le divorce est admis.

Mariage et capacité de la femme. – Il importe de distinguer soigneusement la formation du lien matrimonial de l'acquisition par le mari de la puissance juridique sur sa femme. En soi, le mariage ne modifie pas la capacité juridique de la femme mais il est possible, par un acte distinct, d'opérer ce changement. Le mariage peut s'accompagner d'une modalité juridique par laquelle la femme se soumet à l'autorité du mari. C'est la *conuentio in manum*, par laquelle la femme vient, littéralement, "sous la main" du mari – ou du *paterfamilias* du mari si ce dernier est encore sous puissance.

Cette mise sous puissance peut se réaliser soit par un mode formaliste comme la *confarreatio*, qui est une vieille cérémonie religieuse, ou par la *coemptio*, qui est un achat symbolique, ou encore par l'*usus*, qui est le fait de la cohabitation continue des conjoints pendant un an. Dès le milieu du IIème siècle avant notre ère, la femme peut éviter de tomber sous la puissance du mari en interrompant l'*usus* d'un an. Il lui suffit de retourner annuellement dans sa famille pendant trois nuits.

Suite à la *conuentio in manum*, la femme est, juridiquement, considérée comme une fille de son propre mari. Elle devient agnate de son mari et de tous les agnats de ce dernier, elle entre dans sa *gens*. Comme toutes les personnes *alieni iuris*, la femme perd le patrimoine qu'elle avait éventuellement. Ses biens personnels et la dot constituée à l'occasion de son mariage deviennent la propriété de son mari ou du *paterfamilias* de celui-ci.

Il est probable qu'en droit ancien, le mariage était généralement accompagné de la *conuentio in manum*. A l'époque classique par contre, le mariage sans *conuentio in manum* devient la règle. La femme est de moins en moins souvent placée sous la *manus* de son mari. La *conuentio in manum* est exceptionnelle à la fin de la République et disparaît presque totalement sous le Principat.

Quelle est la situation juridique de la femme mariée sans *conuentio in manum* ? Tout en étant légalement mariée, ce qui entraîne pour elle une obligation de fidélité, de cohabitation et de respect vis-à-vis de son mari, elle continue, juridiquement, à faire partie de sa famille d'origine. Elle n'acquiert par conséquent aucun lien de parenté civile (*agnatio*) avec son mari, ni avec les parents de ce dernier, ni même avec ses propres enfants. Son statut personnel ne change pas. Si elle est *alieni iuris*, elle continue à se trouver sous l'autorité de son paterfamilias. Si elle est *sui iuris*, elle dispose d'un patrimoine personnel, qu'elle peut gérer sous le contrôle de son tuteur. C'est dans sa propre famille que la femme mariée sans *conuentio in manum* trouve, en cas de décès du mari, les moyens de subsistance dont elle peut avoir besoin.

Mariage et régime matrimonial. – Le droit romain n'a donc jamais connu de puissance maritale découlant du mariage, de même qu'il n'a jamais connu de régime de communauté de biens entre époux. On peut, pour les Romains, boire le même vin, mais pas dans le même verre : les conjoints *sui iuris* ont des patrimoines entièrement séparés. Ceci n'empêche pas les opérations financières et commerciales entre les conjoints, qui peuvent par exemple acquérir des biens en indivision. Il est fréquent, en outre, qu'un mari intervienne comme mandataire dans l'administration des biens de sa femme.

Par contre, le droit romain, de façon constante, interdit les donations entre époux, qui auraient pour effet de porter atteinte à la séparation des patrimoines. Du fait de cette séparation, les époux qui n'ont pas procédé à une *conuentio in manum* n'ont entre eux aucun droit de succession civile. Dans la même perspective, le sénatus-consulte Velléien, au premier siècle de notre ère, interdit aux femmes de cautionner la dette d'un tiers, même celle de leur mari. L'idée est d'empêcher le transfert d'un patrimoine à l'autre de façon détournée. En effet, cautionner la dette du mari pourrait avoir pour résultat, si ce dernier ne rembourse pas sa dette, d'affecter le patrimoine de la femme, qui serait poursuivie par le créancier.

Le mariage et la dot. – En sens inverse, un correctif a été apporté au principe de la séparation des patrimoines. C'est la dot, qui joue un rôle important dans la société romaine. La dot, en droit romain, présente une caractéristique qui la distingue de celle encore en vigueur aujourd'hui dans certaines sociétés traditionnelles. Elle réalise normalement, aussi longtemps que dure le mariage, un transfert du patrimoine de la femme – ou de la famille de la femme – vers celui du mari. Il ne s'agit donc pas d'une forme d'achat, même fictif, de la femme par la famille du mari puisque la dot est constituée par la famille de la femme.

La dot peut être définie comme un ensemble de biens, de nature et d'importance variables, destinés à contribuer aux charges du ménage et transférés au mari ou à son *paterfamilias* par la femme si elle est *sui iuris* ou par son père, un parent ou un ami si elle est *alieni iuris*. Dans la conception romaine, la dot est destinée à compenser les charges financières résultant de l'entretien de la femme et des enfants qui naîtront du mariage.

En principe, la dot est transférée de façon irrévocable, mais ce principe connaît trois exceptions.

Premièrement, selon une coutume ancienne, la dot constituée par le *paterfamilias* de la femme doit être restituée au décès de cette dernière.

Deuxièmement, les tiers qui offrent la dot peuvent toujours convenir avec le mari que la dot leur sera rendue en cas de décès de la femme ou de divorce.

Troisièmement, le préteur, sensible à l'injustice qu'il y aurait à laisser le mari s'enrichir aux dépens de sa femme en cas de divorce, crée une action en justice, l'*actio rei uxoriae*. Cette action permet à la femme de réclamer la restitution au moins partielle de la dot. Le mari ou ses héritiers peuvent cependant demander à conserver certains biens. Cette demande peut se fonder sur plusieurs raisons : dépenses effectuées dans la gestion de la dot elle-même, compensation pour les biens reçus par la femme durant le mariage, frais d'éducation des enfants ou même sanction pour l'inconduite de la femme.

Il ressort de ces exceptions que la dot est moins un cadeau fait au mari qu'une sorte de patrimoine réservé, permettant à la femme divorcée d'assurer sa subsistance. Dès la fin de la République, l'*actio rei uxoriae*, conçue au départ pour couvrir l'hypothèse du divorce, est étendue à celle du prédécès du mari. La dot devient donc une forme d'assurance au profit de la veuve. Cette fonction permet de comprendre les règles qui limitent les pouvoirs du mari. Celui-ci doit gérer les biens dotaux avec soin. Il est responsable de son dol et de sa faute. Il ne peut ni aliéner ni hypothéquer les immeubles dotaux.

Le divorce. – A l'époque ancienne, la question du divorce ne se posait pas à Rome, la femme étant intégrée comme une fille dans la famille de son mari et soumise, comme tous les autres membres, à l'autorité du paterfamilias. De plus, l'état des mœurs était tel qu'en dehors de quelques causes graves, on ne pouvait pas admettre la dissolution du mariage pour simple incompatibilité d'humeur.

Mais les mœurs de la fin de la République et de l'Empire évoluent et la facilité avec laquelle on peut mettre fin au mariage en est le miroir. Que le divorce soit, à l'époque classique, admis de façon très libérale est d'abord une conséquence logique de la conception romaine du mariage. Puisque le mariage est un état qui repose sur l'*affectio maritalis*, sur la volonté constante de se considérer comme mari et femme, si cette volonté disparaît chez l'un des conjoints, le mariage n'existe plus. Aucune limite légale n'existe et le système juridique doit dès lors se borner à constater cette disparition et à en régler les effets.

Deux formes de dissolution volontaire du mariage sont connues du droit romain. A la différence de notre droit moderne, il s'agit dans les deux cas d'actes individuels indépendants de toute intervention de l'autorité publique.

La rupture peut provenir d'une initiative individuelle, de la femme comme du mari, du moins si celle-ci n'est pas sous son autorité à la suite d'une *conuentio in manum*. Pour qualifier ce divorce, on parle de *repudiatio*, qui peut se faire sans devoir invoquer de raison précise. Il s'agit, avant la lettre, d'un simple divorce pour incompatibilité d'humeur, fort fréquent dès la fin de la République, au point que Sénèque a pu dire qu'à son époque – au premier siècle de notre ère –, les femmes comptent les années non pas par le nom des consuls en exercice mais par celui de leurs maris successifs.

La rupture peut aussi intervenir de commun accord. On parle alors de *diuortium* (divorce), bien que les juristes utilisent également ce terme pour désigner les effets de la rupture volontaire du mariage, qu'elle soit unilatérale ou par consentement mutuel : les conjoints se tournent chacun de leur côté ("*di-uertere*"). Il est bien évident que les questions d'argent et les intérêts matériels des familles ne sont pas étrangers à ces comportements.

Section 2
Le mariage au Bas-Empire

L'influence du christianisme a pour effet de modifier la conception classique du mariage romain sur plusieurs points. L'Eglise veut faire du mariage un acte solennel, créateur du lien conjugal, liant les époux de manière indissoluble.

Le mariage. – Accompagné très souvent de rites et de festivités, le mariage traditionnel romain avait un caractère public. Avec le triomphe du christianisme, on assiste de plus en plus à une transposition des rites païens. Des cérémonies proprement chrétiennes comme les prières, les bénédictions ou la liturgie eucharistique s'ajoutent aux festivités, surtout en Orient. Mais c'est seulement au IXème siècle de notre ère que la bénédiction nuptiale sera exigée sous peine de nullité du mariage.

La conception même que les Romains se font du mariage tend à évoluer. Contrairement au droit romain où le consentement doit être constant, l'idée d'un consentement initial nécessaire et suffisant pour créer l'état de mariage apparaît peu à peu et renforce l'idée de son indissolubilité : si le consentement initial était valablement exprimé, il a produit tous ses effets et "Ce que Dieu a uni, l'homme ne doit pas le séparer" (saint Matthieu, 19, 6).

En se basant sur les textes des Evangiles et sur l'enseignement de saint Paul, l'Eglise considère dès le départ que le mariage des chrétiens est indissoluble. La seule question qui se pose est de savoir si la répudiation reste possible, étant bien entendu qu'elle doit être comprise comme une simple séparation de corps qui interdit aux conjoints séparés de se remarier. Le problème vient du texte de saint Matthieu, 19, 9, trop concis pour pouvoir être interprété de façon indiscutable : "Si quelqu'un répudie sa femme – sauf en cas d'union illégale – et en épouse une autre, il est adultère". Cette "union illégale" sera pendant longtemps la cause d'hésitations dans la doctrine de l'Eglise.

Le divorce. – L'influence de l'Eglise tente également de s'exercer à propos du divorce, une réaction nette se produisant contre l'attitude libérale du droit romain en la matière. L'Eglise ne cessera de rappeler le principe fondamental qui préside selon elle au mariage : l'indissolubilité du lien conjugal. Elle sera souvent suivie, au moins en théorie, par les autorités politiques.

Mais l'écart entre le droit romain et la doctrine de l'Eglise est trop grand pour que la réalité juridique s'y conforme. Le pouvoir politique hésitera toujours à intervenir dans un acte qui reste à ses yeux essentiellement privé. Face au principe d'indissolubilité du mariage, Constantin, le premier empereur chrétien, a une attitude beaucoup plus nuancée : "Il ne faut pas que le mari et la femme puissent se répudier à la légère ou sous de faibles prétextes". De même, lorsque Justinien voudra interdire le divorce par consentement mutuel en 542 de notre ère, cette décision ne lui survivra pas. Elle sera abrogée par son successeur immédiat, Justin II, en 566. Malgré sa volonté, réelle ou affichée, de se conformer à l'enseignement de l'Eglise, le législateur ne peut pas abandonner la tradition juridique du divorce, d'autant qu'il est largement répandu dans la population. Aussi réagit-il seulement en exigeant le respect de formes déterminées et en limitant les causes de divorce.

Aucune condition de forme n'était prescrite par le droit romain classique, qui admettait même la régularité d'une répudiation implicite par le remariage d'un des conjoints. Dans la pratique, en dehors de l'usage ancien de la reprise solennelle des clés confiées à la femme, la répudiation se faisait le plus souvent par un écrit que l'auteur de la répudiation adressait au conjoint répudié. A partir du Vème siècle, cet écrit est exigé pour que la répudiation soit considérée comme valide.

En ce qui concerne les causes de divorce, le législateur est fort timide. On ne se défait pas aisément de plusieurs siècles de tradition juridique qui voit dans le mariage – et donc dans le divorce – un acte essentiellement privé. Malgré le poids grandissant de l'Eglise, il est donc inconcevable d'interdire et même de limiter le divorce par consentement mutuel. La seule intervention concerne les causes de répudiation, qui sont admises de façon restrictive pour le mari et la femme : condamnation du mari pour meurtre ou empoisonnement, adultère de la femme, exercice du métier d'entremetteuse ou empoisonnement. Mais si la répudiation n'est pas justifiée par une de ces causes ou si la cause n'est pas prouvée, la sanction est seulement pécuniaire. Le juge intervient a posteriori pour sanctionner le non-respect de la loi mais il ne remet pas en cause la réalité de la répudiation.

A ces causes de divorce, Justinien ajoutera l'impuissance du mari, la stérilité de la femme, la folie, l'absence prolongée, l'entrée en religion et la faute grave du conjoint, comme l'entretien de concubine au domicile conjugal. Cette dernière cause révèle qu'à défaut de suivre la position stricte de l'Eglise, le législateur byzantin, sensible à la morale chrétienne, impose aux deux époux une même obligation de fidélité.

Chapitre 5
Le droit des successions

Dans les Institutes de Gaius, le droit des successions fait partie du *ius rerum*, ou droit des biens au sens large, qui regroupe ce que nous appelons le droit des biens et le droit des obligations. Il y a une certaine logique dans cette inclusion. Après avoir étudié, dans le *ius rerum*, les modes de transfert de propriété sur certaines choses, Gaius examine, dans le droit des successions, les questions liées au transfert de l'ensemble du patrimoine, dont l'hypothèse la plus fréquente est liée au décès du *paterfamilias*. Cette manière de voir est assez moderne, puisque nous avons l'habitude de considérer l'héritage sous l'angle du transfert de biens au profit des héritiers.

La conception romaine de l'héritage. – Mais les Romains, au départ du moins, sont loin de cette conception matérialiste de l'héritage. L'héritier est d'abord le successeur religieux et politique du défunt, celui qui continue sa personnalité et prend en charge le culte des ancêtres. Cette dimension personnelle, familiale et philosophique de l'héritage explique bon nombre de règles relatives à la transmission des biens. Il s'agit d'une constante en droit romain : dans le droit de Justinien, il est dit, sans équivoque, que la personnalité du défunt et celle de l'héritier n'en font qu'une. Il y a continuité par-delà la mort. La question est donc importante et mérite qu'on s'y attarde. Comme le dit Sénèque, "que de temps nous consacrons, que de délibérations avec nous-mêmes, pour savoir à qui et quelle somme donner". Pour tout Romain qui se respecte, la mort se prépare et le testament est, plus que tout autre, un acte qui exprime les droits du citoyen.

Succession légale et succession testamentaire. – Il existe deux façons de résoudre la question de la succession.

La première repose sur la liberté du défunt. Avant de mourir, ce dernier choisit lui-même, avec une marge de manœuvre plus ou moins grande, son ou ses héritiers, par un acte appelé testament. L'aspect individuel domine.

La deuxième méthode est plus contraignante : le droit en vigueur attribue la succession à des proches du défunt, selon un ordre qu'il détermine, par exemple à ses enfants ou à ses frères et sœurs. L'aspect communautaire est le plus important.

Le droit romain connaît ces deux méthodes, en donnant cependant la priorité au libre choix du défunt, encore appelé *"de* cuius" (*is de cuius successione agitur*, celui dont la succession est en cause). Le testament est considéré comme la forme normale d'attribution de la succession. C'est seulement à défaut de testament valable que les biens seront attribués d'office, selon l'ordre arrêté par la loi, aux plus proches parents.

Nous étudierons donc la succession testamentaire, puis la succession légale, encore appelée "ab intestat" parce qu'elle opère à défaut de testament : on meurt "intestat" *(intestatus)* lorsqu'on n'a pas fait de testament et on hérite "ab intestat" (*ab intestato*, d'un intestat).

Section 1
La succession testamentaire

De nombreux témoignages littéraires soulignent la place importante du testament dans la société romaine. Pline le jeune, dans sa correspondance, voit dans le testament un "miroir des hommes et de leurs mœurs" et souligne tout le rituel social qui l'entoure. Il est donc normal que le droit se saisisse de cet acte important pour le réglementer étroitement et en déterminer les conditions de validité.

Testament et liberté du *paterfamilias*. – Dans la matière des successions comme dans d'autres, le droit romain classique est nettement individualiste. Le *paterfamilias* est la pierre d'angle du *ius ciuile*, il se comporte comme un souverain vis-à-vis de son patrimoine et de toutes les personnes qui sont sous sa puissance. Le libre choix du défunt est donc un principe non contesté, un droit fondamental du citoyen. La plus grande liberté lui est laissée d'écarter des proches parents pour leur préférer un autre héritier.

En dehors de cette orientation individualiste du droit romain, la grande liberté laissée au *paterfamilias* s'explique également par la nature du testament. Il s'agit avant tout, nous l'avons dit, de désigner quelqu'un qui succédera à la personnalité du défunt, ce qui implique que le testateur (celui qui fait son testament) puisse se reconnaître dans son héritier. Cette conception de l'héritage, censé créer un lien entre les générations, apparaît clairement dans le fait qu'un testament est en principe annulé si son auteur a un enfant après l'avoir rédigé. A quoi sert encore le testament, il est vrai, si les dieux se sont montrés cléments en donnant un héritier immédiat à son auteur ? De plus, le testament est susceptible de contenir des dispositions relatives, d'une part aux funérailles, au tombeau ou au culte religieux, d'autre part aux membres de la famille : affranchissement d'esclaves, désignation d'un tuteur pour les filles, la femme mariée par *conventio in manum* ou les garçons impubères, ou conseils aux héritiers. Si le *paterfamilias*, dans la conception traditionnelle, est la maître de sa famille, il est logique qu'il garde cette maîtrise au seuil de la mort.

1. Définition et formes du testament

Le testament est un acte *à cause de mort*, c'est-à-dire un acte destiné à ne sortir ses effets qu'après la mort, par opposition aux actes *entre vifs*. Plus précisément, le testament est un acte de dernière volonté contenant l'institution d'un héritier. C'est un acte unilatéral dans la mesure où, pour être valable, il ne requiert pas le consentement de l'héritier au moment de sa composition. Il est à cause de mort du fait qu'il est sans effet avant la mort du *de cuius*. Il est révocable car le testateur, jusqu'à sa mort, conserve le droit d'annuler ou de modifier son testament.

La désignation d'un ou de plusieurs héritiers, qui sont des successeurs à titre universel en ce sens qu'ils ont vocation à recevoir la totalité du patrimoine, est un élément essentiel. Les Romains n'admettent pas un testament qui ne contiendrait que des legs particuliers.

Pour être valide, le testament doit respecter certaines formes, qui ont évolué au cours de l'histoire.

Le testament public. – La forme la plus ancienne de testament romain est un acte public, accompli devant l'assemblée des Comices curiates, qui réunissait les citoyens. Deux fois par an, les citoyens avaient ainsi l'occasion de désigner publiquement leur successeur, le peuple réuni jouant le rôle de témoin. Une variante de ce testament public était la déclaration faite par les citoyens appelés sous les armes, devant les troupes réunies avant le combat. Le caractère public de ces deux testaments témoigne de l'importance sociale de cet acte, considéré comme l'expression des droits du citoyen.

Le testament public devant les Comices, réservé aux patriciens, membres des classes sociales supérieures, et le testament militaire, dont l'usage était trop particulier, tombent en désuétude avant la fin de la République. Pour les remplacer, on utilise un acte dérivé de la mancipation, qui est la procédure destinée à transférer la propriété sur les *res mancipi*.

Le testament par mancipation. – Dans cet acte dérivé, le *paterfamilias*, devant cinq témoins comme dans la mancipation ordinaire, transfère son patrimoine à un *familiae emptor* (littéralement, "l'acheteur du patrimoine familial") qui, à son tour, devra remettre le patrimoine à celui que le paterfamilias aura désigné comme héritier. Le *familiae emptor* n'est donc en réalité pas un acheteur véritable, mais un homme de confiance qui veillera au respect des dernières volontés du *paterfamilias*. Au départ, ces dernières volontés sont exprimées oralement, devant le *familiae emptor* et les témoins. Ensuite, l'usage se répand de les écrire sur des tablettes de cire, qui sont présentées aux témoins pour qu'ils y apposent leur signature. Ce type de testament, appelé testament *per aes et libram*, parce qu'on avait symboliquement recours, comme dans la mancipation, à une pièce de monnaie en bronze *(aes)* et à une balance *(libra)*, permettait au *paterfamilias*, non seulement de transférer son patrimoine, en ce compris les créances et les dettes, mais aussi de désigner un véritable héritier, continuateur de sa personnalité et des cultes familiaux.

Le testament écrit. – Dès la fin de la République, on voit apparaître une forme simplifiée de testament, proposée dans l'édit du préteur. Le magistrat reconnaît la validité de la seule déclaration de volonté du *paterfamilias*, ce qui rend inutile la formalité de la mancipation. On se contente alors du testament écrit et des témoins. Cependant, comme cette forme simplifiée n'est pas prévue dans le *ius ciuile*, le droit romain traditionnel, les héritiers désignés dans un testament écrit ne peuvent pas être considérés comme héritiers civils. Ils sont seulement héritiers prétoriens, mais le préteur leur garantit la possession des biens *(bonorum possessio)*. De ce fait, ils ne doivent pas craindre d'être évincés par des tiers qui prétendraient être héritiers au regard du *ius ciuile*.

Même simplifié sous la forme reconnue par le préteur, le testament reste un acte rituel, public, devant témoins, durant toute l'époque classique, ce qui témoigne assez de son importance sociale. C'est seulement au Bas-Empire que l'on voit apparaître le testament oral – simple déclaration devant témoins – ou le testament olographe – entièrement écrit de la main du testateur.

2. Conditions de validité du testament

Quelle que soit sa forme, le testament, pour être valide et produire ses effets, suppose le respect de conditions relatives au testateur comme à l'héritier.

Capacité de faire son testament. – Le testament, comme tout acte juridique, requiert la capacité de jouissance chez son auteur. Il faut donc être libre, citoyen romain et *sui iuris* pour disposer de son patrimoine par testament. Les esclaves, les étrangers et les personnes sous puissance, comme les enfants non émancipés, ne peuvent le faire. Pour ces derniers, toutefois, une exception est prévue au profit des fils militaires, qui peuvent disposer librement de leur solde, le *peculium* *castrense* (pécule du camp). Sous l'Empire, ce pécule s'étend également aux dons et aux biens reçus par héritage.

Comme pour tout acte juridique, la capacité d'exercice est également requise. Les prodigues qui ont fait l'objet d'une mesure d'interdiction, les impubères et les femmes ne peuvent faire de testament. En ce qui concerne ces dernières, toutefois, l'incapacité sera levée par l'empereur Hadrien (IIème siècle de notre ère), qui leur permettra d'agir avec sous l'autorité de leur tuteur et cette condition deviendra vite purement formelle.

Capacité d'être institué héritier. – La capacité de recevoir des biens par testament doit être distinguée de la capacité de faire son testament, car l'une n'entraîne pas nécessairement l'autre. Ainsi, les enfants sous puissance *(alieni iuris)*, n'ayant pas de patrimoine propre, ne peuvent faire de testament, mais peuvent être choisis comme héritiers par leur père. C'est, en principe, l'hypothèse la plus fréquente.

S'il est admis de désigner comme héritier un enfant encore mineur, un affranchi ou même un esclave, les étrangers, en revanche, ne peuvent être choisis. Une autre incapacité d'hériter, liée aux lois d'Auguste sur le mariage, frappe les couples sans enfants qui sont, sous certaines conditions, privés de leur héritage au profit de pères de famille nombreuse.

Sous la République, une loi attribuée à Caton l'Ancien interdit aux femmes d'hériter de citoyens ayant plus de cent mille sesterces de fortune. Si cette loi était censée lutter contre le luxe féminin, elle avait en réalité pour but d'empêcher la constitution de patrimoines trop importants entre les mains des femmes, ce qui démontre bien, comme nous l'avons souligné en étudiant la capacité d'exercice, que la prétendue incapacité de la femme était surtout une construction juridique souvent éloignée de la réalité économique et sociale. Cette loi tombera progressivement en désuétude sous l'Empire.

Enfin, le droit romain interdit de désigner comme héritier une personne incertaine *(persona incerta)* et notamment un enfant qui n'est pas encore né au moment du testament, ce qui est assez logique : si l'objectif essentiel du testament est de désigner celui qui prolongera la personnalité du défunt, encore faut-il que ce dernier le connaisse. Mais le droit prétorien adoucira cette règle au profit des enfants nés après le testament.

Le même motif, sans doute, pousse le droit romain à interdire la désignation de personnes morales comme héritières : les associations et les villes ne peuvent évidemment pas jouer le rôle dévolu à un héritier individuel. Mais assez bizarrement, l'Etat romain, lui, peut hériter, selon une tradition que l'on prétend remonter aux temps légendaires : la nourrice de Romulus aurait légué tous ses biens au peuple romain. Cependant, sous l'Empire, les villes (sous Nerva et Hadrien) et les associations (sous Marc-Aurèle) reçoivent le droit d'hériter, tandis que l'Eglise se voit reconnaître ce droit dès le règne de Constantin.

3. Objet du testament

Testament et héritier sont deux concepts étroitement liés. Pour être valable, un testament doit impérativement désigner un héritier. L'essentiel, dans le testament romain, n'est donc pas de calculer la part qui revient à l'un ou l'autre, mais bien de savoir qui succédera à la personnalité du défunt, à ses droits et obligations.

L'institution d'héritier. – Le fondement du testament, qui figure en tête de l'acte, est l'institution d'un ou de plusieurs héritiers, selon la formule consacrée : *"Primus heres esto"* (Que Primus soit mon héritier).

Il est indispensable de voir l'héritier arriver effectivement à la succession. S'il meurt avant le testateur ou refuse l'héritage, le testament devient caduc, y compris dans ses autres dispositions. On comprend bien, dans ces conditions, pourquoi les Romains, prudents, instituent des héritiers en ordre successif : "Que Primus soit mon héritier; à défaut, que Secundus soit mon héritier, sinon Tertius". En dernier lieu figure en général un esclave du testateur, affranchi par le même testament. L'esclave en effet est un héritier nécessaire, qui ne peut refuser l'héritage.

Une variante de l'institution d'héritiers en ordre successif, qui révèle à la fois la prudence des Romains et la fragilité de la vie, est la substitution pupillaire. Lorsqu'un testateur désigne son fils encore impubère comme héritier, il peut, par prudence, désigner un deuxième héritier, qui succédera à l'enfant si ce dernier meurt avant d'avoir atteint l'âge de la puberté, donc avoir de pouvoir faire lui-même son testament.

L'institution d'héritier doit être universelle, en ce sens que le ou les héritiers désignés doivent recueillir la totalité de la succession. On ne peut donc pas attribuer une partie de ses biens par testament et renvoyer aux règles du *ius ciuile* pour le reste. La succession testamentaire exclut la succession ab intestat.

Le testateur a le droit de choisir autant d'héritiers qu'il le souhaite. Les parts accordées à chacun peuvent être différentes. A défaut de disposition précise, les parts sont réputées être égales. Si l'un des héritiers ne vient pas à la succession, les autres héritiers testamentaires bénéficient de sa part. Chacun est donc, potentiellement, appelé à recueillir tout l'héritage, en cas de défaillance des autres.

4. Annulation du testament

Même s'il respecte les conditions imposées par le droit, un testament peut faire l'objet d'une action en justice, par laquelle des personnes qui s'estiment lésées dans leurs intérêts légitimes demandent son annulation. Cette action est la *querela inofficiosi testamenti*, ou "plainte pour testament inofficieux". Le fondement de cette action en justice est d'ordre moral autant que juridique. Même si le paterfamilias a en principe toute liberté pour choisir celui qui lui succédera, il doit cependant faire preuve de vertu, de ce que les Romains appellent *pietas* : respect des valeurs familiales et générosité envers les proches. Les enfants qui s'estiment injustement dépouillés par un testament seront donc admis à s'en plaindre en justice.

La plainte pour testament inofficieux apparaît dans les derniers siècles de la République. S'ils estiment que la plainte est fondée, les juges, pour justifier l'annulation du testament, parlent de "folie" *(color insaniae)*, dans le sens où il n'est pas raisonnable de négliger les valeurs familiales. A ce propos, Gaius donne l'exemple de l'enfant d'un premier lit négligé par son père remarié et sans doute influencé par sa seconde épouse ! Ce fondement moral explique pourquoi la plainte ne peut être intentée que par les proches parents – enfants, frères et sœurs et ascendants – auxquels chaque citoyen qui se respecte doit en principe laisser une partie de ses biens. Plus précisément, les juges estiment qu'il y a lieu d'annuler le testament si le demandeur n'a pas obtenu le quart de ce qu'il aurait reçu si le testateur était mort intestat. On voit donc apparaître la notion de *part réservataire*, que reprendront plusieurs législations postérieures.

Outre le fait qu'elle est injurieuse pour la mémoire du défunt, la plainte pour testament inofficieux présente un inconvénient sérieux en droit classique. Si le tribunal donne raison au demandeur, le testament est annulé dans sa totalité. Toutes ses dispositions disparaissent, y compris les legs, affranchissements d'esclaves et décisions d'ordre personnel comme les mesures relatives aux funérailles ou la désignation d'un tuteur pour les enfants mineurs. Au Bas-Empire, par contre, le testament contesté n'est plus annulé mais les demandeurs obtiennent un supplément pour arriver à leur part jugée légitime.

Section 2
La succession ab intestat

S'il n'y a pas de testament, si les héritiers désignés refusent la succession, ou si le testament est annulé, c'est une succession dite *ab intestat* qui s'ouvre. Cette succession légale est organisée dès la loi des XII Tables (Vème siècle avant notre ère) selon un modèle familial centré sur la parenté agnatique. Mais les solutions du *ius ciuile*, au fur et à mesure de l'évolution sociale et culturelle de la société romaine, ne paraîtront plus adéquates et feront l'objet de corrections de la part des préteurs. Enfin, les compilateurs du *Corpus Iuris Ciuilis*, sous Justinien, feront la synthèse des règles civiles et prétoriennes. Nous devons donc examiner, chronologiquement, la succession civile, les modifications prétoriennes et la synthèse de Justinien.

1. La succession du *ius ciuile*

En matière successorale, les règles du *ius ciuile*, assez naturellement, sont le miroir de l'organisation familiale traditionnelle, qui met l'accent sur la paternité agnatique, décrite dans le chapitre précédent.

Sur base de la parenté agnatique, la famille, nous l'avons vu, comprend trois cercles concentriques : la famille au sens strict, regroupant tous ceux qui sont effectivement sous la puissance du *paterfamilias*, la famille au sens large, groupant tous les agnats, et la *gens*, dont les membres ne sont plus liés que par le souvenir, plus ou moins exact, d'un ancêtre commun. Le *ius ciuile* désigne trois ordres d'héritiers, correspondant aux trois cercles familiaux, chacun excluant le suivant.

Les trois ordres d'héritiers. – Le premier ordre comprend les *heredes sui*, les "héritiers siens". Gaius explique qu'on leur donne ce nom parce que ce sont les héritiers "de la maison et que, du vivant du *paterfamilias*, ils sont déjà considérés comme propriétaires". Ces héritiers sont de la famille et, somme toute, reçoivent ce qui leur appartenait déjà, d'où leur nom. Il s'agit des enfants du défunt, garçons et filles, qui étaient soumis à sa puissance et deviennent *sui iuris* à sa mort. On y ajoute la femme mariée *cum manu* – mais ce mariage, fréquent dans la société traditionnelle, devient exceptionnel à l'époque classique –, les petits-enfants dont le père est mort et les enfants adoptifs.

Ces héritiers arrivent ensemble à la succession et reçoivent la même part. Le droit romain ne connaît ni le privilège de primogéniture –

l'aîné ne reçoit rien de plus – ni le privilège de masculinité – les filles héritent comme les garçons. La femme reçoit la part d'un enfant tandis que les petits-enfants héritent *par souche* : ils se partagent, de façon égale, la part que leur père aurait reçue s'il était encore en vie.

A défaut d'héritiers du premier ordre, la succession passe au deuxième, c'est-à-dire à l'agnat le plus proche du défunt. La parenté agnatique, regroupe tous ceux qui seraient sous la dépendance d'un même *paterfamilias* s'il était encore en vie. Les agnats sont donc les parents qui ont un aïeul commun, grand-père ou arrière-grand-père. L'agnat le plus proche est celui qui compte le moins de degrés de parenté par rapport au défunt. Il s'agit, dans l'ordre, du frère, de l'oncle et du neveu, du cousin, etc. Le plus proche exclut tous les autres. Lorsqu'il y a plusieurs agnats du même degré, le partage se fait en parts égales.

La relation agnatique, fondée sur la puissance du *paterfamilias*, favorise logiquement les parents de la ligne paternelle. Ainsi, un cousin en ligne paternelle, même fort éloigné, hérite alors que l'oncle maternel est exclu. Ce caractère masculin est encore renforcé par le fait que les femmes, qui sont pourtant des agnates, sont exclues à ce titre, sauf les sœurs consanguines (issues du même père) du défunt.

Enfin, le troisième ordre est la *gens*. Si le défunt n'a pas d'agnat connu ou si l'agnat le plus proche refuse la succession, l'héritage passe aux membres de la *gens*. Nous ne connaissons guère les modalités de ce droit successoral, qui tombe en désuétude dès la fin de la République.

Rapports successoraux entre mère et enfants. – Le *ius ciuile*, fort traditionnel, ne reconnaît pas de droit de succession à la mère sur les biens de ses enfants, puisqu'à défaut de descendance, les biens d'un enfant décédé vont à l'agnat le plus proche. Dans l'autre sens, les enfants n'ont pas de droit successoral vis-à-vis de leur mère.

Ces principes, justifiés dans une société traditionnelle, ne sont plus adaptés aux habitudes sociales de l'Empire, ni au fait que la parenté cognatique (par le sang) prend le pas sur la parenté agnatique. Deux décisions introduisent des corrections au *ius ciuile*. Le sénatus-consulte Tertulien, pris sous l'empereur Hadrien, donne à la mère un droit de succession à l'égard de son enfant, si ce dernier est mort sans descendance et sans frère consanguin. Dans cette hypothèse, la mère partage avec la sœur consanguine du défunt, mais passe avant tous les autres parents. Le sénatus-consulte Orfitien, en 178 de notre ère, sous le règne de Marc-Aurèle, donne aux enfants la succession de leur mère, avant tout autre parent.

2. La succession prétorienne

Le préteur, usant de la liberté qui lui est donnée de compléter, voire de corriger le *ius ciuile*, promet, dans l'édit qu'il publie à son entrée en charge, d'attribuer la succession ab intestat d'un défunt aux parents qui lui paraîtront dignes d'hériter. Les interventions prétoriennes successives ne bouleversent pas les ordres prévus par le *ius ciuile*, mais corrigent ce dernier pour l'adapter à l'évolution sociale et culturelle.

En ce qui concerne le premier ordre, celui des "héritiers siens", le seul changement apporté par le préteur est d'y ajouter les enfants émancipés qui, selon le *ius ciuile*, n'héritent pas puisqu'ils ne sont plus sous la puissance du *de cuius*.

A défaut d'héritiers du premier ordre, les préteurs ne modifient pas les droits de l'agnat le plus proche. Mais si cet héritier civil refuse la succession ou s'il n'y a pas d'agnat, le préteur offre la succession aux parents par le sang, les cognats, sans distinguer entre la ligne paternelle et la ligne maternelle, jusqu'au septième degré de parenté. Dans cette catégorie, il y a dévolution par degré, chacun excluant le suivant. Ainsi, l'oncle passe avant le cousin. Entre cognats du même degré, il y a partage de la succession.

A défaut de parents par le sang jusqu'au septième degré, la succession est offerte au conjoint survivant.

3. La synthèse de Justinien

Justinien, en 543 de notre ère, opère une réforme complète du droit successoral et consacre la primauté de la parenté cognatique. Sur cette base, il crée quatre ordres d'héritiers, chacun excluant le suivant. Dans chaque ordre, les héritiers du degré le plus proche écartent les autres et les héritiers du même degré se partagent la succession.

Le premier ordre comprend tous les descendants du *de cuius*, sous puissance ou non, garçons ou filles. Le deuxième comprend les ascendants et les frères et sœurs germains (issus des mêmes père et mère), le troisième les frères et sœurs utérins (issus de la même mère) et consanguins (issus du même père) et le quatrième ordre reprend tous les autres parents collatéraux.

La réforme de Justinien ne mentionne pas le conjoint survivant mais ce dernier peut toujours, à défaut d'héritiers des quatre ordres, invoquer la règle prétorienne du droit classique en sa faveur. Sa situation successorale n'est donc guère plus favorable qu'avant puisqu'il ne peut faire valoir ses droits qu'à défaut de parents même éloignés.

Enfin, Justinien rencontre le problème soulevé par l'incertitude quant au contenu de la succession. Beaucoup d'héritiers hésitaient à accepter une succession, craignant qu'elle ne soit déficitaire. Si le passif est supérieur à l'actif, la succession est un cadeau empoisonné, l'héritier restant tenu de payer les dettes du *de cuius*. Pour résoudre cette difficulté, Justinien crée l'acceptation sous bénéfice d'inventaire. Un notaire est chargé de dresser l'inventaire de l'actif et du passif de la succession douteuse, pour permettre à l'héritier de l'accepter ou de la refuser en connaissance de cause.

Troisième partie

Le droit des biens

Chapitre 6
Les choses et les droits

Au IIème siècle de notre ère, Gaius rédige ses *Institutes* en quatre livres. Le premier est consacré au *ius personarum* (droit des personnes), les deux suivants au *ius rerum* (droit des choses) et le dernier au *ius actionum* (droit des actions en justice). Le juriste entendait par *ius rerum* les règles régissant les droits patrimoniaux dans leur ensemble, comprenant le droit des biens proprement dit, le droit successoral et le droit des obligations. Aujourd'hui, par "droit des biens" au sens strict, nous comprenons seulement la partie du droit patrimonial traitant des choses comme telles : la division des choses, la propriété et les droits réels sur la chose d'autrui *(iura in re aliena)*. Le droit des biens, le droit des obligations et le droit des successions sont devenus des branches distinctes au sein du droit civil.

Qu'est-ce qu'une chose ? – Les choses sont tout ce qui existe dans la nature. Les physiciens peuvent les étudier pour leurs propriétés matérielles, les économistes pour leur aptitude à satisfaire des besoins matériels. Les juristes, par contre, ne s'y intéressent que dans la mesure où elles présentent pour l'homme un intérêt patrimonial. De même que le droit envisage les personnes en tant que sujets de droits, il envisage les choses exclusivement en tant qu'objets de droits, donc comme objets de conflits.

Ces choses sont le plus souvent des objets matériels auxquels nous reconnaissons une existence et une individualité distincte : un livre, une chaise, une maison, etc. Mais ce critère d'individualité n'est pas toujours aussi simple. Une pomme, par exemple, est une chose en soi, mais tant que le fruit est sur l'arbre, il n'est pas entièrement distinct. Juridiquement, les Romains considèrent qu'il fait partie de l'arbre. Le fruit pendant ne saurait faire l'objet d'un droit séparé. Inversement, des choses distinctes peuvent être traitées comme une seule *res*, un seul objet de droits : je peux acquérir la propriété d'un troupeau de moutons sans que l'on doive me transférer individuellement chaque mouton.

Les choses corporelles et les choses incorporelles. – La définition donnée aux "choses" permet d'élargir la notion à des biens immatériels, qui n'ont aucune existence physique mais qui peuvent faire l'objet de transactions juridiques. Certains droits, comme une créance, un usufruit, une hypothèque ou une succession ont une valeur patrimoniale et peuvent donc être "objets de droits". Ce sont des choses incorporelles *(res incorporales)*.

La distinction entre choses corporelles et incorporelles, d'origine philosophique, est ancienne. Connue de Cicéron, elle a été reprise par les juristes classiques et figure notamment dans les Institutes de Gaius et de Justinien. Les *res corporales* sont les choses matérielles, celles qui tombent sous les sens. A l'inverse, les *res incorporales* sont les droits subjectifs *(iura)*. Ceux-ci ont une existence juridique et peuvent faire l'objet de transferts et d'autres opérations patrimoniales, au même titre que les biens corporels.

Comme exemples de choses incorporelles, Gaius cite notamment l'héritage et l'usufruit. Ces exemples montrent bien comment les juristes organisent la réalité. L'héritage comprend normalement des biens corporels, mais comme tel, dans sa totalité – biens, droits réels, créances, dettes –, il est une entité abstraite. De même l'usufruit porte généralement sur une chose corporelle et l'obligation consiste souvent en la livraison d'une chose matérielle. Mais le droit d'usufruit est incorporel.

Il serait logique de distinguer pareillement le droit de propriété et l'objet de cette propriété : le *ius* sur la chose et la *res* elle-même. Mais, comme nous le verrons, les juristes classiques ne font pas cette distinction. Pour eux, le droit de propriété est tellement complet qu'il englobe la chose tout entière, au point de s'identifier avec la chose corporelle. Historiquement, cette conception dérive du droit ancien, qui ignorait la notion abstraite de *dominium* et se contentait de l'expression *res mea est* ("la chose est mienne").

Section 1
La classification des droits

Les pouvoirs reconnus aux personnes par le système juridique sont multiples. Néanmoins, malgré leurs différences, ils peuvent être rassemblés dans quelques catégories importantes. Les juristes romains ont donc jugé nécessaire de faire des classifications parmi ces droits subjectifs, qu'ils ont d'abord rangés dans deux catégories – les droits patrimoniaux et les droit extra-patrimoniaux – avant de distinguer, parmi les droits patrimoniaux, les droits réels et les droits personnels. Cette dernière distinction est fondamentale, compte tenu des nombreuses implications pratiques qu'elle entraîne.

1. Les droits patrimoniaux et extra-patrimoniaux

Le droit romain, qui donne au *paterfamilias* un rôle central dans la reconnaissance des droits subjectifs, accorde une place déterminante à la notion de *patrimoine*. Il en résulte que les droits subjectifs peuvent être rangés en deux grandes catégories, selon qu'ils ont ou non une valeur économique.

La première catégorie est celle des droits extra-patrimoniaux, qui ne sont pas évaluables en argent et ne peuvent donc pas faire partie du patrimoine d'une personne, d'où leur nom. Relèvent de cette catégorie, par exemple, le droit au mariage, ou encore la liberté de culte ou le droit de vote.

Les droits de la seconde catégorie, par contre, peuvent être ramenés à un commun dénominateur, qui est leur valeur pécuniaire. Ils peuvent donc être regroupés dans le patrimoine de leur titulaire et sont appelés "droits patrimoniaux". Par exemple, le droit de propriété ou le droit d'un prêteur contre son débiteur sont des droits patrimoniaux. Même s'ils s'appliquent à des objets fort différents, comme un cheval, un immeuble ou une somme d'argent, ces droits ont comme point commun de valoir ce que vaut l'objet sur lequel ils portent.

Etant évaluables en argent, les droits patrimoniaux ont une valeur d'échange. Contrairement aux droits extra-patrimoniaux qui sont inaliénables – on ne peut vendre ni son droit de vote, ni sa liberté, ni son intégrité physique –, les droits patrimoniaux peuvent être vendus, donnés, transmis aux héritiers, saisis par les créanciers, etc. Du fait de leur valeur d'échange, ce sont véritablement des biens, au même titre que les choses matérielles.

Si le concept de patrimoine n'est pas encore bien défini à l'époque classique, il reçoit, dans le droit de Justinien, le sens qu'il a aujourd'hui : le patrimoine est l'ensemble des droits évaluables en argent qui appartiennent à une personne déterminée. On y ajoute les droits que des tiers peuvent invoquer contre cette personne, c'est-à-dire l'ensemble des dettes qu'elle a pu contracter.

Seuls les droits patrimoniaux sont traités comme des choses. Gaius cite l'héritage, les créances et l'usufruit. On peut y ajouter les autres droits réels comme l'usage, les servitudes foncières, l'emphytéose et la superficie, le gage et l'hypothèque. Ces droits peuvent être vendus, donnés, légués ou hypothéqués, comme les choses matérielles. Il n'en va pas de même pour les droits liés à la personnalité, familiaux ou politiques, qui ne sont dès lors jamais assimilés à des *res*.

Le droit contemporain connaît, parmi les droits patrimoniaux, de nombreux autres biens immatériels, ayant souvent une valeur économique considérable : secrets de fabrication, brevets, marques de fabrique, propriété littéraire ou artistique. Ces catégories étaient inconnues des juristes romains.

2. Les droits réels et les droits personnels

En droit romain, la distinction entre droits réels et droits personnels n'est pas aussi développée que dans la plupart des systèmes juridiques modernes. Elle existe néanmoins, depuis la loi des XII Tables, qui distingue deux procédures : le *sacramentum in rem*, par lequel le demandeur revendique une chose, et le *sacramentum in personam*, par lequel le demandeur réclame une prestation à une personne. Somme toute, la première procédure est destinée à protéger un droit réel, la deuxième un droit personnel.

Dans la langue juridique, l'adjectif "réel" a souvent un sens technique qu'il ne faut surtout pas confondre avec "effectif", "véritable" ou "authentique". L'adjectif "réel" vient du latin *res* ("la chose") et signifie précisément "relatif aux choses". Un droit réel est un droit sur une chose. Une action réelle est une action par laquelle on affirme un droit sur une chose, par opposition à l'action personnelle qui sanctionne un droit de créance. Un contrat réel est un contrat qui se forme par la remise d'une chose.

Les droits réels. – Le titulaire d'un droit réel prétend avoir un pouvoir direct et immédiat sur une chose. Ce pouvoir s'exerce sans devoir passer par l'intermédiaire d'autrui. Par exemple, le propriétaire d'une maison l'habite et peut en jouir sans dépendre du bon vouloir d'un tiers. Entre la chose et lui, juridiquement, il n'y a rien ni personne.

Le titulaire d'un droit réel a un droit qui s'exerce directement sur une chose et qui a une opposabilité absolue en ce sens qu'il peut le faire valoir contre tous. Le droit réel s'accompagne dès lors d'un droit de suite et d'un droit de préférence. Le droit de suite permet au titulaire du droit réel de suivre la chose et de la revendiquer en quelque main qu'elle passe. Le droit de préférence lui permet d'invoquer en priorité son droit sur le bien que des créanciers voudraient saisir. Le titulaire du droit réel – le créancier gagiste par exemple – sera donc préféré aux autres créanciers et pourra être payé en priorité.

Les droits personnels. – Encore appelés droits de créance, les droits personnels, que l'on peut définir comme des droits qui s'exercent vis-à-vis d'une personne et non directement sur une chose, n'ont pas les caractéristiques des droits réels. Le titulaire d'un droit personnel ne peut invoquer son droit que contre une ou plusieurs personnes bien définies, le plus souvent son cocontractant ou l'auteur d'un dommage ou d'un délit. L'opposabilité de ce droit est donc relative. Par exemple, le locataire d'une maison, comme le propriétaire, peut habiter l'immeuble. Mais contrairement au propriétaire, il n'a aucun pouvoir direct et immédiat sur ce bien. Il ne peut l'utiliser qu'à la suite d'un accord – le contrat de bail – avec une personne – le bailleur – qui lui permet d'en jouir moyennant le paiement d'un loyer. On dira, justement, que le locataire n'a pas de droit réel : son droit ne s'exerce pas directement sur l'immeuble, mais plutôt vis-à-vis d'une personne, qui est son cocontractant.

Les principaux droits réels. – Le plus important des droits réels est la propriété. C'est également le droit le plus complet en ce sens qu'il permet à son titulaire d'exercer les prérogatives très étendues sur la chose. Le propriétaire peut en principe l'utiliser comme bon lui semble, jouir de tous ses fruits et produits, en disposer matériellement, en la modifiant ou en la détruisant, et en disposer juridiquement, en faisant disparaître son droit, par la vente ou la donation.

Les autres droits réels sont des démembrements de la propriété. Il s'agit de droits que l'on exerce sur une chose qui est la propriété de quelqu'un d'autre. L'usufruit et les servitudes foncières sont les plus fréquents de ces droits.

L'usufruit permet à son titulaire – l'usufruitier – d'user et de jouir d'une chose dont un autre – le nu-propriétaire – garde le titre de propriété. L'usufruit est un droit viager en ce sens qu'il prend fin au plus tard au décès de l'usufruitier, permettant ainsi au nu-propriétaire de récupérer la totalité de ses prérogatives.

Un mécanisme assez proche est mis en œuvre dans les servitudes foncières, qui sont des charges établies sur un immeuble au profit d'un autre immeuble. Par exemple, lorsqu'un terrain n'a pas d'accès direct à la route, une servitude de passage permettra à son propriétaire de traverser le terrain d'autrui pour avoir accès à son bien. L'exemple de la servitude montre clairement les deux aspects de ce mécanisme juridique : c'est un droit réel sur la chose d'autrui pour celui qui en bénéficie, c'est une limitation au droit de propriété pour celui qui doit la subir.

Le droit des biens est la partie du droit civil qui a pour objectif de réglementer ce qu'on appelle les "droits réels". Le droit des obligations étudie les "droits personnels", que l'on appelle également "droits de créance".

Section 2
La classification des choses corporelles

Pour des raisons pratiques, on opère des distinctions parmi les choses corporelles, sur base de critères relatifs à leurs caractères physiques ou à l'usage qui en est fait. On distingue les choses *in commercio* et *extra commercium*, les *res mancipi* et les *res nec mancipi*, les meubles et les immeubles, les choses de genre et les choses d'espèce, les choses principales et les choses accessoires, les choses simples, composées et collectives, les choses divisibles et les choses indivisibles, les fruits et les produits. Elaborées sans vision d'ensemble, ces classifications sont le reflet précis des préoccupations d'une société traditionnelle où la propriété foncière est une valeur essentielle.

1. Les choses *in commercio* et *extra commercium*

Cette division est basée sur le fait que les choses sont ou non susceptibles de se trouver dans le patrimoine d'un particulier. En effet, certains biens sont soustraits à l'appropriation des particuliers, soit pour des motifs religieux, soit pour des motifs d'ordre humain. Ces biens sont des *res nullius*. Dans l'expression *res nullius*, il faut sous-entendre *priuati* ("chose n'appartenant à aucun particulier").

Une chose peut être *in commercio* même si elle n'appartient actuellement à aucun propriétaire. Il suffit qu'elle puisse faire partie du patrimoine d'un particulier. De même, une chose est *in commercio* bien que, pour un motif d'ordre juridique, on ne puisse la vendre ou la donner. Ainsi, les immeubles apportés en dot par une femme ne peuvent pas être vendus par son mari, mais figurent dans le patrimoine de ce dernier : ils sont *in commercio* tout en étant inaliénables.

Les *res nullius diuini iuris*. – Ce sont les choses qui ressortissent au domaine divin. Il serait inexact de les présenter comme une sorte de propriété des dieux. Pour les juristes de l'époque classique, qui ont réalisé la laïcisation du droit, les catégories du droit civil et leur protection judiciaire sont totalement étrangères au monde surnaturel.

Il s'agit plutôt de choses qui, par leur affectation, sont réservées aux dieux et soustraites à l'appropriation d'un particulier.

Par exemple, rentrent dans cette catégorie les choses consacrées aux dieux : temples, autels, instruments du culte, tombeaux. Par leur consécration, ces biens reçoivent une affectation exclusive au service des dieux. De même, certains biens sont placés directement sous la protection des dieux, comme les portes, les murs des villes et les bornes des champs. Ainsi, le déplacement d'une borne requiert l'intervention d'un arpenteur officiel dont la fonction avait, à l'origine, un caractère religieux.

Les *res nullius humani iuris*. – Ces choses sont soustraites à la propriété privée, soit par leur nature même, soit pour des motifs d'ordre public.

Les *res communes* sont les choses qui, par leur nature, sont destinées à l'usage commun de tous. Nul ne peut s'en réserver l'usage exclusif, parce que tous les hommes ont le droit de s'en approprier des fractions par un usage normal. Tous peuvent respirer l'air, puiser de l'eau à la rivière, naviguer et pêcher librement en haute mer.

L'air est à la disposition de tous les êtres qui respirent et n'est pas susceptible d'appropriation exclusive. On ne saurait en faire payer l'usage.

La règle doit toutefois être conciliée avec une conception très large de la propriété du sol. Le propriétaire d'un fonds est le maître absolu, non seulement de la surface, mais également du sous-sol et de la colonne d'air qui surplombe son fonds. Les tiers n'ont pas le droit d'empiéter sur son espace aérien pour y capter de l'air ou pour y faire tourner, par exemple, un moulin ou une éolienne.

L'eau courante est également une chose commune. Il faut cependant faire la même remarque que pour l'espace aérien. L'eau de pluie qui ruisselle sur un fonds et les cours d'eau privés qui le traversent font partie intégrante du fonds. Le propriétaire peut donc utiliser toute cette eau, par exemple à des fins d'irrigation. Mais dès que l'eau s'écoule sur un fonds voisin, elle cesse de lui appartenir et devient la propriété potentielle du voisin.

Il en va de même pour l'eau des cours d'eau publics. Non seulement les riverains, mais tous les particuliers peuvent y puiser de l'eau pour leurs besoins personnels, mais nul n'a le droit de détourner le fleuve ou la rivière, ni d'en épuiser le débit par des captages intensifs.

La haute mer est absolument commune à tous les hommes et à toutes les nations. Chacun peut y naviguer, y pêcher, y puiser de l'eau. Une fois retirée, cette eau constitue une propriété privée.

Aux Temps modernes, les textes du droit romain ont été invoqués par les juristes de l'Ecole hollandaise pour affirmer le principe de la liberté de navigation, contre les prétentions de certaines puissances maritimes, tels les Espagnols et les Portugais, qui considéraient l'Océan atlantique comme une mer intérieure. La règle est devenue un principe du droit international public, mais l'idée que la mer est une chose commune est de plus en plus contestée de nos jours, par l'extension de la limite des eaux territoriales et l'exploitation nationale des fonds marins.

L'usage commun du rivage est un corollaire de la liberté de navigation. Les navigateurs et les pêcheurs doivent pouvoir y accoster librement, y charger et décharger leurs marchandises, y tirer leurs navires au sec pour les réparer ou pour passer l'hiver. Dans la mesure où ils ne nuisent pas à autrui, les marins et pêcheurs peuvent construire des embarcadères, des hangars, des logements provisoires. Ces installations sont censées leur appartenir en pleine propriété, mais dès qu'elles sont retirées, leur emplacement redevient libre pour d'autres utilisateurs.

Les magistrats ont cependant le pouvoir d'interdire ou de réglementer l'accès au rivage et son utilisation. De la même manière, ils peuvent exercer un contrôle sur la pêche et la navigation dans les eaux territoriales.

Les *res publicae* sont la propriété collective du peuple romain tout entier. Ces biens se répartissent en deux grandes catégories, qui annoncent la distinction moderne entre le domaine public et le domaine privé de l'Etat.

La première catégorie comprend les biens appartenant à l'Etat et qui sont, par leur nature propre ou leur destination, affectés à un usage public, par exemple les routes, les places et les marchés, les arènes et les théâtres, ou les cours d'eau publics. Dans une large mesure ces biens sont mis à la disposition des particuliers, sous réserve du pouvoir des magistrats d'en réglementer l'accès ou l'utilisation.

La deuxième catégorie regroupe les biens qui servent à couvrir les dépenses de l'Etat ou à lui procurer des revenus, en particulier les biens du Trésor, l'*ager publicus* et les autres propriétés immobilières de l'Etat (mines, carrières, forêts domaniales, etc.). Certains de ces avoirs peuvent être donnés en location à des personnes privées, mais ils ne sont pas mis comme tels à la disposition du public en général.

La distinction entre le domaine public et le domaine privé n'est toutefois pas absolue.

Les deux catégories sont administrées à l'initiative et sous la responsabilité de magistrats du peuple romain ou de fonctionnaires impériaux. Les contrats passés avec les particuliers échappent en principe toujours à la juridiction civile ordinaire et relèvent de la compétence administrative. L'usucapion et la prescription acquisitive sont exclues pour les deux types de biens.

La principale différence est que les biens du domaine privé peuvent, sous certaines conditions, être cédés à des particuliers et devenir ainsi des *res in commercio* tandis que les biens du domaine public sont par nature inaliénables. Mais une chose peut passer du domaine public dans le domaine privé de l'Etat et être ensuite transférée à des personnes privées, si elle perd sa destination publique (par exemple un théâtre désaffecté).

2. Les *res mancipi* et les *res nec mancipi*

La distinction entre *res mancipi* et *res nec mancipi* est propre au droit romain et constitue une survivance de l'époque ancienne. L'idée générale est que certaines choses constituent une catégorie privilégiée, sur laquelle le *paterfamilias* exerce un pouvoir ou *mancipium*. Ces *res mancipi* bénéficient d'une protection juridique particulière, d'autant qu'il s'agit de biens essentiels à l'exploitation agricole.

Les *res mancipi* comprennent les fonds de terre situés en Italie, avec les servitudes foncières établies à leur profit et les édifices qui y sont construits, les esclaves et les grands animaux domestiques utilisés comme bêtes de selle, de somme ou de trait : bovins, chevaux, ânes et mulets.

Toutes les autres choses rentrent dans la catégorie résiduaire des *res nec mancipi*. Ainsi, les animaux domestiques comme les moutons, les porcs, les chèvres et les volailles, constituent des *res nec mancipi*. De même, si les Romains ont connu, à l'époque classique des chameaux, des dromadaires ou des éléphants parfaitement domestiqués et utilisés comme montures ou bêtes de somme, ces animaux ne sont cependant pas comptés parmi les *res mancipi* parce qu'ils étaient inconnus à l'époque ancienne, lorsque la distinction a été établie.

La raison profonde de la classification en *res mancipi* et *nec mancipi* a été discutée, déjà par les juristes romains. Gaius en donne une explication : "Les *res mancipi* sont celles qui se transfèrent à autrui par une mancipation et c'est pour cela qu'elles sont appelées ainsi". Bien entendu, cette définition n'explique rien, car il reste à justifier pourquoi la mancipation est nécessaire ! Il est clair que Gaius inverse les données du problème. Si certaines choses doivent être transférées par le rite de la mancipation, c'est précisément parce qu'elles sont des *res mancipi*.

La véritable raison est d'ordre économique et culturel. Les *res mancipi* représentaient les biens les plus précieux de l'économie rurale primitive, comme le sol, les esclaves et les grands animaux domestiques. Il s'agissait, en même temps, des choses soumises à un pouvoir de commandement, le *mancipium*, qui s'exerçait sur certains être libres, sur les esclaves et les grands animaux domestiques, et sur un certain territoire.

Quelle est l'importance pratique de cette distinction ? A l'époque classique, elle n'a plus guère de raison d'être. Toutefois, l'acquisition des *res mancipi* reste soumise à un régime spécial. Comme nous le verrons, leur transfert requiert, en principe, un mode formaliste – *mancipatio* ou *in iure cessio*. De même, leur aliénation est soumise à certaines restrictions, par exemple au détriment de la femme, qui ne peut les vendre ou les donner sans l'autorisation de son tuteur.

La distinction disparaît, dans la pratique, au Bas-Empire et est formellement abrogée par Justinien.

3. Les meubles et les immeubles

Les meubles sont toutes les choses susceptibles de se déplacer elles-mêmes ou d'être déplacées sans dommage. Sont des meubles, par exemple, les "meubles" au sens courant du terme – une table ou une armoire – mais également des vêtements, des bijoux, des denrées alimentaires, des fruits détachés, des animaux, des matériaux non incorporés, etc.

Les immeubles sont, a contrario, le sol et les dépendances du sol, c'est-à-dire les constructions, les arbres et toutes les plantations, tant qu'elles adhèrent au sol.

Il faut remarquer qu'un meuble peut devenir immeuble par incorporation. Il en va ainsi des matériaux au fur et à mesure de leur intégration dans un bâtiment en construction, des graines plantées dans le sol, etc. Inversement, une fraction d'un immeuble peut devenir meuble : pierres extraites d'une carrière, matériaux de démolition, arbres abattus.

La notion d'incorporation doit être comprise assez largement. La statue placée dans une niche ou sur un socle spécialement aménagé pour la recevoir fait partie de l'immeuble, même si on peut la déplacer car en le faisant, on détériore l'immeuble, puisque la niche ou le socle perdent leur raison d'être.

Outre les immeubles par nature et par incorporation, le droit moderne connaît des immeubles par destination. Comme le précise l'article 524 du Code civil, ce sont les objets que le propriétaire d'un fonds y a placés pour le service et l'exploitation de ce fonds. Ils complètent l'immeuble, auquel ils donnent une plus-value. Dans l'autre sens, leur valeur dépend de leur lien avec l'immeuble, puisqu'ils sont souvent faits sur mesure. Ceci explique qu'ils sont en principe transmis avec l'immeuble, comme le prévoit par exemple l'article 1615 du Code civil pour la vente.

Cette catégorie n'existe pas en droit romain, et les exemples énumérés à l'article 524 – les semences, les engrais, les animaux attachés à la culture – n'y sont généralement pas considérés comme des biens immobiliers. De ce fait, à la différence du droit belge, ils ne suivent pas l'immeuble vendu ou transmis par héritage, sauf si cette solution est expressément prévue dans le contrat ou le testament.

La distinction entre les meubles et les immeubles présente un intérêt pratique. Ainsi, le délai de la prescription acquisitive est différent : un an pour les meubles, deux ans pour les immeubles. La théorie de l'accession comprend des règles différentes pour ces deux catégories. L'emphytéose et la superficie grèvent toujours des immeubles. Certains contrats, comme le dépôt et le gage, ne portent que sur des meubles.

4. Les choses de genre et les choses d'espèce

Une chose peut être déterminée soit individuellement – *in specie*, en espèce –, soit par rapport au groupe auquel elle appartient – *in genere*, en genre. Le critère est essentiellement d'ordre subjectif car une chose donnée, en soi, n'est ni de genre ni d'espèce. Tout dépend de la façon dont l'objet est concrètement envisagé.

Les choses désignées *in genere* doivent être décrites avec suffisamment de précision. On indiquera généralement la variété, la qualité, la quantité souhaitée, par exemple dix litres d'huile d'olive de première qualité. Ces déterminations n'empêchent pas que la marchandise soit considérée comme une chose de genre. En revanche, la chose d'espèce est individualisée par les parties au contrat.

D'après les usages commerciaux, certaines marchandises sont presque toujours définies en genre. C'est le cas pour les matières premières et la plupart des denrées alimentaires comme le blé, le vin ou l'huile. On se contente de les déterminer numériquement, en poids, en quantité ou en grandeur. Il s'agit ici d'un critère objectif, établi d'après les habitudes du commerce. Mais rien d'interdit d'envisager, exceptionnellement, ces biens *in specie* : je puis exiger tel sac de blé ou telle bouteille de vin.

La distinction entre *genus* et *species* prend toute son importance dans la théorie des risques. Si j'achète une chose d'espèce et que celle-ci est détruite par cas fortuit, le vendeur est en principe libéré de toute obligation, puisqu'il ne peut plus livrer l'objet. La perte est donc subie par l'acheteur qui devra payer le prix convenu. Par contre, si j'achète une chose définie en genre et que la marchandise qui m'était destinée disparaisse, rien n'empêche le vendeur de se procurer à nouveau la même marchandise pour satisfaire à son obligation. En principe, la perte est donc subie par le vendeur.

La distinction permet également de qualifier correctement des contrats voisins. Ainsi, le prêt d'usage porte sur une chose d'espèce et oblige l'emprunteur à restituer précisément ce qu'il a reçu, tandis que le prêt de consommation concerne des choses de genre et entraîne l'obligation de rendre l'équivalent de ce qui a été prêté. Il en va de même pour le dépôt ordinaire, où la chose déposée est d'espèce, et le dépôt irrégulier, qui concerne les choses de genre.

Choses fongibles et choses consomptibles. – Subsidiaires par rapport à la distinction entre choses de genre et choses d'espèce, deux autres distinctions, plutôt objectives, peuvent être utilisées comme critères auxiliaires. On distingue les choses fongibles et non fongibles d'une part, les choses consomptibles et non consomptibles de l'autre. Ces deux divisions coïncident dans une large mesure mais elles expriment des idées différentes.

Les choses consomptibles sont les choses qui sont normalement consommées par le premier usage qu'on en fait, par exemple les denrées alimentaires, les combustibles, la monnaie – l'utilité de la monnaie est précisément de pouvoir être dépensée. Les choses non consomptibles, par contre, peuvent faire l'objet d'un usage répété tout en demeurant intactes.

Les choses fongibles sont celles que l'on considère normalement comme interchangeables. Cette qualité doit s'entendre objectivement, en fonction des données du marché. Sont fongibles la plupart des marchandises traitées en gros, les objets de série, le petit bétail ou la monnaie. En revanche, les choses non fongibles sont celles qui ne peuvent pas être remplacées par une autre de même nature. Sera considérée comme telle toute chose qui, par ses qualités, est matériellement impossible à remplacer. Par exemple, un objet d'art façonné à un seul exemplaire a cette qualité.

Ces deux classifications ne se recouvrent pas totalement. Elles ne se confondent pas non plus avec la division en choses de genre et choses d'espèce.

Les choses consomptibles sont-elles fongibles ? Généralement, elles le sont, comme les choses non consomptibles sont souvent non fongibles. Mais on peut cependant imaginer des exceptions : la dernière bouteille d'un grand cru millésimé est une chose consomptible mais non fongible, tandis que la bouteille vide est fongible et non consomptible. Il en va de même pour beaucoup de produits industriels ou pour les ustensiles courants. Ces biens sont généralement fongibles mais ne sont pas consommés par le premier usage qu'on en fait.

Les choses fongibles sont-elles des choses de genre ? D'ordinaire, les choses fongibles, lorsqu'elles font l'objet d'un contrat, sont considérées en genre. Elles sont définies en nature, qualité, quantité. Mais cette règle n'est pas impérative, car les caractères de fongibilité et de consomptibilité sont déterminés objectivement, tandis que la référence au genre dépend de l'appréciation subjective. Ainsi, un objet en lui-même fongible et consomptible peut parfaitement être envisagé comme une chose d'espèce.

Même la monnaie, qui est la chose fongible par excellence, peut être considérée comme une chose d'espèce, par exemple si l'on emprunte des pièces pour une exposition ou dans un but purement ostentatoire, sans intention de les dépenser.

5. Les choses principales et les choses accessoires

Lorsqu'une chose se trouve réunie à une autre de manière à former un ensemble cohérent, la chose accessoire est, juridiquement, absorbée par la chose principale. La propriété sur le tout appartient donc au propriétaire de l'élément principal. C'est ce qu'exprime l'adage *Accessorium sequitur principale* ("L'accessoire suit le principal").

Pour déterminer le principal et l'accessoire, il faut distinguer l'accession immobilière – l'intégration d'un bien meuble dans un immeuble – et l'accession mobilière – la réunion ou la fusion de choses mobilières.

En cas d'accession immobilière, le sol est toujours la chose principale. Tout ce qui y adhère est considéré comme accessoire : les arbres, les semailles et toutes les plantations, de même que les constructions et tous les matériaux au fur et à mesure de leur incorporation. La valeur n'est pas prise en considération. Ainsi, une villa de 200.000 euros est l'accessoire d'un terrain de 20.000 euros.

En cas d'accession mobilière, la chose principale s'impose souvent avec évidence. Ainsi la roue est l'accessoire de la voiture, le bouton l'accessoire du vêtement, le bras fixé à une statue est l'accessoire de la statue. S'il y a doute, les juristes romains adoptent presque toujours un critère purement matériel. La chose principale est celle qui est la plus volumineuse, celle qui donne son nom au tout, celle à laquelle l'autre sert d'ornement, celle qui sert de support matériel. Par exemple, la bague est le principal, la pierre n'est que l'accessoire, bien qu'elle ait souvent beaucoup plus de valeur.

6. Les choses simples, composées ou collectives

D'un point de vue juridique, les choses sont simples lorsqu'elles sont faites d'une seule pièce, lorsqu'elles apparaissent comme une unité. Il en va ainsi d'un cheval, d'une statue ou d'une pièce d'or. En principe, même si diverses choses simples sont réunies en un même lieu, elles gardent leur individualité juridique.

Les choses composées sont celles qui résultent de l'assemblage de choses simples, un navire ou une maison par exemple. Même si la chose composée est faite d'éléments divers, elle reçoit une individualité propre, pour le sens commun comme pour le droit. On parle en effet d'un navire, sans plus penser qu'il est fait d'éléments distincts au départ, et si le navire est vendu, un seul acte juridique suffira.

Les choses collectives, en revanche, sont faites d'éléments distincts, non attachés les uns aux autres et qui restent séparés physiquement : un troupeau de mouton, une bibliothèque, un essaim d'abeilles, etc. Les juristes romains parlent d'"universalité de fait" *(universitas rerum)* pour qualifier la chose collective. Ce concept poursuit un objectif pratique. La chose collective, juridiquement, est considérée comme une unité. Il en résulte qu'elle fera l'objet d'un seul acte juridique. Ainsi, pour vendre une bibliothèque, un seul contrat suffira. De même, pour réclamer un troupeau de moutons dont je prétends être propriétaire, je ne devrai pas intenter autant d'actions en revendication qu'il n'y a d'animal, un seul recours en justice suffira.

7. Les choses divisibles et les choses indivisibles

La divisibilité d'une chose doit s'entendre avec bon sens, en considérant que la question est d'ordre juridique. Matériellement, la plupart des choses sont divisibles, ce qui n'est pas le cas d'un point de vue juridique. En effet, le droit ne considère comme divisibles que les choses qui répondent à deux conditions. Il faut, d'une part, que les parties résultant de la division conservent les propriétés du tout et, d'autre part, que chaque partie ait, toutes proportions gardées, une valeur équivalente au tout. En d'autres termes, la division ne peut faire perdre à la chose ni ses qualités ni sa valeur.

Sur base de ces conditions, les choses divisibles juridiquement ne sont pas nombreuses. Un troupeau de cent moutons est divisible par dix car chaque série de dix moutons garde une valeur relative et des propriétés équivalentes au troupeau initial. Il en va de même pour un terrain ou de l'argent.

En revanche, un cheval vivant n'est juridiquement pas divisible car, de toute évidence, chaque morceau n'a plus les propriétés du tout, ni la même valeur proportionnelle. Le même raisonnement vaut pour une peinture ou une sculpture.

La question de la divisibilité d'une chose doit être distinguée de celle de la divisibilité du droit sur cette chose. Le cheval, qui est juridiquement indivisible, peut appartenir à plusieurs personnes. Dans cette hypothèse, appelée copropriété ou indivision, le droit de propriété est divisé en autant de parts qu'il n'y a de copropriétaires. Il en va ainsi en cas d'achat réalisé en commun ou lorsqu'une personne meurt en laissant plusieurs héritiers.

La distinction opérée entre choses divisibles et indivisibles présente de l'intérêt dans les hypothèses de copropriété. En principe, chaque copropriétaire peut demander le partage, nul n'étant tenu de rester en indivision. Si le partage est réalisé à l'amiable, il n'y a pas de difficulté, les copropriétaires s'accordant sur la part qui revient à chacun. Mais s'il n'y a pas d'accord, le partage sera judiciaire. Le juge a le pouvoir de réaliser le partage et d'attribuer à chacun, en pleine propriété, la part qui lui revient. Pour réaliser ce partage, il faut distinguer les choses divisibles et les choses indivisibles. Pour les premières, il y aura partage en nature et celui dont la part a une valeur pécuniaire plus importante devra payer une soulte – une somme d'argent compensant la différence entre la valeur des parts. Pour les choses indivisibles, en revanche, il y aura vente aux enchères, et c'est le montant obtenu qui sera partagé.

8. Les fruits et les produits

Certaines choses ont la propriété de nous fournir des revenus. Parmi ceux-ci, le droit distingue les fruits et les produits.

Les fruits sont les produits périodiques d'une chose. Ils naissent et renaissent à intervalles réguliers de cette chose elle-même. Rentrent dans cette catégorie, les produits naturels du sol comme les fruits au sens strict, les légumes, les récoltes, les foins, mais également les fruits que procurent les animaux : le lait, les œufs, la laine, sans oublier les jeunes — le croît des animaux.

Jusqu'à leur séparation, les fruits font partie intégrante de la chose fructifère. Même s'ils ont déjà une certaine individualité matérielle, ils sont traités comme des choses accessoires et suivent le sort juridique de la chose fructifère. Après leur séparation, les fruits deviennent des choses distinctes, indépendantes du bien qui les a produits. Selon les cas, ils iront alors au propriétaire de cette chose ou au locataire, à l'usufruitier, à l'emphytéote ou à un possesseur quelconque.

Les produits au sens strict sont des revenus naturels non périodiques, qui sont perçus en entamant la substance même du bien. Sont des produits, par exemple, les matières extraites de mines ou de carrières, l'argile ou le sable que l'on retire d'un fonds, de même que les arbres — même si on en replante, ils poussent beaucoup plus lentement que les fruits et n'ont donc pas vraiment de caractère périodique.

Comme les fruits, les produits sont une partie du fonds jusqu'au moment de leur séparation. Après celle-ci, qui constitue une sorte de division de la chose, ils acquièrent une individualité propre et font l'objet d'un droit de propriété distinct.

Outre les fruits et produits naturels, certains biens peuvent encore nous donner, en vertu d'actes juridiques, des revenus en argent, loyers, fermages, intérêts de capitaux. La doctrine moderne considère qu'il s'agit réellement de produits périodiques et elle parle en conséquence de "fruits civils", par opposition aux fruits "naturels". Cette terminologie n'est pas romaine, même si, en pratique, les juristes de la fin de l'époque classique, notamment Ulpien, admettaient déjà une certaine assimilation avec les fruits, pour les loyers, les fermages et les intérêts de capitaux.

Chapitre 7
La possession

Possession et propriété. – Il est nécessaire de distinguer la propriété *(dominium)* et la possession *(possessio)*. Si la propriété est un état de droit vis-à-vis d'une chose, la possession est une situation de fait. C'est la disposition effective de la chose avec la volonté de la garder pour soi. Comme le dit le juriste Paul, *Possessionem enim facti, non iuris esse* ("La possession est de l'ordre du fait, non du droit"). Les deux notions sont corrélatives et l'on dit fréquemment, dans la langue parlée : "Je possède tel bien", pour dire que l'on en est propriétaire. La confusion existait déjà en latin. Mais du point de vue juridique, il faut séparer soigneusement ces concepts. On peut fort bien être propriétaire sans être possesseur et la distinction s'impose d'autant plus que le droit considère précisément comme possesseurs une série de personnes qui n'ont pas la propriété.

Les mots *possessio* et *possidere* viennent d'une racine qui marque le pouvoir, la puissance. On la retrouve dans *potestas* (la puissance) ou dans le verbe *posse* (pouvoir). La possession est donc une maîtrise de fait, qui peut s'exercer dans des conditions très différentes. Sont possesseurs, au sens le plus large, le propriétaire qui bénéficie lui-même de la possession, celui qui se croit propriétaire et qui agit vis-à-vis de la chose comme si celle-ci lui appartenait, mais également le possesseur de mauvaise foi, qui sait que la chose n'est pas à lui mais qui se comporte néanmoins en propriétaire.

De toute évidence, il serait peu pratique de mettre tous ces individus dans la même catégorie juridique. Il serait absurde de traiter sur pied d'égalité le propriétaire présumé, le voleur, le locataire ou le détenteur occasionnel. La maîtrise physique n'a de sens qu'en fonction de l'intention, de la volonté qui l'anime et lui donne sa signification. On est ainsi amené à restreindre le sens commun de la possession pour lui donner une signification plus précise, dont l'extension est plus réduite.

Après avoir défini le concept de possession, nous verrons quels sont ses effets et comment elle est protégée.

Section 1
Définition de la possession

Pour définir avec exactitude la possession, telle que la comprennent les juristes, il faut distinguer ses deux éléments constitutifs : un élément matériel et une intention.

1. L'élément matériel de la possession

Pour les juristes classiques, la possession ne s'applique qu'aux choses corporelles. Les choses incorporelles ne peuvent pas, tout au moins en droit classique, faire l'objet d'une possession : on n'exerce pas un pouvoir matériel sur une chose immatérielle. Il est vrai que le juriste peut être tenté de parler de la "possession" d'un droit, pour marquer l'exercice de fait de certaines prérogatives, alors même que le droit de les exercer ferait défaut. Prenons l'exemple d'une servitude de passage. Ne doit-on pas considérer comme "possesseur" celui qui passe régulièrement sur le fonds du voisin, bien qu'il n'ait pas de droit réel ? Pour désigner cette situation de fait, en tant qu'elle s'applique à l'exercice d'un droit et non à la disposition d'un objet matériel, la doctrine postclassique forgera le concept de *quasi possessio*.

Telle qu'elle est envisagée par le droit, la possession suppose la possibilité d'exercer une maîtrise de fait. Elle n'implique pas une appréhension matérielle et une disposition effective de tous les instants. Ce qui compte, en définitive, c'est que la chose dépende de ma volonté et que j'aie la possibilité, quand je le désire, d'en disposer à mon gré. La chose doit être dans ma sphère de disponibilité.

2. L'élément intentionnel de la possession

Pour être possesseur, il faut avoir la volonté de garder le bien pour soi, à l'exclusion d'autrui. Ainsi, le propriétaire, l'acheteur, l'héritier ou même le voleur sont animés par cette volonté d'exclusivité. Ce sont des possesseurs. Peu importe que leur rapport à la chose soit ou non légitime, peu importe qu'ils aient ou non un droit sur la chose. Seule compte la réalité de leur intention.

En revanche, le locataire, l'emprunteur ou le dépositaire sont *détenteurs*. Bien qu'ils aient la maîtrise sur la chose, ils reconnaissent les prérogatives d'autrui. Il en va de même pour l'usufruitier, bien qu'il ait sur la chose un droit réel lui permettant de l'utiliser et d'en percevoir les fruits. Dans les faits, l'usufruitier est détenteur parce qu'il reconnaît les pouvoirs d'autrui – en l'occurrence le nu-propriétaire. Il importe donc de ne pas confondre les points de vue : la distinction possession / détention est de l'ordre des faits, non des droits.

Section 2
Champ d'application de la possession

La possession, qui nous était apparue au départ comme un pur état de fait, joue un rôle considérable dans le développement du droit des biens.

1. Protection par le préteur

La possession est protégée comme telle, par le système des interdits possessoires. Le préteur intervient sur base de son *imperium* pour sauvegarder la paix publique. Cette protection profite d'abord aux vrais propriétaires : il n'est pas tolérable qu'ils soient dépouillés de leur bien par violence ou par ruse, et le magistrat assure, par un acte d'autorité, la jouissance paisible de leur droit. Mais la garantie joue aussi en faveur de ceux qui n'ont que l'apparence de la propriété, possesseurs de bonne foi et même de mauvaise foi. Le citoyen qui estime que l'état actuel de possession est injuste doit fournir la preuve de son droit dans un procès régulier et non pas chercher à reprendre son bien par la force ou par des manœuvres frauduleuses.

Toutefois la possession existante ne mérite pas toujours d'être protégée. Lorsque le préteur estime qu'elle a été acquise de façon manifestement irrégulière, il ordonne de restituer le bien et parfois même il autorise l'usage de la force pour le reprendre.

2. Rôle dans l'action en revendication

La possession acquiert une place déterminante dans le procès de revendication à l'époque préclassique et classique. La *rei uindicatio* est l'action qui sanctionne le droit de propriété. Dans le droit ancien, la procédure du *sacramentum in rem* mettait les plaideurs sur pied d'égalité. Le demandeur et celui contre qui il dirigeait l'action comparaissaient devant le magistrat, la chose litigieuse était présente ou représentée et les deux parties proclamaient rituellement leur droit sur cette chose. Chacune des parties devait tenter de prouver la véracité de son affirmation de propriété.

Le préteur considère que cette situation est injuste. Il modifie la procédure, pour que le possesseur ait désormais le rôle de défendeur. Comme tel le défendeur n'a rien à prouver, ni sa propriété, ni même la légitimité de sa possession. La charge de la preuve repose entièrement sur le demandeur *Actori incumbit probatio* ("La preuve incombe à celui qui intente l'action") : c'est en effet au non-possesseur à démontrer qu'il a un droit sur la chose litigieuse. Le possesseur, comme défendeur, peut se contenter d'attendre que son adversaire échoue dans l'administration de cette preuve.

Cette réforme est d'ailleurs une des raisons qui ont amené le préteur à développer le mécanisme des interdits possessoires. Lorsque la possession est incertaine ou contestable, il faut d'abord déterminer qui mérite de recevoir la position confortable de possesseur et donc de défendeur. Le procès relatif à la propriété, appelé procès "au pétitoire" parce qu'on y réclame *(petere)* son droit, est alors précédé d'une procédure "au possessoire" où l'on établit sur une base honnête la situation de possession.

Souvent le litige s'arrêtera au possessoire. Si quelqu'un me prend une chose par force ou par ruse et qu'il n'y a aucun droit, je puis récupérer mon bien grâce aux interdits et il y a peu de risques qu'il ose intenter la *rei uindicatio*, où il devrait apporter la preuve de sa propriété.

3. Acquisition de la propriété

La possession est également un élément matériel qui entre dans plusieurs modes d'acquisition de la propriété.

Ainsi, la *tradition* est le procédé ordinaire de transfert de la propriété civile sur les *res nec mancipi*. Le transfert suppose évidemment un acte qui justifie la volonté de céder et d'acquérir la propriété, mais la transmission effective de la propriété exige l'entrée en possession matérielle.

De même, l'*occupation* est un mode originaire d'acquisition de la propriété. Toute chose susceptible d'appropriation privée et qui n'appartient actuellement à personne *(res nullius)*, devient la propriété de celui qui s'en empare avec l'intention de la garder pour lui. Ici aussi, l'acquisition requiert une prise de possession effective et durable.

Enfin, l'*usucapion* est un procédé réservé aux citoyens romains, qui leur permet, sous certaines conditions, d'acquérir la propriété civile d'un bien qu'ils ont possédé pendant un certain temps.

Section 3
Protection de la possession

La reconnaissance de la possession comme un état de fait par le droit et l'ingéniosité, la souplesse et l'efficacité du système d'interdits élaboré à cette fin par le préteur font de la possession une des matières les plus caractéristiques et les plus originales du droit romain classique.

Le préteur n'a jamais eu l'intention de construire un système de la possession et il n'est pas parti d'une idée préconçue. Il intervient sur base de son *imperium*, de son pouvoir de commandement, pour assurer une application équitable du droit.

En créant les interdits, le préteur obéit à plusieurs mobiles, qui concernent aussi bien l'ordre public que l'intérêt des propriétaires.

Des raisons d'ordre public tout d'abord. Dans une société organisée, il faut éviter les violences, les voies de fait. Celui qui estime avoir un droit sur une chose possédée par autrui, doit agir en justice, par les voies régulières, et ne pas chercher à se rendre justice lui-même en reprenant le bien par la force ou par ruse.

L'intérêt des propriétaires ensuite, justifie l'intervention du préteur. En principe, la majorité des propriétaires sont eux-mêmes possesseurs, et il est de leur intérêt de ne pas être troublés par des contestations vexatoires et de devoir apporter à tout moment la preuve de leur propriété. La possession établit à leur profit une apparence de légitimité. Protéger les possesseurs revient, en pratique, à protéger une majorité de propriétaires.

1. Bénéficiaires des interdits possessoires

D'après les textes classiques, il suffit d'être possesseur pour bénéficier de la protection accordée par le préteur grâce aux interdits. Cette protection est très large puisqu'elle s'étend aux propriétaires, aux possesseurs de bonne foi et même à ceux qui sont dans une situation pour le moins contestable, par exemple celui qui reçoit une chose en sachant que son vendeur n'est pas propriétaire et qu'il n'est pas autorisé à la livrer, celui qui achète une bague à un receleur notoire ou qui sait que le bien provient d'un cambriolage, et même le voleur ou celui qui s'est emparé d'un immeuble par la force ou qui l'occupe clandestinement.

On s'étonnera peut-être que le voleur et les autres possesseurs de mauvaise foi soient protégés par le préteur. En fait, ils peuvent demander les interdits, mais ceux-ci sont rédigés de manière telle que les spoliateurs les plus flagrants échouent lorsqu'ils sont confrontés à leurs victimes. Mais vis-à-vis des tiers, ils sont des possesseurs ordinaires et méritent d'être assistés au nom de l'ordre public. La mauvaise foi d'un possesseur ne justifie pas qu'un tiers commette un acte répréhensible à son égard.

Les possesseurs anormaux. – Enfin quatre catégories de personnes bénéficient également des interdits possessoires alors qu'elles ne sont apparemment pas possesseurs. Ce qui est à première vue illogique s'explique en réalité par des raisons d'ordre pratique, qui varient d'une catégorie à l'autre.

Premièrement, les titulaires d'un bail de longue durée ont sans doute été parmi les premiers bénéficiaires des interdits possessoires. Il faut y assimiler les emphytéotes.

Tout au long de la République, de vastes territoires contrôlés par Rome en Italie ont été donnés en location par les magistrats contre payement d'un loyer. Les baux, généralement de cinq ans, étaient renouvelables et ont eu pratiquement tendance à devenir héréditaires. Les villes ont également rentabilisé une partie de leur territoire en concédant à des particuliers des baux de durée illimitée. A condition de payer le loyer, les possesseurs pouvaient se considérer virtuellement comme propriétaires. De création assez tardive, l'emphytéose est également un bail de durée indéterminée ou à très long terme, qui apparaît au IVème siècle de notre ère sur les domaines impériaux et au Vème siècle sur les grandes propriétés privées.

Même s'ils sont, au sens strict, des détenteurs puisqu'ils reconnaissent les prérogatives d'autrui sur les biens en cause, les titulaires de baux de longue durée et les locataires emphytéotiques exercent, pratiquement, toutes les prérogatives de la propriété et peuvent transformer le fonds. La durée de leur maîtrise sur la chose explique qu'ils soient protégés comme s'ils étaient propriétaires.

Deuxièmement, les créanciers gagistes sont également protégés, ce qui est à première vue plus surprenant. Un créancier gagiste est un créancier qui a reçu un objet matériel en gage, en garantie du recouvrement de sa créance. Le gage constitue un moyen de pression sur le débiteur qui désire récupérer son bien. Si le créancier n'est pas payé à l'échéance, il pourra éventuellement vendre le gage et se rembourser sur le prix. Mais tant que la créance n'est pas exigible, il ne peut que conserver le gage, et il n'a même pas le droit de s'en servir.

Ce créancier est donc détenteur puisqu'il reconnaît les prérogatives du constituant du gage. Si le préteur lui accorde les interdits possessoires, c'est pour des raisons à la fois historiques et pratiques.

Historiquement, le créancier se trouvait dans une situation assez proche de la propriété. En effet, avant l'apparition du contrat de gage, les Romains avaient recours au contrat de fiducie, dans lequel le débiteur transférait la propriété du bien au créancier, qui s'engageait à la lui transférer en retour lorsque la dette aurait été payée. Le créancier fiduciaire était donc possesseur. Lorsque le contrat de gage a remplacé le contrat de fiducie, on a, par conservatisme juridique, également considéré le créancier gagiste comme possesseur.

Pratiquement, le créancier a un double intérêt à conserver la possession. Le gage est une assurance pour le payement de sa créance et s'il est payé, il doit rendre le gage. Il est donc responsable de sa perte éventuelle. Or, s'il est dépossédé par un tiers ou perd le bien, le créancier ne peut guère compter sur la bonne volonté du débiteur pour récupérer et lui rendre le gage. Il est donc indispensable d'accorder au créancier la faculté de défendre lui-même la conservation du gage.

Troisièmement, le dépositaire séquestre, pour des raisons pratiques, est protégé comme possesseur alors qu'il est détenteur. Le dépositaire séquestre est une personne qui se voit confier la garde d'une chose litigieuse pendant la durée d'un procès, à charge de remettre la chose à celle des deux parties qui gagnera le procès. La situation est inhabituelle en droit romain. Normalement, le bien reste pendant la durée du procès entre les mains du défendeur. On le remet à un dépositaire séquestre lorsque le bien est très précieux, très fragile ou qu'il requiert une attention particulière.

Le dépositaire séquestre est donc bien détenteur. Il reconnaît que le bien ne lui appartient pas. Pourquoi l'assimile-t-on au possesseur ? Si un dépositaire ordinaire perd ou se fait voler la chose qui lui a été confiée, sa seule obligation consiste à avertir le propriétaire, qui entreprendra lui-même les démarches pour récupérer son bien. Mais le dépositaire séquestre reçoit à garder une chose litigieuse, dont la propriété ou la possession font justement l'objet du procès. Il ne sait pas à qui s'adresser et doit donc pouvoir lui-même défendre ou récupérer la possession.

Quatrièmement, les précaristes sont, pour des raisons d'ordre social, assimilés à des possesseurs. Le précariste est une personne qui a sollicité un bien – *preces* signifie "prière" – pour s'en servir, et qui l'a obtenu, à condition de le restituer à la première demande. Le précariste n'a aucun droit. Il se trouve dans une situation "précaire", au sens moderne du mot. Il dépend entièrement de la bonne volonté de celui qui lui a accordé le bien. Mais envers les tiers, il est protégé par le préteur comme s'il était possesseur. Pourquoi ?

La raison doit être cherchée dans l'importance sociale du précaire. Il ne faut pas y voir uniquement un prêt informel d'une chose sans grande valeur, pendant une très courte durée. Dans la société romaine traditionnelle, le précaire occupe une place beaucoup plus importante. Il est la pierre angulaire des rapports de patronat. Le "patron" est un riche patricien qui, en échange de l'hommage de ses clients et des services divers, notamment électoraux, que ces derniers lui rendent, doit leur fournir des moyens de subsistance : un logement, un lopin de terre, des outils, du menu bétail, des aliments, de l'argent. Ces concessions sont faites en précaire mais elles pouvaient durer indéfiniment si le client respecte le pacte de fidélité. Quel que soit l'objet du précaire, celui-ci est un pur état de fait. Le précariste n'a aucun droit à l'égard du concédant et aucun droit sur la chose. Il dépend entièrement du bon vouloir de celui qui lui a remis le bien, et il risque de ne plus jamais le recevoir s'il avoue avoir été dépossédé. Pour lui venir en aide, le préteur lui accorde les interdits, qui lui permettront d'agir seul.

Les recours des détenteurs. – En dehors des quatre catégories particulières que nous venons d'examiner, les détenteurs ne bénéficient pas des interdits possessoires. Ainsi, l'usufruitier, le locataire, l'emprunteur ou le dépositaire ont un pouvoir matériel sur la chose, soit en vertu d'un droit réel, soit en vertu d'un contrat régulier, mais ils ne sont pas, juridiquement, possesseurs. La possession reste acquise au propriétaire. On considère en effet qu'il exerce toujours la maîtrise de fait, puisque c'est de par sa volonté que l'usufruitier, le locataire, l'emprunteur ou le dépositaire détiennent le bien.

On ne peut manquer de s'interroger sur la politique du préteur, qui protège le voleur mais pas le locataire, qui accorde les interdits au précariste et au dépositaire séquestre alors qu'il les refuse à l'emprunteur ou au dépositaire ordinaires !

Toutes les tentatives de justifier la liste des bénéficiaires et des exclus par une explication théorique sont vouées à l'échec. Le préteur n'a certainement pas commencé par poser une définition pour en déduire ensuite, logiquement, les applications concrètes. La raison est essentiellement pratique. A première vue, les détenteurs n'ont pas vraiment besoin des interdits : il leur suffit d'invoquer leur droit. Ainsi, l'usufruitier est titulaire d'un droit réel et dispose d'une action en justice qui lui permet de réclamer son droit. De même, le locataire et l'emprunteur détiennent une chose en vertu d'un contrat. Ils ont le droit de l'utiliser – contre payement d'un loyer ou gratuitement – et peuvent donc exiger que le bailleur ou le prêteur mette la chose à leur disposition et les protège contre tout trouble de jouissance.

Mais ce recours au propriétaire est-il toujours efficace ? Parfois, il serait utile que le détenteur puisse se protéger seul, comme le montre l'exemple suivant. Je loue une villa à la mer. Rentrant de baignade, je trouve la villa occupée par une famille, qui refuse de déguerpir. J'ai le droit de rentrer en ville, d'y attendre que le propriétaire soit lui-même revenu de vacances et de lui présenter mes doléances. On peut cependant regretter que je ne puisse pas faire valoir par moi-même ma détention légitime, justifiée par le bail.

La véritable raison pour laquelle le détenteur ne reçoit pas la protection possessoire est la suivante. Lorsque le préteur dénie la possession à l'usufruitier, au locataire, à l'emprunteur ou au dépositaire, il entend souligner que par leur entremise, les nus-propriétaires, bailleurs, prêteurs et déposants conservent la possession. Celle-ci est une maîtrise de fait et si on l'accorde à l'un, on doit la refuser à l'autre. Or il est plus utile de laisser la possession à celui qui concède le bien. Si je donne un bien en location ou en prêt, j'exerce mon pouvoir en percevant les loyers ou en permettant à mon ami d'utiliser ma chose. Par conséquent, je continue à prescrire ou je peux invoquer l'usucapion pour prouver mon droit de propriété – il est souvent plus facile de démontrer qu'on a possédé pendant un ou deux ans que de remonter au titre original d'acquisition.

2. Les interdits possessoires

La possession est garantie par le système des interdits possessoires. Elle n'est pas sanctionnée par des actions, car elle n'est pas un droit mais une situation de fait. La protection de la possession a été organisée par le préteur agissant directement sur la base de son *imperium*, de son pouvoir de commandement. Les premiers interdits apparaissent à l'époque préclassique; ils sont plus anciens que la procédure formulaire.

Notion. – Initialement, les interdits possessoires étaient des ordonnances fort simples. Lorsque le préteur estimait que la possession avait été acquise injustement, il donnait un ordre de restitution. Lorsqu'il jugeait que la possession existante devait être maintenue, il enjoignait aux parties de s'abstenir de tout acte de violence.

Mais toutes les situations n'étaient pas aussi limpides et le préteur ne parvenait pas toujours à se prononcer séance tenante. Il ordonnait alors le maintien ou la restitution de la possession sous réserve de certaines conditions, et il renvoyait les parties devant un *iudex* qui devait vérifier si ces conditions étaient effectivement remplies. De la sorte, le débat sur la possession prenait souvent l'allure d'un procès préjudiciel, qui précédait le procès véritable concernant l'attribution de la propriété.

A l'époque classique, l'édit du préteur comportait une série de formules complexes et nuancées pour les interdits possessoires. Les juristes les ont classés en deux catégories, les interdits conservatoires et les interdits restitutoires.

Les interdits conservatoires. – Ce sont des décisions qui défendent de modifier, par violence, la possession reconnue par le préteur. Leur fonction est donc essentiellement de conserve: la possession, bien qu'ils puissent, dans certains cas, avoir un effet restitutoire.

La possession protégée diffère selon qu'il s'agit d'immeubles ou de meubles. Les interdits sont généralement désignés par les mots clés de la formule : *uti possidetis* pour les immeubles et *utrubi* pour les meubles.

L'interdit *uti possidetis* est un interdit double, en sens qu'il peut avoir deux effets. Il consacre en principe la possession de celui qui détient actuellement l'immeuble. Toutefois, cette possession peut être combattue par la partie adverse au moyen de l'exception de possession vicieuse *(exceptio uitiosae possessionis)*. Si l'adversaire prouve qu'il a été lui-même dépouillé par la force, clandestinement ou à titre de précaire par le possesseur actuel, c'est lui qui récupérera la possession. Cette exception vaut uniquement pour les irrégularités commises par le possesseur actuel au détriment de celui qui invoque l'exception.

L'interdit *utrubi* concerne la possession des meubles. Il s'agit également d'un interdit double. En principe, la possession est attribuée à celui des plaideurs en présence qui a possédé le plus longtemps dans le cours de la dernière année. Contrairement à la règle suivie pour les immeubles, le préteur se refuse ici à entériner la possession du moment. La raison en est que les meubles changent de main beaucoup plus facilement et que la possession actuelle n'offre guère de garantie. Cette présomption de possession légitime peut être renversée par l'exception de possession vicieuse. Si le plaideur qui a possédé moins longtemps prouve qu'il a été dépossédé par l'autre par violence, clandestinement ou à titre de précaire, il récupérera la possession. Comme dans l'interdit *uti possidetis*, le vice de possession n'est pris en considération que s'il affecte la manière dont une des parties a acquis le bien au détriment de l'autre.

Les interdits restitutoires. – Par ces interdits, le préteur ordonne de restituer le bien à celui qui a été dépossédé injustement. A l'époque classique, il existe deux interdits contre ceux qui se sont emparés d'un immeuble par violence (*unde ui*) ou par violence à main armée *(unde ui armata)* et un interdit contre le possesseur à titre précaire d'un meuble ou d'un immeuble *(de precario)*.

L'interdit *unde ui* concerne uniquement les immeubles. Il est accordé au possesseur qui a été chassé par violence de son bien, à l'encontre de celui qui l'a expulsé. Son effet est d'obtenir la restitution de l'immeuble, mais cette restitution est soumise à deux conditions. L'interdit doit être demandé dans l'année, c'est-à-dire dans les douze mois qui suivent la dépossession. Il ne faut pas que le demandeur ait lui-même acquis le bien par violence, clandestinement ou à titre de précaire au détriment de celui qui l'a expulsé.

L'interdit *unde ui armata* est une variante du précédent. Il concerne l'occupation d'un immeuble par violence, avec cette circonstance aggravante qu'elle est le fait d'hommes armés. De tels désordres étaient fréquents au dernier siècle de la République, pendant les guerres civiles. La sanction est plus radicale qu'en cas de violence simple : le demandeur obtient la restitution même s'il était dépossédé depuis plus d'un an et même s'il avait acquis le bien par violence, clandestinement ou à titre de précaire. L'emploi de la force brutale ne doit jamais profiter à l'agresseur.

L'interdit *de precario* est accordé à celui qui a concédé un bien, meuble ou immeuble à titre de précaire. Comme nous l'avons vu, le précariste bénéficie de la protection possessoire mais il a l'obligation de restituer la chose à la première demande du concédant. Si le précariste n'est plus à même de restituer parce qu'il a frauduleusement perdu la possession, il sera condamné à payer des dommages et intérêts, à concurrence du préjudice subi par le concédant.

La synthèse de Justinien. – Justinien simplifie le système et renforce la protection de la possession. Les interdits conservatoires sont remplacés par une action conservatoire, qui assure dans tous les cas le maintien de la possession telle qu'elle existe au moment où l'action est intentée. Parmi les interdits restitutoires, seul subsiste l'interdit *unde ui*, dont la durée reste limitée à un an mais qui ne peut plus être combattu par l'exception de possession vicieuse : celui qui a été dépouillé par violence doit avant tout recouvrer la possession.

Chapitre 8
La propriété

Durant l'époque classique, la propriété romaine prend ses traits caractéristiques à partir de l'idée de pouvoir sur les choses et en se dégageant des situations voisines comme la possession et les droits personnels. Le droit de propriété acquiert alors ses caractéristiques : l'exclusivité, l'individualité et le caractère perpétuel.

Il importe de voir que la propriété est un concept, une représentation mentale qu'il faut approcher indépendamment du rapport matériel que l'individu peut avoir face aux choses. Etre propriétaire d'une chose, la posséder, en avoir la jouissance paraissent à nos yeux être des expressions équivalentes d'une même réalité. Il importe pourtant de distinguer la représentation juridique d'un rapport aux choses (ou "propriété") de la réalité observable qu'est la maîtrise sur ces choses (ou "possession"). Les juristes romains ont distingué ce qu'on peut appeler situation de fait d'une part, situation de droit de l'autre. La propriété, clairement distinguée de la simple maîtrise sur la chose, est en quelque sorte la légitimation de ce rapport à la chose. *"Res mea est ex iure Quiritium"*, peut dire le propriétaire : "Cette chose est à moi en vertu du droit des Romains". Distinction importante parce qu'elle fonde de nombreux mécanismes juridiques comme la prescription et la protection possessoire.

Les différentes sortes de propriété. – En droit romain classique, il existe plusieurs sortes de propriété.

Le *dominium* est la propriété du droit civil. Elle est réservée aux citoyens romains ou *Quirites*. C'est pourquoi on l'appelle "propriété quiritaire" ou encore "propriété civile".

A côté de la propriété civile, le droit classique admet une propriété de fait, reconnue et protégée par le préteur. Ce dernier n'accorde pas le *dominium*, mais il garantit la conservation du bien dans le patrimoine : *in bonis habere*. C'est la "propriété bonitaire" ou prétorienne. Cette expression, forgée par les historiens du droit, n'est pas très heureuse dans la mesure où il s'agit bien, comme nous le verrons, d'une possession et non d'une véritable propriété. Mais la protection judiciaire qui s'y attache justifie sans doute que l'on ait créé cette expression.

Les magistrats et les juristes romains se préoccupent aussi de la propriété des étrangers – ceux-ci n'ont évidemment pas le *dominium* romain – et des droits que les citoyens peuvent acquérir sur des biens non susceptibles d'appropriation quiritaire. Dans les deux cas, on parle de propriété *ex iure gentium*.

Il y a ainsi trois sortes de propriété à l'époque classique. Certains types disparaîtront assez vite dans le droit postclassique. Justinien achève le processus d'unification et ne reconnaît plus qu'une seule propriété ou *dominium*.

Section 1
La propriété civile

Au point de vue du *ius ciuile*, la propriété civile ou quiritaire *(dominium ex iure Quiritium)* est la seule véritable propriété. Réservée aux citoyens, elle s'acquiert par des procédés civils et elle est sanctionnée par des moyens du droit civil.

1. Notion

La propriété quiritaire n'est possible, en droit classique, que si trois conditions sont réunies. En premier lieu, le propriétaire doit être citoyen romain. Ensuite, la chose doit être susceptible de faire l'objet d'une propriété quiritaire, ce qui exclut les fonds de terres non italiques et toutes les *res extra patrimonium*. Enfin, la chose doit avoir été acquise par un mode approprié. Comme nous le verrons, pour les *res mancipi*, le transfert de la propriété requiert un mode formaliste. Si cette condition de forme n'est pas respectée, l'acquéreur ne devient pas propriétaire civil.

La propriété est la domination complète et exclusive d'une personne sur une chose corporelle. Il s'agit du droit réel par excellence, qui attribue au propriétaire une *plena in re potestas*, une maîtrise absolue sur la chose.

Cette maîtrise comporte un double aspect, positif et négatif : le droit d'agir à sa guise avec la chose (domination complète), et le droit d'interdire aux autres de faire quelque chose sur elle (domination exclusive).

Les Romains se soucient peu de définitions. Les sources ne nous livrent aucune définition technique de la propriété. Dans la pratique, les juristes classiques ne distinguent pas le droit et la chose elle-même. Ils disent simplement *res mea est* (cette chose est à moi), *res Titii est* (cette chose est à Titius). L'affirmation du droit s'exprime par la maîtrise sur la chose.

Toutefois la distinction *ius – res* s'impose dès que le droit est réparti entre plusieurs personnes, soit dans le cas de copropriété ou d'indivision, soit dans le cas de démembrement de la propriété entre usufruitier et nu-propriétaire. Dans le premier cas, chaque copropriétaire a une part du droit sur la chose. Dans le second cas, l'usufruitier a le droit d'user de la chose et d'en percevoir les fruits, tandis que le nu-propriétaire garde la propriété, même si son droit est amoindri par la perte temporaire de l'usage et de la jouissance, d'où l'appellation de "nue-propriété", privée de ses avantages économiques immédiats.

Les caractères de la propriété romaine. – La propriété du droit romain classique est en principe absolue, exclusive et perpétuelle.

La propriété est un droit absolu en ce sens que le propriétaire peut faire valoir son droit envers tous *(erga omnes)*. Il peut revendiquer son bien contre toute personne qui l'aurait dépossédé et repousser toute agression ou empiétement sur son bien, de quelque côté qu'elles proviennent. Il a un droit sur la chose elle-même, et peut proclamer à l'égard de tous *res mea est*.

On notera toutefois que si la propriété est un droit absolu, il n'en va pas de même de sa reconnaissance judiciaire. La sentence du juge est toujours relative : elle n'a d'effet qu'entre les parties présentes ou représentées au procès. Si la propriété de Primus est reconnue vis-à-vis de Secundus, rien n'empêche Tertius d'intenter ultérieurement une nouvelle revendication et de présenter éventuellement des arguments concluants.

Absolue ne veut pas dire illimitée. Les juristes romains ont connu très vite des limitations apportées aux prérogatives du propriétaire, soit dans l'intérêt des voisins, soit dans l'intérêt général. Ils ont même considéré que le fait d'être titulaire d'un droit ne permettait pas d'en abuser et ont élaboré, semble-t-il, la théorie de l'abus de droit. Que la propriété soit comprise comme un droit absolu veut plutôt dire que ce droit, sauf exception, passe avant tous les autres. Ceci fonde par exemple la théorie de l'accession, qui attribue d'office au propriétaire d'un terrain toutes les constructions et plantations qui y sont faites par un tiers.

La propriété romaine apparaît également comme un droit exclusif. Il en résulte qu'il ne peut normalement y avoir qu'un seul propriétaire sur une chose. Les juristes classiques ne sont guère favorables à la copropriété, qu'ils ont toujours considérée comme une situation transitoire et exceptionnelle. Ils ont donc adopté la règle selon laquelle nul n'est tenu de rester en indivision.

De même, si le droit romain a connu des démembrements de la propriété comme l'usufruit, il les a toujours considérés comme temporaires. Le nu-propriétaire, même s'il ne conserve que des pouvoirs très limités, a toujours vocation à récupérer la totalité de ses prérogatives.

Enfin, la propriété est un droit perpétuel, peut-être même plus pour les Romains que dans notre système juridique. Les juristes romains ne conçoivent pas que la propriété soit acquise pour une durée déterminée ou que son acquisition soit soumise à une condition résolutoire, même s'ils arrivent à un résultat similaire par d'autres techniques.

De plus, la propriété est un droit perpétuel en ce sens qu'elle ne disparaît pas par l'écoulement du temps. Le droit romain ne connaît pas de prescription extinctive de la propriété. Le titulaire d'un droit de propriété ne le perd que si un tiers le devient par prescription acquisitive. Encore faut-il savoir que le vol, qui est entendu de manière fort large en droit romain puisqu'il s'étend à l'abus de confiance, empêche la prescription acquisitive.

2. Origine de la notion de propriété

La propriété individuelle. – Depuis l'époque la plus reculée, les Romains semblent avoir connu la propriété individuelle sur les meubles, y compris le bétail et les esclaves, et sur les fonds urbains – la maison *(domus)* et le lopin de terre qui l'entoure *(hortus)*. Les champs et les pâtures ont pu faire l'objet, à l'origine, d'une propriété gentilice, mais celle-ci disparaît avec le développement de la Cité. Dès la loi des XII Tables et sans doute déjà bien avant, les champs situés en dehors de l'espace urbain ont fait l'objet d'une appropriation individuelle.

Les conquêtes ont procuré aux Romains de nouvelles terres. Certaines d'entre elles ont été réparties entre les citoyens tandis que d'autres sont restées la propriété collective du Peuple romain *(ager publicus populi romani)*. Des parcelles de l'*ager publicus* pouvaient être louées à des particuliers contre le payement d'une redevance.

Notion confuse à l'origine. – La propriété individuelle est une notion encore assez confuse en droit ancien. Il est certain que le concept abstrait de "*dominium*" est d'introduction relativement récente (fin de la République). Pour exprimer l'idée d'appartenance, les anciens Romains se servaient de formules concrètes : *res mea est* ("la chose est à moi").

Des historiens du droit ont voulu voir dans le *mancipium* l'ancêtre du *dominium* : c'est le *mancipium* qui aurait exprimé, à l'origine, l'idée d'appartenance. Que penser de cette théorie ? Il est vrai que la propriété classique présente certains traits dérivés du *mancipium*, mais il est impossible de limiter la propriété primitive au domaine du *mancipium*, c'est-à-dire aux seules *res mancipi*. Ceci reviendrait à laisser les *res nec mancipi* dans une sorte de néant juridique !

En fait, le droit ancien connaît des institutions qui relèvent de deux domaines distincts. En premier lieu, l'idée d'appartenance, exprimée concrètement comme *meum esse*. En second lieu, l'idée de pouvoir, de puissance sur les choses, exprimée par le *mancipium*. Cette puissance englobe certaines choses comme les *res mancipi*, qui sont précisément celles sur lesquelles on exerce un pouvoir de commandement.

Cette dualité confère à la propriété en droit ancien un caractère nécessairement complexe. Pour les *res nec mancipi*, la propriété s'identifie au *meum esse*. Pour les *res mancipi*, l'idée de propriété est aussi exprimée par *meum esse*, mais nul ne peut dire qu'une telle chose est réellement à lui s'il n'a pas acquis sur elle le pouvoir du *mancipium*.

La notion de *dominium*. – Durant les derniers siècles de la République, la conquête de l'Italie et d'une partie du bassin méditerranéen a profondément modifié les structures sociales et économiques de Rome. Ces bouleversements se sont évidemment répercutés sur le droit privé. Au IIème siècle avant notre ère, les droits patrimoniaux prennent une importance croissante, au détriment de l'ancienne notion de puissance que le paterfamilias exerçait sur les choses. Le droit des biens se développe en regroupant toutes les institutions se rapportant aux *res*. Par exemple, la mancipation apparaît de moins en moins comme un moyen de constituer une puissance, et de plus en plus comme un procédé permettant d'acquérir certaines choses. C'est ainsi que se construit progressivement une idée plus complète de la propriété : une notion qui s'est enrichie de certains éléments empruntés au *mancipium* mais qui est valable pour tous les biens, considérés désormais comme éléments de richesses.

Pour exprimer cette nouvelle notion d'appartenance, les juristes de la fin de la République (premier siècle avant notre ère) créent le concept de *dominium* et le terme *dominus* prend le sens de "propriétaire". Au Bas Empire, c'est l'expression *proprietas* qui se répand. Comme l'indique son étymologie *(proprius)*, cette expression souligne l'appartenance exclusive de la chose à l'individu titulaire du droit de propriété.

3. Les composantes du droit de propriété

La faculté de dissocier temporairement l'usage, ou l'usage et la jouissance, du droit de propriété a amené les commentateurs du Moyen Age à distinguer trois composantes essentielles.

L'usage *(ius utendi)* est le droit d'user de la chose conformément à sa destination. La jouissance *(ius fruendi)* est le droit de jouir de la chose, c'est-à-dire d'en percevoir les fruits et éventuellement les produits. La disposition *(ius abutendi)* est le droit de disposer de la chose, soit matériellement, en la détruisant ou en modifiant sa substance, soit juridiquement, en aliénant la chose ou en concédant certains droits sur elle.

Par exemple, dans le cas d'une maison d'habitation, les trois prérogatives sont respectivement d'habiter la maison *(uti)*, de la donner en location et d'en percevoir les loyers *(frui)* et de la démolir, la transformer en magasin ou la vendre *(abuti)*. Il faut préciser que l'expression *ius abutendi* ne signifie nullement que le propriétaire puisse abuser de son bien pour nuire à autrui.

Les auteurs modernes proposent généralement une description plus détaillée des droits du propriétaire. Pothier (1699-1772), par exemple, énumère les prérogatives du propriétaire :

"Ce droit a beaucoup d'étendue. Il comprend le droit d'avoir tous les fruits qui naissent de la chose, soit que ce soit le propriétaire qui les perçoive, soit qu'ils soient perçus par d'autres sans droit; le droit de se servir de la chose, non seulement pour les usages auxquels elle est naturellement destinée, mais pour quelque usage que ce soit qu'il en voudra faire : par exemple, quoique les chambres d'une maison ne soient destinées qu'à loger des hommes, le propriétaire a droit d'y loger des bestiaux si bon lui semble.

"Ce droit de disposer renferme celui qu'a le propriétaire de changer la forme de sa chose, par exemple en faisant d'une terre labourable un pré ou un étang, ou vice versa. Il a le droit de convertir sa chose, non seulement en une meilleure forme, mais si bon lui semble, en une pire, en faisant, par exemple, d'une bonne terre labourable, une terre non labourable, qui ne serve qu'au pâturage des bestiaux. Ce droit de disposer comprend aussi le droit qu'a le propriétaire de perdre entièrement sa chose, si bon lui semble. Par exemple, le propriétaire d'un beau tableau a le droit de faire passer dessus une couleur pour l'effacer; le propriétaire d'un livre a le droit de le jeter au feu, si bon lui semble, ou de le déchirer.

"Il a le droit d'empêcher tous autres de s'en servir, sauf ceux qui auraient ce droit en vertu de quelque droit de servitude, ou auxquels il en aurait, par quelque convention, concédé un certain usage. Le droit de disposer comprend le droit qu'a le propriétaire d'aliéner sa chose, et pareillement d'accorder à d'autres dans sa chose tels droits qu'il voudra, ou d'en permettre seulement tel usage qu'il jugera à propos".

De telles énumérations ne servent qu'à expliciter la notion de *plena in re potestas*, de "maîtrise complète et exclusive".

4. Les limites du droit de propriété

On a coutume d'insister sur le caractère absolu du droit de propriété. Il ne faut cependant pas donner à cette caractéristique une signification qu'elle n'a pas. Déjà dans l'Antiquité, l'expression ambiguë de *ius abutendi* a conduit les juristes à préciser qu'il s'agit d'un abus par rapport à la chose elle-même – droit de la dégrader ou de la détruire – et nullement du droit d'abuser de la chose pour porter préjudice à autrui.

La plupart des codes modernes, d'inspiration libérale, admettent généralement que le propriétaire peut faire avec son bien tout ce qui lui plaît, sauf ce que la loi – au sens large – lui interdit. En d'autres termes, tout ce qui n'est pas expressément défendu est permis.

Telle est la conception du Code civil dans l'article 544 : "La propriété est le droit de jouir et disposer des choses de la manière la plus absolue, pourvu qu'on n'en fasse pas un usage prohibé par les lois ou par les règlements". En définissant la propriété comme le droit le plus étendu que l'homme peut avoir sur une chose, cet article montre bien que l'ordre juridique peut imposer certaines restrictions aux droits du propriétaire.

D'autres systèmes vont plus loin et veulent que le propriétaire agisse en fonction de l'intérêt général et utilise la chose conformément à son utilité sociale. Cette exigence apparaît plus ou moins explicitement chez les moralistes et les tenants de l'Ecole du droit naturel. Même en dehors de toute interdiction légale, on peut considérer qu'il est immoral de détruire des biens du patrimoine artistique, d'accaparer des biens dans un but spéculatif, de laisser des maisons inoccupées ou des champs fertiles à l'abandon ou de fermer une entreprise sans se préoccuper du sort des travailleurs.

D'une manière purement pragmatique, en dehors de toute idéologie, le droit romain impose des restrictions à l'usage de la propriété privée. Les unes sont imposées d'office, dans l'intérêt des voisins ou dans l'intérêt public, d'autres peuvent être établies volontairement, par la concession de droits réels.

Limitations imposées dans l'intérêt des voisins. – Ces restrictions concernent les biens immobiliers. Elles comportent d'une part l'obligation de subir certains empiétements sur son propre fonds, d'autre part l'interdiction de porter préjudice au voisin par des constructions ou des travaux.

Ainsi, plusieurs limitations au caractère absolu et exclusif de la propriété étaient déjà prévues dans la loi des XII Tables, comme l'obligation de tolérer la libre circulation sur une zone de deux pieds et demi sur le pourtour de la propriété avec, à cet effet, l'interdiction de construire, de planter ou de semer dans cette zone ou l'obligation de laisser surplomber le fonds, à plus de quinze pieds, par les hautes branches de l'arbre du voisin, ou encore l'obligation de subir l'écoulement naturel des eaux.

Dans la même perspective, le propriétaire n'a pas le droit de faire tout ce qu'il veut sur son propre terrain. Il ne peut, par des travaux ou par l'état de ses édifices, constituer une menace ou une gêne pour les voisins. Ceux-ci ont contre lui une série de recours, qui ont parfois un fondement en droit civil, mais qui ont surtout été développés par le préteur. Par exemple, l'interdit *Quod ui aut clam* permet à celui qui se sent lésé ou menacé par des travaux d'obtenir le rétablissement de l'état antérieur des lieux, lorsque ces travaux ont été exécutés en dépit de son opposition expresse (*ui*) ou secrètement, parce que l'on craignait son opposition (*clam*).

Limitations imposées dans l'intérêt public. – Le propriétaire peut, dans des cas exceptionnels, être privé de son droit au profit de la communauté. Par ailleurs, les biens immobiliers sont frappés de certaines restrictions établies, non plus en faveur des voisins, mais dans l'intérêt de tous.

Le problème de l'expropriation pour cause d'utilité publique est complexe et appelle une réponse nuancée. Les Romains n'ont développé aucune théorie générale de l'expropriation pour cause d'utilité publique. Il y a eu des cas fréquents de confiscation, même de confiscation de tous les biens, mais la confiscation est par essence une mesure pénale, frappant l'individu qui a commis certains crimes. L'expropriation par contre ne présuppose aucune infraction. Le particulier se voit contraint d'abandonner sa propriété, avec ou sans indemnité, pour la simple raison que l'Etat estime avoir besoin du bien exproprié.

Il y a eu des cas d'expropriation pour cause de nécessité publique, comme par exemple des destructions pour enrayer l'avance de l'ennemi, des réquisitions de chevaux, de voitures et de vivres pour l'armée ou des réquisitions de stocks de vivres en cas de disette, mais on ne connaît pas, à Rome, d'expropriation pour cause de simple utilité publique, par exemple pour la construction de routes, d'aqueducs, de places ou d'édifices publics.

Comment dans ces conditions les Romains ont-ils pu réaliser tant d'ouvrages monumentaux ?

En premier lieu, on a pu utiliser les terrains appartenant à l'Etat. Routes et aqueducs ont été tracés en grande partie sur l'*ager publicus*. De plus, l'Etat a pu compter sur la collaboration des particuliers. Les propriétaires, surtout les gros propriétaires fonciers qui forment la classe dirigeante, cèdent généralement quelques parcelles sans trop de difficulté, par souci de popularité ou sous la pression de l'opinion publique. Très souvent aussi ils ont des liens de parenté ou d'alliance avec les magistrats qui réalisent l'ouvrage, dont la gloire rejaillira sur toute la famille. C'est ainsi qu'on a construit la *via Appia* ou la *via Flaminia*.

Enfin, l'Etat romain recourt à l'achat. Une série de textes formels, datant de la fin de la République et même du début de l'Empire, prouvent que l'Etat était fréquemment contraint de payer des sommes élevées, et que parfois des travaux d'une utilité incontestable ont dû être abandonnés en raison de l'opposition de certains particuliers. Tite-Live raconte que la construction d'un aqueduc a été rendue impossible par la mauvaise volonté d'un seul propriétaire. Cicéron signale que de l'argent a été rassemblé pour acheter des terrains, car ceux-ci ne seront pas acquis contre le gré des propriétaires. L'orateur ne cache pas son indignation : "Il n'est rien qu'on ne puisse acheter si l'on donne tout ce que demande le vendeur ! Dépouillons donc tout l'univers, vendons les revenus de l'Etat, épuisons le Trésor, pour enrichir les possesseurs de terres odieuses ou malsaines".

Ces témoignages démontrent à suffisance qu'il n'existait certainement pas de procédure courante d'expropriation. Bien sûr, il y a eu des extorsions, des abus de pouvoir, des actes relevant du "fait du prince", notamment par une invocation excessive du principe de nécessité. Les propriétaires ont été forcés de vendre à vil prix, sous menace de confiscation, et plus tard d'un procès de lèse-majesté, leur refus pouvant être interprété comme un acte d'opposition au régime. Mais dans tous ces cas, il s'agit d'abus, et non de l'exercice d'un droit régulier d'expropriation pour cause d'utilité publique. Celle-ci est inconnue durant toute l'époque classique, même sous les empereurs les plus autoritaires du Principat.

Dispositions particulières relatives aux immeubles. – Les immeubles sont frappés d'une série de limitations particulières, dont voici quelques exemples. Les riverains d'un cours d'eau public doivent subir l'usage collectif de leur rive. Les propriétaires d'immeubles situés le long d'une route ou d'une rue sont, dans une certains mesure, astreints à l'entretien de la voie publique, soit qu'ils effectuent eux-mêmes le travail, soit qu'ils versent une contribution. Des restrictions peuvent être imposées pour des raisons militaires. Enfin et surtout, les pouvoirs publics fixent des normes en matière d'urbanisme : hauteur des constructions, types de maisons, nature des matériaux. Ils peuvent aussi ordonner la destruction de certains édifices.

Constitution de droits réels *(iura in re aliena).* – La propriété peut aussi être limitée volontairement par la concession à des tiers de droits réels limités sur la chose. Il s'agit soit de servitudes foncières, de la superficie ou de l'emphytéose sur les biens immobiliers, soit d'un droit d'usufruit, d'usage, de gage ou d'hypothèque sur les meubles et les immeubles. Ces droits seront étudiés dans le chapitre dix.

5. La protection de la propriété

Pour être effectif, le pouvoir que confère la propriété à son titulaire doit être protégé, le cas échéant par le recours aux autorités judiciaires. Les moyens mis en œuvre sont multiples.

Parce qu'il est généralement possesseur, le propriétaire dispose des interdits possessoires qui, avec un peu de chance, doivent lui permettre de récupérer ou de conserver la maîtrise effective sur la chose. Ces interdits ont été examinés dans le chapitre précédent.

Le propriétaire civil dispose surtout d'une action en justice, la *rei uindicatio*, qui lui permet de réclamer une chose dont il prétend être propriétaire, et de voir son droit consacré en justice.

Enfin, dans certains cas, la propriété est garantie par des actions personnelles, comme l'action de vol en cas de dépossession frauduleuse, ou l'action aquilienne, qui peut être intentée contre celui qui a endommagé la chose d'autrui.

D'une façon générale, l'octroi d'actions spécifiques n'empêche nullement le propriétaire d'agir sur base d'actions personnelles pour récupérer son bien. Il peut agir par l'action de prêt contre l'emprunteur, par l'action de dépôt contre le dépositaire, etc.

L'action en revendication. – La *rei uindicatio* est une action réelle et civile par laquelle un propriétaire civil réclame une chose qu'il prétend sienne. Elle ne peut servir qu'à réclamer une chose corporelle, qui doit être une chose d'espèce. On ne peut intenter cette action pour réclamer de l'argent à un débiteur, parce qu'on ne peut pas prétendre être propriétaire sur telle ou telle pièce – l'argent est normalement une chose de genre.

La *rei uindicatio* est réelle en ce sens qu'elle sanctionne un droit réel, elle est civile parce qu'elle relève du *ius ciuile*, du vieux droit privé romain. La formule rédigée par le préteur à l'attention du juge est la suivante : "S'il paraît que la chose dont il s'agit appartient à Aulus Agerius en vertu du droit des Quirites et si cette chose n'est pas restituée conformément à ta décision, juge, condamne Numerius Negidius à payer à Aulus Agerius autant d'argent que vaut la chose, sinon, absous-le".

Dans cette procédure assez simple, le juge doit donc trancher la question de la propriété civile. S'il est convaincu que la chose appartient au demandeur, il invite le défendeur à la restituer dans un délai déterminé. Si le défendeur refuse, le juge le condamnera et cette condamnation, dans la procédure formulaire du droit classique, est toujours pécuniaire. Il appartient au demandeur de déterminer, sous serment, la valeur de la chose, ce qui constitue un moyen de pression supplémentaire sur le défendeur, qui risque, s'il refuse la restitution, d'être condamné à un montant supérieur à la valeur de la chose.

Puisqu'elle a pour but de récupérer une chose corporelle, l'action est logiquement intentée par un propriétaire qui n'est plus possesseur. Mais contre qui peut-il agir ? L'action ne peut en principe être intentée que contre un possesseur. Le simple détenteur, en effet, n'a aucune raison de s'opposer à une action en revendication puisqu'il ne prétend pas avoir un droit sur la chose. Depuis le IVème siècle de notre ère, si la *rei uindicatio* est intentée contre un détenteur, ce dernier a l'obligation d'indiquer de qui il a reçu le bien. C'est contre ce propriétaire – ou prétendu tel – que l'action sera intentée, tandis que le détenteur sera mis hors de cause. Cette solution a été reprise dans le Code civil, à l'article 1727.

Que doit restituer le défendeur qui perd le procès ? La chose qui fait l'objet du litige, avec ses accessoires et, dans certaines hypothèses, les fruits de la chose, comme nous le verrons dans le chapitre suivant. S'il ne peut restituer la chose en bon état, il sera condamné à une indemnité correspondant à la valeur du préjudice subi par le demandeur.

La théorie des impenses. – Inversement, le possesseur qui doit restituer la chose peut, sous certaines conditions, réclamer le remboursement des impenses, c'est-à-dire des frais engagés pour la conservation ou l'amélioration de la chose. Depuis le premier siècle de notre ère, les impenses sont réparties en trois catégories. Les impenses *nécessaires* sont celles qui ont été engagées pour la conservation de la chose, comme par exemple les frais de réfection de la toiture d'une habitation. Les impenses *utiles* confèrent une plus value à la chose – l'installation d'un nouveau système de chauffage par exemple. Les impenses *voluptuaires*, comme leur nom l'indique, sont seulement destinées à l'agrément du possesseur, qui va par exemple faire couvrir un mur d'une fresque ou aménager une niche pour y placer une statue.

L'idée qui préside à la théorie des impenses est que le demandeur ne peut s'enrichir aux dépens du défendeur. Les impenses nécessaires doivent être remboursées au possesseur, même de mauvaise foi, car il n'a fait que conserver la chose, ce qui est tout bénéfice pour le propriétaire légitime. Les impenses utiles, par contre, ne seront remboursées qu'au possesseur de bonne foi. Telle est, du moins, la solution consacrée par Justinien. Les impenses voluptuaires, quant à elles, ne font l'objet d'aucun remboursement.

Le possesseur contre qui est intentée l'action en revendication dispose, pour s'y opposer, de diverses exceptions. Il peut, selon les cas, invoquer la malhonnêteté du demandeur qui revendique sciemment une chose qu'il a antérieurement vendue ou donnée : c'est l'exception de dol *(exceptio doli)*. Il peut encore invoquer précisément le fait de la vente et de la livraison de la chose, par l'exception de chose vendue et livrée *(exceptio rei uenditae et traditae)* ou vendue et livrée en premier lieu *(exceptio rei prius uenditae et traditae)*, lorsqu'il est en conflit avec un demandeur qui invoque sa qualité d'acheteur. Dans tous les cas, il faut que l'argument soit valable contre le demandeur. Il ne sera d'aucune utilité pour le défendeur d'invoquer un dol si celui-ci n'est pas le fait de son adversaire en justice. On dit, avec raison, qu'une exception a toujours une valeur relative.

Section 2
La propriété bonitaire

La propriété bonitaire porte mal son nom car c'est en réalité une possession, mais cette situation de fait est particulièrement protégée par le préteur. On l'appelle également, pour cette raison, "propriété prétorienne".

1. Notion et origine

La propriété bonitaire est une création du préteur. Du point de vue du *ius ciuile*, le propriétaire bonitaire est seulement un possesseur de bonne foi qui espère devenir propriétaire quiritaire par usucapion.

L'usucapion ("prise par usage") est la prescription acquisitive du droit romain classique. C'est un procédé du droit civil par lequel celui qui exerce de bonne foi une maîtrise de fait sur une chose, en acquiert la propriété civile après une possession continue pendant deux ans pour les immeubles, et pendant un an pour les meubles.

Tant que le délai n'est pas écoulé, le possesseur n'a aucun droit sur la chose. S'il la perd, l'usucapion est interrompue et à supposer qu'il la récupère, il devra recommencer à posséder pendant un ou deux ans. Ce délai est précisément accordé pour permettre au véritable propriétaire de reprendre ou de revendiquer son bien.

Le *ius ciuile* punit le propriétaire négligent en accordant la propriété, après un temps extrêmement court, à celui qui utilise effectivement la chose. Mais tant que le délai n'est pas accompli, le vrai propriétaire peut faire valoir ses droits. Telle est la situation juridique du simple possesseur de bonne foi.

Mais pour des raisons d'équité, le préteur a estimé que dans certaines circonstances, le possesseur de bonne foi devait l'emporter sur le propriétaire et qu'il méritait d'être protégé *erga omnes*, vis-à-vis de tous, même à l'égard du propriétaire civil.

Vente et livraison d'une *res mancipi*. – L'hypothèse qui a inspiré le préteur est la livraison d'une *res mancipi*. C'est l'exemple type indiqué par Gaius, c'est aussi celui qui apparaît dans la formule de l'action en justice. La situation devait être assez fréquente car le vendeur, comme nous le verrons en droit des obligations, est tenu non pas de transférer la propriété, mais uniquement de livrer la chose vendue. Chaque fois que la vente porte sur une *res mancipi* et que le vendeur se contente de la livrer au lieu d'utiliser un mode formaliste, l'acheteur devient donc propriétaire bonitaire – à condition bien sûr que le vendeur ait été lui-même propriétaire. Si le vendeur n'est pas propriétaire, l'acheteur sera un simple possesseur de bonne foi, pour autant qu'il ait cru en l'honnêteté du vendeur.

Par exemple, Primus est propriétaire d'un cheval et en fait cadeau à Secundus. Il le lui cède par simple *traditio*, par une remise de la main à la main, alors que le cheval, *res mancipi*, aurait dû être transféré par un mode formaliste. Secundus ne devient donc pas immédiatement propriétaire, il ne le sera qu'après avoir accompli l'usucapion, qui suppose un an de possession pour les meubles. Dans l'intervalle, Primus est toujours propriétaire et il est fondé, civilement, à intenter la *rei uindicatio*. Mais le préteur est d'avis qu'il serait malhonnête d'invoquer un vice purement formel pour révoquer la donation faite à Secundus. Il accordera l'action mais il la paralysera au moyen d'une exception de dol.

Supposons maintenant que Primus ne soit pas propriétaire. Il croyait sincèrement que le cheval était à lui, et Secundus le reçoit comme tel, mais en fait le cheval appartient à Tertius. Puisque le donateur n'est pas propriétaire, Secundus n'est que possesseur de bonne foi. Il peut usucaper, mais tant que le délai n'est pas écoulé, Tertius est en droit de revendiquer son cheval.

La propriété bonitaire est donc une possession *ad usucapionem* spécialement protégée par le préteur. Civilement, elle est un simple état de fait, mais pour des raisons d'équité, le magistrat considère que cette situation doit être maintenue. Il n'accorde pas le *dominium* – terme réservé à la propriété civile – mais il garantit l'*in bonis esse* ou l'*in bonis habere*, c'est-à-dire la faculté de conserver la chose dans son patrimoine. A cet effet, il use de toutes les ressources de la procédure formulaire et de son pouvoir, créant un jeu d'exceptions en faveur du propriétaire bonitaire, et même une action calquée sur la *rei uindicatio* (l'action qui sanctionne la propriété civile).

2. Les droits du propriétaire bonitaire

Peut-on parler de propriété à propos de cette création prétorienne ? Même si le préteur s'abstient d'utiliser le mot *dominium*, le propriétaire bonitaire dispose pratiquement de tous les avantages de la propriété. Il l'emporte même sur le propriétaire civil, et puisque l'opposabilité *erga omnes* en est une des marques, nous sommes en droit de parler de "propriété bonitaire". Du reste, les juristes romains qui, comme Gaius, se consacrent principalement à l'enseignement, n'hésitent pas à qualifier cette propriété de *dominium*.

Le propriétaire bonitaire a en effet pratiquement tous les avantages de la propriété civile. Sa possession est protégée efficacement contre l'aliénateur et contre les tiers. Il peut utiliser la chose *(uti),* en percevoir les fruits *(frui)* et la modifier ou la détruire. Il peut céder la chose à autrui, la donner en gage, l'hypothéquer ou en disposer par testament.

Enfin, il ne faut pas oublier que la propriété bonitaire est une situation essentiellement transitoire. Si son titulaire conserve effectivement le bien pendant le délai prévu pour l'usucapion, il acquerra de plein droit la propriété civile. Il en résulte que la propriété bonitaire est exclue pour les personnes qui n'ont pas droit à la propriété quiritaire (les pérégrins), sur les biens qui ne sont pas susceptibles de propriété quiritaire (les fonds provinciaux) ou lorsque l'usucapion est impossible, par exemple si le bien a été volé.

3. La protection de la propriété bonitaire

Les moyens spécifiques accordés au propriétaire bonitaire pour se protéger sont des exceptions et une action en justice.

Les exceptions en justice. – Le préteur accorde au propriétaire bonitaire des exceptions pour neutraliser l'action en revendication qui serait intentée par le propriétaire civil ou ses ayants droit.

Ainsi, l'exception de dol peut être utile dans le cas suivant. Primus vend un cheval à Secundus et le lui livre. Jusqu'à l'accomplissement de l'usucapion, Primus est toujours propriétaire civil. S'il est de mauvaise foi, il peut donc intenter la *rei uindicatio*. Le préteur ne peut refuser cette action qui est fondée en droit civil, mais il introduira dans la formule une *exceptio doli* : Primus commet un dol en réclamant une chose qu'il a volontairement livrée. Si Secundus prouve le dol devant le *iudex*, Primus sera débouté.

L'exception de chose vendue et livrée couvre une autre hypothèse. Primus vend un cheval à Secundus et le lui livre. Ensuite Primus vend le cheval une seconde fois à Tertius et lui en transfère la propriété par mancipation. Tertius, qui a acquis la propriété civile, réclame le cheval à Secundus et lui intente la *rei uindicatio*. Ici il n'est pas possible d'opposer l'exception de dol, car on peut supposer que Tertius ignorait la malhonnêteté de son vendeur. Cependant, l'action sera paralysée par une exception établie en fonction du cas particulier, l'exception de chose vendue et livrée. Si Secundus prouve que le cheval lui avait été vendu et livré, Tertius sera débouté. Ce dernier pourra évidemment se retourner contre le vendeur, qui doit le garantir contre l'éviction.

L'action publicienne. – A côté des exceptions, qui ne sont que des moyens de défense, le propriétaire bonitaire dispose également d'une action en justice, l'action Publicienne, créée à la fin de la République par un préteur du nom de Publicius. Dans cette action, le préteur ordonne de condamner le défendeur en justice si le demandeur établit qu'il était un possesseur en train d'usucaper et qu'il serait devenu propriétaire quiritaire s'il avait pu garder la chose pendant deux ou un an.

Cette action peut être intentée par toute personne qui a été dépossédée alors qu'elle remplissait les conditions de l'usucapion. Mais le simple possesseur de bonne foi n'est pas sûr de l'emporter. Normalement, il échoue lorsque celui qui lui a repris la chose en est le véritable propriétaire, car ce dernier pourra lui opposer l'exception de propriété civile. Le propriétaire bonitaire, par contre, est dans une position de force. Il a plus de droit que n'importe quel autre possesseur. Il est protégé *erga omnes*.

4. Les cas d'extension de la propriété bonitaire

Le régime mis en place en faveur de l'acquéreur d'une *res mancipi* livrée par *traditio* a été étendu par la suite à d'autres hypothèses où le préteur a estimé que le possesseur actuel devait être prémuni contre la revendication du propriétaire civil.

L'hérédité prétorienne. – Le préteur a élaboré un système successoral distinct de celui du *ius ciuile*, tant pour la succession *ab intestat* que pour la succession testamentaire. Il n'attribue toutefois pas la qualité d'héritier mais la simple *bonorum possessio*, la disposition effective de la totalité ou d'une partie de l'héritage.

Jusqu'à la fin de la République, la *bonorum possessio* est accordée *sine re* : elle est garantie contre toute personne étrangère à la succession, mais pas contre l'héritier civil. Tant que l'héritier prétorien n'est pas devenu propriétaire par usucapion, il risque donc d'être évincé. C'est pourquoi son droit est qualifié de *sine re* : sans garantie de conserver la chose.

Sous le Principat, l'héritier prétorien peut recevoir la *bonorum possessio cum re* : elle est, dans ce cas, opposable à tous, même à l'héritier civil. Si ce dernier intentait la pétition d'hérédité, il serait repoussé par une exception de dol.

Achat des biens d'un failli. – En droit romain, la faillite s'applique aussi bien au particulier qu'au commerçant. En cas de faillite, le préteur permet aux créanciers de s'emparer des biens du débiteur insolvable. Ces biens sont réunis en une masse, qui est vendue publiquement. Les biens ne sont pas vendus au détail mais attribués en bloc au plus offrant, c'est-à-dire à celui qui offre de rembourser à chaque créancier la quote-part la plus élevée sur les dettes.

Ce procédé de *uenditio bonorum* est une création du droit prétorien. Les créanciers ont reçu un envoi en possession *(missio in possessionem)* pour s'emparer des biens, mais n'en sont pas devenus propriétaires. Par conséquent, ils ne transmettent pas la propriété à l'acheteur, même pas sur les *res nec mancipi*. Toutefois l'acheteur voit sa possession garantie par le préteur, tant à l'égard du failli qu'à l'égard des tiers. Sans cette protection, personne ne prendrait le risque de se porter acquéreur.

Acquisition irrégulière de *res mancipi*. – Dans plusieurs hypothèses, l'acquéreur d'une res mancipi devient seulement propriétaire bonitaire. Il devra usucaper pour couvrir le vice juridique de son acquisition. Ainsi, une *res derelicta*, chose définitivement abandonnée par son propriétaire, est traitée comme un bien sans maître et n'importe qui peut se l'approprier. Mais s'il s'agit d'une *res mancipi* abandonnée, le pouvoir juridique du *mancipium* subsiste tant qu'il n'est pas éteint par l'usucapion d'autrui. La propriété civile n'est acquise qu'après le délai de l'usucapion. Cependant le préteur reconnaît d'emblée à l'occupant la propriété bonitaire.

Il en va de même en cas de transfert d'une *res mancipi* par un non-propriétaire qui en acquiert ultérieurement la propriété civile. Au moment où il opère le transfert de la *res mancipi*, le non-propriétaire ne peut attribuer un droit qu'il n'a pas et, par conséquent, l'acquéreur ne devient pas propriétaire. Par la suite l'aliénateur acquiert la propriété, par héritage ou de toute autre façon. Cette acquisition tardive ne régularise pas l'acte de transfert accompli antérieurement. Théoriquement, le nouveau propriétaire pourrait faire valoir son droit à l'encontre de celui auquel il a aliéné la chose. Mais le préteur s'y opposera, en accordant à l'acquéreur une exception de dol.

Attribution d'autorité par le préteur. – Certains procès ont pour objet une adjudication : partage de succession, sortie d'indivision, règlement des limites entre deux propriétés. Si le procès est fondé sur le *ius ciuile*, le juge a le pouvoir d'attribuer la propriété civile – c'est un des cas de transfert de la propriété *lege*, en vertu de la loi. Mais si le procès est fondé sur le droit honoraire, c'est-à-dire sur l'*imperium* du magistrat, le *iudex* ne peut accorder que la propriété bonitaire.

Règlement du dommage imminent. – Lorsqu'un édifice menace de provoquer un dommage à son environnement *(damnum infectum)*, le voisin qui s'estime en danger peut exiger du propriétaire la *cautio damni infecti*, promesse formelle, garantie par des cautions, d'être dédommagé dans l'éventualité d'un sinistre. En cas de refus, le préteur accorde au voisin un envoi en possession *(missio in possessionem)* qui lui permet d'effectuer les réparations les plus urgentes, aux frais du propriétaire. Si ce dernier ne rembourse pas les dépenses nécessaires qui ont été faites pour son immeuble, le préteur rend un second décret, par lequel il attribue définitivement le bien au voisin *(missio in possessionem ex secundo decreto)*. Cette décision du magistrat ne confère pas la propriété civile mais bien la propriété bonitaire. Il est évidemment fort rare que le propriétaire laisse aller les choses aussi loin : le plus souvent, il préférera procéder lui-même aux réparations indispensables.

Transfert par un propriétaire bonitaire. – Quel que soit le mode de transfert utilisé, le propriétaire bonitaire ne peut jamais conférer que la propriété bonitaire. *Nemo plus iuris transferre potest quam ipse habet* ("Nul ne peut transférer plus de droits qu'il n'en a"). Le temps d'usucapion déjà accompli par l'aliénateur n'est pas pris en considération. L'acquéreur doit recommencer un nouveau terme d'un ou de deux ans pour devenir propriétaire civil. Encore faut-il que deux conditions soient remplies. Le propriétaire bonitaire doit avoir la volonté d'aliéner son bien. A défaut, l'acquéreur serait un simple possesseur, de bonne ou de mauvaise foi selon les cas et le propriétaire pourrait lui intenter l'action publicienne. De plus, l'acquéreur doit être citoyen romain, un étranger ne devenant jamais propriétaire civil.

Disparition de la propriété bonitaire. – La propriété bonitaire était fondée, en grande partie, sur la division entre *res mancipi* et *nec mancipi*. Or cette distinction s'estompe dès la fin du IIIème siècle de notre ère, rendant du même coup cette catégorie juridique inutile. Dans le *Corpus Iuris Ciuilis*, Justinien supprimera complètement la propriété bonitaire.

Section 3
Les propriétés du *ius gentium*

Les pérégrins ne sont jamais propriétaires quiritaires. De même, les citoyens romains ne peuvent pas avoir la pleine propriété sur les fonds de terre provinciaux, tout le sol provincial étant considéré comme la propriété publique du Peuple romain. Dans les deux cas, les Romains admettent néanmoins des formes d'appropriation privée fort proches de la propriété, qui relèvent du *ius gentium*.

Le *ius gentium* désigne, pour les juristes classiques, l'ensemble des institutions qui sont communes aux Romains et aux autres peuples : *quod naturalis ratio inter omnes homines constituit* ("ce que la raison naturelle établit comme règle entre tous les hommes"). A cet égard, la propriété est sans conteste une des notions juridiques les plus largement répandues. Dans la pratique, les règles du *ius gentium*, telles qu'elles sont appliquées par les magistrats romains, s'inspirent toujours plus ou moins du droit romain. Le plus souvent, il s'agit d'un droit romain simplifié et "dénationalisé".

1. La propriété pérégrine

La propriété quiritaire est strictement réservée aux citoyens romains. Les pérégrins n'acquièrent donc jamais le *dominium ex iure Quiritium*, sur quelque chose que ce soit, même si c'est un Romain qui la leur transmet et même si les formes romaines ont été respectées.

Les pérégrins peuvent toutefois devenir propriétaires conformément à leur droit national. Les règles appliquées en la matière seront, dans les provinces, le droit local, supervisé par le gouverneur et à Rome, les dispositions du *ius gentium* élaborées par le préteur pérégrin.

Cette propriété du *ius gentium* est mal connue. Les auteurs romains traitent presque uniquement du droit des citoyens. On sait cependant que le préteur s'est inspiré dans une certaine mesure du *ius ciuile*. Ainsi, il généralise la *traditio* comme procédé de transfert. De même, pour protéger la propriété pérégrine, il crée une action dérivée de la *rei uindicatio*. Sans doute est-ce une action avec fiction : le magistrat ordonne au juge de trancher le litige comme s'il s'agissait d'un citoyen romain.

La propriété pérégrine disparaît virtuellement avec la suppression de la catégorie juridique des pérégrins, suite à l'édit de l'empereur Caracalla qui, en 212 de notre ère, confère le droit de cité à tous les habitants libres de l'Empire. Les seuls pérégrins sont alors les étrangers de passage dans l'Empire et les barbares qui conservent leur statut national.

2. La propriété provinciale

L'*ager publicus*. – Jusqu'au IIème siècle avant notre ère, la plupart des terres conquises en Italie faisaient partie de l'*ager publicus*. Ces territoires étaient considérés, juridiquement, comme la propriété du peuple romain et n'étaient pas susceptibles d'appropriation privée.

Des parcelles de l'*ager publicus* pouvaient toutefois être louées à des particuliers, par l'entremise des censeurs, contre le payement d'un loyer. Ces locations profitaient surtout aux citoyens les plus fortunés et de nombreuses lois tentèrent, mais en vain, de limiter les surfaces attribuées à une même famille. Les concessions étaient faites pour cinq ans. En pratique, elles étaient le plus souvent renouvelées, lorsque le loyer était fidèlement acquitté. L'occupation tendait ainsi à devenir un droit perpétuel, héréditaire et aliénable, mais toujours soumis au payement du loyer au profit de l'Etat.

Les grandes conquêtes du IIème siècle avant notre ère procurèrent à l'Etat romain d'immenses territoires en dehors de l'Italie. Cet afflux de richesses permit de renoncer à la perception du loyer en Italie. De ce fait, les occupants purent se considérer comme véritables propriétaires. A la fin du IIème siècle avant notre ère, toutes les terres italiques sont devenues *res mancipi*, susceptibles de propriété quiritaire.

Le sol provincial. – Les terres situées dans les provinces sont considérées comme la propriété du Peuple romain. Sous l'Empire, on distinguera, pour des raisons administratives, la propriété du *populus* sur les provinces soumises à l'autorité du Sénat et la propriété du Prince sur les provinces dirigées par des fonctionnaires impériaux.

Le droit de l'Etat exclut tout *dominium* dans le chef des particuliers. Ceux-ci n'ont qu'un droit d'occupation, qualifié par Gaius de "*possessio*" ou, à tort, d'usufruit. Mais dans la pratique, la propriété éminente de l'Etat se limite à la perception d'un impôt foncier. Pour le reste, les possesseurs jouissent de tous les attributs de la propriété.

Le régime de cette propriété sans nom diffère cependant sur plusieurs points du *ius* ciuile. Premièrement, le transfert des fonds provinciaux se fait toujours par simple tradition et jamais par les modes formalistes propres au droit civil. Deuxièmement, la prescription acquisitive est exclue car elle est une institution du *ius ciuile*, liée au *mancipium* et à l'acquisition du *dominium*. Troisièmement, le droit du propriétaire n'est pas sanctionné par l'action en revendication mais par une action spécifique.

Disparition de la propriété provinciale. – La réforme fiscale de Dioclétien favorise l'assimilation de la propriété provinciale au "*dominium*". Dioclétien supprime en effet les privilèges de l'Italie et soumet toutes les terres cultivées à un impôt foncier calculé sur base de l'étendue du domaine et du nombre de travailleurs qui y étaient affectés. Cette mesure d'ordre fiscal a pour effet de supprimer toute importance au concept de propriété quiritaire. Une constitution impériale du IIIème siècle de notre ère traite déjà de "*proprietas*" à propos de fonds provinciaux et les lois du Bas-Empire n'hésiteront pas à parler de "*dominium*". Pratiquement, le Droit romain postclassique ne connaissait déjà plus qu'une seule notion de propriété. Cette conception triomphe dans la synthèse de Justinien. Il n'y a plus qu'une propriété unique, *dominium* ou *proprietas*, valable pour tous et pour tous les biens.

Chapitre 9
Acquisition de la propriété

Comment devient-on propriétaire ? Les moyens reconnus par le droit sont multiples. Ils se sont développés de façon empirique. Les juristes romains, soucieux de clarté dans leurs exposés, distinguaient les modes d'acquisition selon qu'ils étaient reconnus par le *ius ciuile* ou par le *ius gentium*.

Les premiers, comme la mancipation ou l'usucapion, sont des modes réservés aux citoyens romains. Ils tendent essentiellement à faire acquérir la propriété quiritaire.

Les seconds, au nombre desquels figurent la tradition et l'occupation, sont des modes non formalistes, accessibles aux pérégrins comme aux citoyens romains. Ils font acquérir, suivant les cas, la propriété quiritaire, bonitaire, provinciale ou pérégrine.

Cette distinction, qui offre une certaine pertinence en droit romain, n'a guère d'importance d'un point de vue historique.

Modes originaires et modes dérivés. – La division moderne est plus logique. On distingue aujourd'hui les modes originaires et les modes dérivés d'acquisition de la propriété.

Les modes originaires sont ceux par lesquels on acquiert initialement la propriété, sans la tenir d'un propriétaire précédent. L'occupation, par exemple, me fait acquérir la propriété sur une chose sans maître, soit parce qu'elle n'en a jamais eu – dans le cas de la chasse ou de la pêche –, soit parce qu'on en a perdu jusqu'au souvenir – si je découvre un trésor.

Les modes dérivés sont ceux qui supposent un transfert de propriété. Littéralement, le droit réel dérive d'une personne vers une autre. Ils se subdivisent en modes dérivés volontaires, quand le transfert se fait seulement si l'aliénateur est d'accord, et en modes dérivés nécessaires, lorsque le transfert est réalisé par la seule volonté de l'acquéreur. Ainsi, la mancipation est un mode dérivé volontaire, puisqu'elle suppose l'accord tant de l'aliénateur que de l'acquéreur, tandis que l'usucapion est un mode dérivé nécessaire. Comme toutes les prescriptions, l'usucapion réalise en effet le transfert de propriété même si le propriétaire initial n'est pas d'accord. Il est certes possible qu'il approuve le transfert, comme nous le verrons, mais le plus souvent, nous sommes face à un conflit entre un propriétaire et un possesseur, et la prescription a pour effet de protéger le possesseur au détriment du propriétaire initial.

Section 1
Les modes dérivés volontaires

Mode de transfert et cause du transfert. – Avant toute chose, il importe de bien distinguer le mode de transfert proprement dit et sa cause. Nous vivons sous l'empire du Code civil qui, pour des raisons qui tiennent à l'histoire autant qu'à des impératifs pratiques, accepte que certains contrats puissent, par eux-mêmes, transférer la propriété. C'est le cas notamment pour la vente, qui fait acquérir la propriété de plein droit à l'acheteur dès que les parties ont réalisé leur accord, comme le précise l'article 1583. Le seul consentement permet donc le transfert d'un droit réel, même si la chose sur laquelle porte ce droit n'a pas encore été livrée. En quelque sorte, la vente, aujourd'hui, est à la fois le mode par lequel on transfère de la propriété et la cause de ce transfert.

Il n'en va pas de même en droit romain. La vente, comme d'autres contrats, engendre uniquement des obligations. L'acheteur a un droit de créance à l'égard du vendeur mais n'a aucun droit sur la chose. Il n'aura la propriété que lorsque le vendeur, en exécution de son obligation, lui aura transféré le droit par un mode approprié. La vente est une cause de transfert de propriété, mais il faut y ajouter un mode adéquat, qui seul réalise ce transfert.

Chronologie des modes de transfert. – Une deuxième remarque préalable concerne l'ancienneté relative des différents modes de transfert. Le droit romain classique connaît trois modes volontaires de transfert : deux modes formalistes du *ius ciuile*, la mancipation et l'*in iure cessio*, et un mode non formaliste du *ius gentium*, la *traditio*. D'après une opinion assez répandue, la forme la plus ancienne serait la mancipation, antérieure même à la fondation de la Cité. Elle aurait été complétée par l'*in iure cessio*, procès fictif qui suppose l'intervention d'un magistrat. La *traditio*, mode du *ius gentium*, serait d'introduction plus récente.

Cette théorie ne peut pas être retenue. La *traditio* est le mode de transfert ordinaire des *res nec mancipi* et il n'est pas concevable qu'il n'y ait eu, à l'origine, aucun moyen d'acquérir ces choses. En réalité, il n'est pas question, en droit ancien, de trois modes d'acquisition d'une même propriété. Les trois procédés ont eu initialement des fonctions différentes. La mancipation sert à acquérir un pouvoir – le *mancipium* – sur certains être libres et sur les *res mancipi*. L'*in iure cessio* tend à faire reconnaître en justice que telle chose est mienne, tandis que la *traditio* est une simple remise matérielle qui fait acquérir une domination de fait.

Pour les *res nec mancipi*, non soumises à l'idée de puissance, ce pouvoir de fait correspond à une certaine notion, encore fruste, de la propriété. La notion unique de propriété, appliquée à toutes les choses, se développe vers le IIème siècle avant notre ère. A ce moment seulement, on pourra dire que la mancipation transfère le *dominium* sur les *res mancipi* et que la *traditio* fait acquérir le *dominium* sur les *res nec mancipi*.

1. La mancipation

En vigueur durant toute l'époque classique, la mancipation est le procédé normal pour transférer la propriété sur les *res mancipi*. Au Bas-Empire, le nom subsiste mais le rite n'est plus accompli. Les aliénations importantes se font le plus souvent par un acte écrit, où l'on se contente de mentionner la mancipation. Justinien supprime la distinction entre *res mancipi* et *nec mancipi*, et abroge du même coup la mancipation.

Procédure. – Pour que la mancipation produise ses effets juridiques, elle suppose le respect de certains rites, accomplis en présence de l'aliénateur, de l'acquéreur, de cinq témoins, citoyens romains, et d'un autre personnage de même condition qui tient une balance d'airain.

La chose à acquérir doit être présente ou, si elle est trop volumineuse, représentée par un élément symbolique. L'acquéreur, saisissant la chose, prononce la formule : "J'affirme que cette chose est à moi en vertu droit des Quirites; qu'elle soit achetée pour moi par cette pièce d'airain et par cette balance d'airain". La formule permet de distinguer deux éléments : l'affirmation du droit de propriété et la cause justifiant cette prétention (la vente). Ayant prononcé la formule, l'acquéreur frappe la balance avec la pièce d'airain, qu'il remet ensuite à l'aliénateur comme symbole du prix de l'objet.

Dans certains cas, l'aliénateur ajoute une déclaration orale par laquelle il apporte des précisions relatives à l'objet transféré. Par exemple, l'aliénateur d'un terrain peut se réserver un droit de passage, lui permettant d'avoir accès à un autre terrain dont il reste propriétaire. De même, l'aliénateur d'une maison peut préciser qu'il s'en réserve l'usufruit jusqu'à sa propre mort.

Il ne fait pas de doute que la mancipation a été, à l'origine, une vente réelle avec payement au comptant, effectué au moyen de lingots de bronze qu'il fallait peser. L'apparition d'espèces monnayées a rendu la pesée superflue, mais le cérémonial s'est maintenu comme un procédé destiné à marquer symboliquement le transfert de la propriété.

Conditions. – Seules les personnes ayant le droit d'acquérir la propriété quiritaire peuvent utiliser la mancipation. Ensuite, le rite suppose que les deux parties soient présentes. Enfin, l'objet doit être une *res mancipi.*

A l'époque classique, il n'est plus nécessaire d'indiquer la cause de la mancipation. Elle est devenue un acte abstrait, qui ne mentionne plus pour quel motif on procède à ce transfert de propriété. Les raisons peuvent être différentes : en exécution d'un contrat de vente ou, au contraire, à titre gratuit – donation, constitution de dot, exécution d'un legs. Le bien peut également être cédé temporairement, par exemple en dépôt ou en prêt, à charge pour l'acquéreur de le restituer plus tard par une nouvelle mancipation.

Effets juridiques. – La mancipation a deux effets, qui sont de transférer la propriété et de créer, à charge de l'aliénateur, une obligation de garantie contre l'éviction.

En droit ancien, l'effet spécifique de la mancipation est de conférer le *mancipium* sur les choses ou les personnes soumises à cette puissance. En droit classique, la mancipation fait acquérir la propriété quiritaire sur les *res mancipi.* Cette acquisition est immédiate : le rite formaliste a un effet automatique et les parties ne peuvent insérer dans l'acte ni terme, ni condition, qui auraient pour effet de retarder ou de suspendre le transfert de propriété.

La mancipation implique, de la part de l'aliénateur, une garantie, qui est liée au concept d'*auctoritas*. D'une manière générale, l'*auctoritas* est l'autorité morale que confère le *mancipium*. Celui qui transfère sa puissance dans la mancipation couvre l'acquéreur de son autorité. Il approuve ce que fait l'acquéreur et, par là, il engage sa responsabilité. Cette approbation a des conséquences pratiques. L'acquéreur est prémuni contre toute revendication de la part des personnes qui ont assisté à l'acte. De plus, en cas de réclamation de la part d'un tiers, l'acquéreur peut sommer l'aliénateur de le défendre en justice. S'il perd le procès, il est "évincé" et peut réclamer à l'aliénateur le double de la valeur de la chose.

2. L'*in iure cessio*

Procédure. – L'*in iure cessio* se déroule sous la forme d'un procès fictif. L'aliénateur et l'acquéreur se présentent devant le magistrat, et l'acquéreur prononce la formule de revendication : "Je prétends que cette chose est à moi en vertu du droit des Quirites". Son adversaire, qui pourrait contester cette fausse allégation, se tait. Le magistrat ne peut que constater le bien-fondé de la demande, et il adjuge la chose à celui qui a fait la revendication. Le droit de propriété de l'acquéreur est ainsi affirmé publiquement.

Mais le côté factice de ce procès est évident et nul n'en est dupe, pas même le magistrat. Aussi la procédure a-t-elle été simplifiée par rapport à une action en revendication ordinaire. Par exemple, on n'utilise pas la baguette avec laquelle les plaideurs touchent l'objet litigieux dans l'action en revendication, au moment où ils affirment leur droit. Cette baguette, vestige de la lance, est le symbole du défi que se lançaient les parties. Son absence montre bien qu'il n'y a pas de lutte véritable. L'*in iure cessio* est considérée comme un acte de juridiction *gracieuse*, par opposition à la juridiction *contentieuse*.

Effets juridiques. – L'*in iure cessio* est utilisée pour transférer la propriété civile sur les *res mancipi* comme sur les *res nec mancipi*. Pour les *res mancipi*, le rite pouvait paraître plus simple que la mancipation, qui exigeait la présence de cinq témoins. Pour les *res nec mancipi* en revanche, il est vraisemblable qu'on ne dérangeait le magistrat que si l'objet en valait la peine.

Par la forme utilisée – une décision du magistrat –, la propriété est établie de façon définitive à l'encontre de l'aliénateur. Envers les tiers, elle est également établie, en raison du caractère public et officiel de cette intervention. Mais la décision n'est pas opposable au véritable propriétaire, dans l'hypothèse où l'aliénateur ne l'était pas.

Contrairement à la mancipation, l'*in iure cessio* n'offre pas de garantie contre l'éviction. L'aliénateur ne couvre pas l'acquéreur de son autorité. Un acheteur prudent veillera donc à obtenir des garanties suffisantes de son contractant, comme nous le verrons en étudiant le contrat de vente.

L'*in iure cessio* suppose que le magistrat ait une disponibilité suffisante et accepte de participer à des actes juridiques privés. Cette proximité du magistrat avec les citoyens n'existe plus au Bas-Empire, ce qui explique la disparition de l'*in iure cessio*. On n'en trouve plus trace à partir de Dioclétien.

3. La *traditio*

La *traditio* est un mode non formaliste de transfert de la propriété, qui consiste essentiellement en une remise matérielle de la chose, avec l'intention de céder la propriété.

Les applications de la *traditio* sont multiples en droit classique. Elle permet aux citoyens d'acquérir la propriété quiritaire sur les *res nec mancipi*, la propriété bonitaire sur les *res mancipi* et la propriété provinciale sur les fonds provinciaux. De plus, la *traditio* est un mode du *ius gentium*, qui permet aux non-romains d'acquérir la propriété pérégrine.

Les deux éléments de la tradition. – La *traditio* est, par définition, un acte matériel : la remise de la chose. Mais cela ne suffit pas, car on peut remettre un bien sans avoir pour autant l'intention d'en transférer la propriété. Il en va ainsi, par exemple, dans le dépôt, le commodat ou le gage. Pour réaliser le transfert de propriété, la *traditio* requiert donc, en plus de la remise de la chose, un élément intentionnel, la *iusta causa*.

La *iusta causa* est un élément à la fois intentionnel et juridique. Pour que la cession de la possession opère le transfert de la propriété, il faut une volonté concordante, d'aliéner dans le chef de l'aliénateur et d'acquérir dans le chef de l'acquéreur. Cet élément d'ordre psychologique est la *causa*.

La *causa* ne s'identifie pas avec le motif qui justifie l'intention de transférer la propriété. On peut aliéner un bien pour s'acquitter d'une obligation – livraison de marchandises vendues, exécution d'un legs – ou dans l'espoir d'obtenir une contrepartie, ou encore dans une intention libérale – donation, constitution de dot. Ces motifs pourront servir à prouver l'existence de la *causa*, mais cette dernière n'est rien d'autre que l'intention qui accompagne la remise matérielle. Par conséquent, si je remets un bien en exécution d'une obligation imaginaire, je transmets bien la propriété, car j'ai eu incontestablement l'intention de le faire, même si c'est à la suite d'une erreur antérieure.

Il ne suffit pas qu'il y ait une *causa*, encore faut-il qu'elle soit *iusta*. Remarquons immédiatement que cette notion n'a aucune dimension éthique. Elle signifie seulement que la *causa traditionis* doit être reconnue par le droit. C'est en ce sens qu'elle est *iusta* : juridiquement correcte.

En d'autres termes, le transfert voulu par les parties doit être licite. Par exemple, le droit romain interdit les donations entre époux. Une tradition effectuée pour réaliser une telle donation ne fait pas acquérir la propriété.

En conclusion, pour que la *traditio* constitue un acte de transfert de la propriété, il faut une cession de la possession, l'intention d'aliéner et d'acquérir et un acte juridique licite, comme une vente ou une donation admise par le droit.

Les quatre cas de tradition fictive. – La remise de la chose suppose normalement un acte d'appréhension matérielle. Il faut un contact physique avec la chose. Mais cette notion de remise matérielle doit être interprétée largement. Les juristes admettent, à l'époque classique, qu'il y ait prise de possession sans saisie matérielle de l'objet. Ce sont les quatre hypothèses de tradition fictive, qui permettent, comme la tradition ordinaire, de devenir propriétaire ou à tout le moins possesseur de la chose.

Premièrement, lorsqu'un objet est trop volumineux, d'un accès difficile ou que son contact offre certains désagréments, on peut se contenter de le désigner. Mais il ne suffit pas de le décrire en paroles, il faut se trouver à proximité de l'objet et le montrer expressément. Ainsi, l'acquéreur d'un terrain boueux ou inondé peut, depuis la route, désigner la parcelle dont il prend possession. L'acquéreur peut aussi monter sur une colline ou sur une tour et montrer les limites de son domaine. Pour qualifier cette hypothèse, les juristes du Moyen Age parlent de *traditio longa manu* ("tradition de longue main") parce que la main, instrument normal de la prise de possession, est comme prolongée jusqu'aux limites du champ visuel.

Deuxièmement, l'acquisition peut se réaliser à distance par la remise d'un objet qui symbolise le pouvoir de disposer de la chose principale. Ainsi, la remise des clés d'une maison marque le droit de disposer de la maison elle-même. De même, la cession des clés d'un grenier ou d'un cellier fait avoir directement la possession du blé ou du vin qui y est enfermé. C'est la tradition symbolique.

Troisièmement, il se peut que la livraison effective ne soit pas possible, simplement parce que l'acquéreur a déjà la chose en main, par exemple s'il en était antérieurement locataire ou emprunteur. Il serait absurde d'exiger que l'acquéreur remette d'abord la chose à l'aliénateur pour que celui-ci puisse la lui livrer et réaliser ainsi le transfert de propriété. Le transfert de la chose se réalise de façon fictive, par une simple déclaration. Au Moyen Age, cette tradition fictive a été appelée *traditio breui manu* ("tradition de brève main").

Quatrièmement, un problème similaire peut se poser lorsque l'aliénateur désire effectivement conserver la chose pendant un certain temps : il la vend parce qu'il a besoin d'argent ou parce qu'il a trouvé un bon acheteur, mais il la reprend en location ou en prêt de l'acquéreur. Théoriquement, l'aliénateur devrait livrer la chose en exécution de la vente, pour la récupérer aussitôt en qualité de locataire ou d'emprunteur. Il est évidemment plus simple de laisser la chose où elle est et de prévoir une convention où les parties reconnaissent que la livraison a eu lieu et que le bien a été donné en location. Cette convention a été appelée "constitut possessoire" à l'époque moderne.

Assez rapidement, le constitut tend à devenir un simple artifice, permettant de réaliser un transfert de possession sans déplacement matériel. L'acquéreur cède le bien en location ou en usufruit pour quelque temps à l'aliénateur, qui garde la chose en tant que détenteur. De son côté, l'acquéreur devient lui-même possesseur et, éventuellement, propriétaire.

Le constitut possessoire a joué un rôle déterminant dans l'histoire de la vente. La vente romaine, comme telle, ne transférait pas la propriété. Elle impliquait seulement l'obligation de livrer la chose et la propriété n'était acquise à l'acheteur qu'au moment de la tradition ou du transfert formaliste par mancipation ou *in iure cessio*. Dans la pratique médiévale, la plupart des actes de vente ont été assortis de la clause de constitut possessoire : l'acheteur pouvait ainsi devenir propriétaire dès la conclusion du contrat. Cette clause habituelle a fini par être intégrée au contrat lui-même, et c'est ainsi qu'en droit français la vente est devenue, par elle-même, translative de propriété, comme le précise l'article 1583 du Code civil : "La vente est parfaite entre les parties, et la propriété est acquise de droit à l'acheteur à l'égard du vendeur, dès qu'on est convenu de la chose et du prix, quoique la chose n'ait pas encore été livrée ni le prix payé".

Les effets de la tradition. – En principe, la *traditio* qui remplit les conditions précitées transfère immédiatement la propriété. Mais cet effet peut être retardé ou mis en suspens. Contrairement aux modes formalistes comme la mancipation et *in iure cessio* dont les effets sont toujours automatiques, la *traditio* peut être assortie d'un terme ou d'une condition suspensive. Une telle modalité est admise précisément parce que l'élément intentionnel est prépondérant. En pareil cas, la *traditio* ne fait acquérir la propriété que lorsque le terme est échu ou que la condition est réalisée.

Par exemple, dans la vente, il est possible de convenir du fait que la livraison de la marchandise ne donnera la propriété à l'acheteur qu'au moment où le prix aura été payé ou lorsque des garanties suffisantes seront offertes.

La *traditio* devient l'unique mode dérivé volontaire de transfert sous Justinien, l'*in iure cessio* ayant disparu depuis le IIIème siècle de notre ère et la mancipation perdant tout intérêt par la suppression de la distinction entre *res mancipi* et *res nec mancipi*. Elle permet d'acquérir dans tous les cas la propriété civile, puisqu'il n'y a plus qu'une seule sorte de propriété.

Justinien reste cependant fidèle à la distinction classique entre la convention qui fonde le transfert de propriété et la *traditio* qui le réalise.

Section 2
Les modes dérivés nécessaires

Dans certains cas, la propriété est transférée d'un propriétaire à un autre en dehors de la volonté de l'aliénateur. On parle, pour cette raison, de mode *nécessaire* de transfert. Par exemple, en droit public, l'expropriation a pour effet de transférer la propriété sur certains biens à l'Etat ou à d'autres personnes morales. Des mécanismes similaires existent également en droit privé. Ce sont les prescriptions.

Partout et toujours, un usage prolongé ou une situation stable ont tendance à recevoir une consécration juridique, une légitimité plus ou moins forte. S'il n'a pas pour fonction première de décrire la réalité, le droit ne peut pas la négliger pour autant. Dès lors, on passe tout naturellement de ce qui est à ce qui doit être ? Il en résulte que des situations de fait, autant par conformisme que par besoin de sécurité, deviennent peu à peu des situations de droit ou, du moins, reçoivent une consécration telle qu'elles ne pourront plus être contestées.

Tel est le rôle des *prescriptions* qui, en droit des biens, vont donner l'avantage au possesseur, à celui qui exerce effectivement la maîtrise sur un bien, mais en entraînant le risque de nuire au propriétaire, dépossédé contre sa volonté. Comment justifier pareille institution, contraire en apparence à la justice ?

Elle se justifie d'abord par l'intérêt général. Aucune société – et surtout pas celles où la production agricole constitue l'activité économique essentielle – n'a intérêt à laisser à l'abandon des terres cultivables. Si le propriétaire en titre s'en désintéresse, tant pis pour lui. Il est plus opportun de donner la terre à celui qui la met effectivement en valeur et contribue à augmenter la production des ressources alimentaires.

Qu'elle s'applique aux meubles ou aux immeubles, la prescription se justifie également par des motifs d'ordre public. Il n'est pas opportun de laisser subsister trop longtemps l'incertitude quant au titre de propriété que peut prétendre avoir un acquéreur de bonne foi. La prescription, dans certaines limites, permet d'empêcher que l'on conteste des situations acquises.

De plus, certaines prescriptions, grâce à leur délai assez court, peuvent être utilisées comme un mode ordinaire d'acquisition de la propriété, non seulement à l'insu du véritable propriétaire, mais même avec son approbation. C'est le cas en droit romain, qui exige bien souvent une procédure formaliste pour acquérir la propriété de certains biens. Il est plus facile de se dispenser de ces formalités et de compter sur la prescription, qui procurera le même résultat juridique.

Enfin et surtout, la prescription est un mécanisme qui a l'avantage de simplifier considérablement la question de la preuve de la propriété. Preuve diabolique que celle-là, pour reprendre l'expression des commentateurs médiévaux. Si l'on admet le principe selon lequel nul ne peut transférer plus de droits qu'il n'en a, il est évident qu'un acquéreur d'un bien n'en devient propriétaire que si l'aliénateur l'était lui-même. Il est infiniment plus facile de prouver sa possession, simple situation de fait, pendant un temps déterminé, que de devoir remonter à l'origine du bien pour démontrer que toutes les transmissions le concernant ont été régulières.

Il n'empêche que les prescriptions posent un problème aigu au regard de l'éthique, parce qu'elles ont pour effet éventuel de priver quelqu'un de son droit. Elles ont suscité de nombreuses questions, notamment celle de savoir si la prescription est de droit naturel ou constitue une institution purement civile. Nonobstant la prescription, une obligation civile subsiste-t-elle toujours sous la forme d'une obligation naturelle ? Oui, car le débiteur qui reconnaît l'existence d'une obligation naturelle et s'engage à l'honorer ne pourra pas se dédire. S'il s'exécute volontairement, il ne pourra pas réclamer le remboursement de ce qu'il a payé. Sans doute ne devait-il pas payer au regard du droit civil, mais son geste n'est pas sans fondement puisqu'il a fait ce que la morale naturelle lui dictait de faire.

1. L'usucapion

En droit romain classique, l'institution essentielle en la matière est l'*usucapion*, prescription acquisitive de courte durée qui permet d'acquérir la propriété civile par une possession continue d'un an sur les meubles ou de deux ans sur les immeubles.

Institution du *ius ciuile*, réservée aux citoyens romains, l'usucapion sert à couvrir le vice dont l'acquisition est atteinte, qu'il s'agisse d'un vice de fond, comme l'achat d'un bien à un non-propriétaire, ou d'un vice de forme, comme le fait de ne pas avoir utilisé le mode adéquat pour acquérir le bien. Remarquons à ce propos que l'on peut parfois décider de laisser jouer l'usucapion pour éviter de devoir recourir à une mancipation, par exemple, et obtenir le même résultat juridique sans se fatiguer.

Pour les meubles, le délai est d'un an. Cette durée, qui est de règle dans d'autres mécanismes comme le mariage par *usus*, c'est-à-dire par cohabitation, correspond à une réalité vécue, un an étant la durée du cycle des saisons. Il peut paraître fort bref, mais s'explique par le fait que Rome était à l'époque une ville de faible étendue où les relations sociales étaient serrées. Si un tiers s'emparait du bien d'autrui, le véritable propriétaire en était rapidement informé et pouvait réagir dans ce délai.

De plus, la brièveté du délai s'explique par les fonctions de l'usucapion, qui sont de confirmer un droit de propriété et servir d'instrument de preuve. Quelqu'un dont l'origine du droit est douteuse, par exemple parce que son auteur n'était peut-être pas propriétaire, pourra échapper à toute contestation ultérieure en invoquant l'usucapion. Encore faut-il, pour atteindre cet objectif, qu'on ne lui demande pas de patienter de longues années ! Du reste, même un propriétaire certain de la régularité de son acquisition peut trouver plus facile d'invoquer l'usucapion plutôt que de prouver qu'il a acquis le bien par un mode régulier.

Conditions. – L'usucapion est une prescription acquisitive soumise à des conditions assez strictes. Il faut que la chose soit susceptible d'usucapion, l'écoulement du délai, la *bonne foi* et le *juste titre* dans le chef de celui qui invoque la prescription.

Premièrement, l'usucapion, qui est un mode du *ius ciuile*, ne peut porter que sur des choses susceptibles de propriété civile. Sont donc exclus les fonds de terre non-italiques et les choses extra-patrimoniales. Il faut en plus que la chose soit aliénable librement. Ainsi, depuis Auguste, les immeubles dotaux ne peuvent être aliénés sans le consentement de la femme. De même, les tuteurs ne peuvent pas aliéner les immeubles des impubères sans l'autorisation du magistrat et certains biens d'Eglise, au Bas-Empire, sont également rendus inaliénables.

Dès le départ, si le bien a été volé, l'usucapion est impossible. Le voleur, évidemment, ne peut pas prescrire le bien, car il n'est pas de bonne foi. Mais l'interdiction vaut également pour tout acquéreur ultérieur, aussi longtemps que la chose n'est pas retournée entre les mains de son propriétaire.

Cette restriction importante est maintenue à l'époque classique et connaît même des extensions, d'abord parce que la notion de vol, pour les juristes romains, englobe celle d'abus de confiance; ensuite parce qu'on étend l'interdiction au cas des immeubles occupés par violence.

En droit romain, la propriété a donc une valeur supérieure et passe avant la possession dans la mesure où le véritable propriétaire, s'il y a eu vol, pourra toujours revendiquer son bien. Cette solution, il faut le noter, est contraire à celle que développera le droit coutumier médiéval, qui privilégie la maîtrise matérielle ou *saisine*. Celle-ci est protégée après un an et un jour, pour autant qu'elle soit paisible et publique, même s'il y a eu vol antérieurement.

Entre ces deux conceptions, le Code Napoléon établira une espèce de compromis que l'on retrouve à l'article 2279. Le propriétaire, en cas de vol ou de perte, se voit reconnaître un droit de suite, mais seulement pendant trois ans. Après ce délai, le possesseur de bonne foi, s'il a un juste titre, est définitivement protégé. S'il n'y a eu ni vol ni perte, l'acquisition de la propriété est immédiate dans le chef du possesseur de bonne foi.

Deuxièmement, la possession de la chose doit être conservée pendant tout le délai requis, soit un an pour les meubles et deux ans pour les immeubles. Elle ne peut pas être interrompue. La perte réelle de la possession prive l'usucapant de tout le bénéfice du délai déjà accompli. S'il récupère ultérieurement le bien, il devra recommencer un nouveau terme.

Mais les Romains ne tiennent compte que de l'interruption de fait. Ils ignorent l'interruption civile, qui résulte de ce qu'un tiers émet une prétention juridique sur la chose, par exemple en intentant une action en revendication.

Troisièmement, il faut que l'acquéreur soit de bonne foi au moment où il a reçu la possession de la chose. La bonne foi est un élément d'ordre psychologique. C'est la conviction d'agir sans léser autrui, le sentiment d'avoir un comportement correct. On devine qu'elle est le plus souvent impossible à prouver. C'est pourquoi une présomption a été établie : tout individu est présumé de bonne foi jusqu'à preuve du contraire.

Cette condition ne doit être remplie qu'au moment de l'entrée en possession. Si l'acquéreur apprend ultérieurement qu'un autre est propriétaire, il peut continuer à usucaper : *Mala fides superueniens non nocet* ("la mauvaise foi qui survient par après ne nuit pas").

Quatrièmement, il faut un juste titre, un *titulus* correct. Le juste titre est un élément objectif : un événement, un acte juridique ou une décision judiciaire, qui justifie l'entrée en possession. Les plus fréquents sont la vente, la donation et l'héritage.

Le plus souvent, l'usucapion est liée à une *traditio*, à une remise non formaliste d'une *res mancipi* ou à la livraison d'une chose quelconque par un non propriétaire. Prenons l'exemple d'une chose vendue et livrée par quelqu'un qui n'en est pas propriétaire. La vente est normalement une *iusta causa traditionis* et confère à la *traditio* le caractère d'un acte translatif de propriété. Mais si l'aliénateur n'est pas propriétaire, l'acquéreur ne le devient pas non plus. La vente constituera le juste titre qui lui permettra de devenir propriétaire par usucapion. On dira de cet acquéreur qu'il usucape *pro emptore*, en qualité d'acheteur.

De même, l'acquéreur peut usucaper *pro donato* (à la suite d'une donation), *pro dote* (biens remis en dot), *pro legato* (en exécution d'un legs), *pro soluto* (à la suite d'un payement), etc.

L'usucapion est également possible sans qu'il y ait eu tradition, chaque fois que quelqu'un s'empare d'un bien avec un motif légitime. Celui qui trouve une chose et qui la croit abandonnée par son propriétaire usucape *pro derelicto* (chose à l'abandon). L'héritier qui recueille un bien dans l'idée qu'il fait partie de la succession usucape *pro herede* (comme héritier).

Il existe même une usucapion *pro suo* : pour les biens qui ont pris naissance dans le patrimoine du possesseur, en particulier pour les fruits et les produits. Par exemple, si quelqu'un achète de bonne foi des moutons volés, ceux-ci ne seront jamais usucapés, précisément à cause du vol. Mais la laine et le croît de ces animaux constituent des choses distinctes, que le possesseur usucape *pro suo*.

2. Les prescriptions de longue durée

A la fin de l'époque classique apparaissent deux prescriptions de longue durée, dont l'existence se justifie par les restrictions apportées à l'usucapion.

D'une part, l'usucapion ne pouvait pas s'appliquer aux terres situées en province puisque ces dernières restent la propriété de l'Etat romain, ce qui explique la nécessité d'une prescription équivalente pour ces fonds : c'est la prescription de long temps, *praescriptio longi temporis*.

D'autre part, l'exigence de la bonne foi et du juste titre peut se justifier, mais va à l'encontre de l'impératif de sécurité. Il faut bien, après un certain temps, éviter toute contestation relative à la possession, quelle que soit l'irrégularité de départ. Pour que le système soit complet et opérationnel, il doit exister une prescription extinctive, dite *praescriptio longissimi temporis* ou prescription de très long temps.

Le terme "prescription" provient de la procédure formulaire, où le préteur ajoutait parfois, en tête de la formule (*prae - scribere*) une clause limitant la portée du procès. Une de ces clauses ordonnait au *iudex* de s'abstenir de juger si le litige remontait au-delà d'une certaine date. Le mot s'est spécialisé dans ce sens et on a fini par appeler "prescription" – acquisitive ou extinctive – le procédé par lequel un droit est acquis ou perdu après l'écoulement d'un délai déterminé.

La prescription de long temps. – Apparaissant pour la première fois au IIème siècle de notre ère, la *praescriptio longi temporis* concerne au départ les possesseurs de fonds de terre provinciaux et sera ensuite étendue aux pérégrins pour tous leurs biens. C'est, précisément, non une prescription acquisitive puisqu'il ne s'agit pas de devenir propriétaire civil, mais un simple moyen de défense, qui permet à son bénéficiaire de s'opposer à l'action en revendication du propriétaire civil. Mais elle ne confère aucun droit au possesseur, pas plus qu'elle n'éteint le droit du propriétaire.

Pour bénéficier de cette prescription, il faut, comme pour l'usucapion classique, être de bonne foi et avoir un juste titre. Les délais, en revanche, sont beaucoup plus longs. Ils sont fixés à dix ans si le propriétaire et le possesseur résident dans la même province, vingt ans dans le cas contraire.

Cette prescription de long temps connaît à la fois la suspension et l'interruption. Elle pose également le problème de la jonction des possessions.

Il y a interruption naturelle de la prescription lorsque le possesseur perd la maîtrise de la chose. Si le possesseur retrouve ultérieurement la maîtrise sur la chose, il devra recommencer à prescrire. L'interruption civile, par contre, résulte d'un procès intenté par le véritable propriétaire contre le possesseur. La prescription est interrompue, mais cette interruption n'a de signification que dans l'hypothèse où le possesseur perd le procès et doit livrer la chose au demandeur. Dans le cas contraire en effet, on fait comme s'il ne s'était rien passé.

En revanche, la suspension de la prescription diffère de l'interruption en ce sens qu'une fois sa cause disparue, le délai ne recommence pas à zéro. On peut donc additionner le délai qui était déjà écoulé avant la suspension et celui qui recommence à courir après la suspension.

Quelles sont les causes admises de suspension ? A partir de Dioclétien, la suspension de la prescription a été introduite en faveur des mineurs, comme de ceux qui sont absents pour cause de service public. Tant qu'ils sont mineurs ou absents, on ne peut pas prescrire contre ces propriétaires. Mais dès leur retour ou leur majorité, la prescription recommence à courir contre eux.

La jonction des possessions pose la question de savoir si un possesseur, pour arriver au délai de dix ou vingt ans, peut ajouter à sa possession celle d'un possesseur précédent. Il faut distinguer deux hypothèses. Si le deuxième possesseur succède au premier à titre particulier ("ayant cause particulier"), par exemple comme acheteur, il doit être de bonne foi, comme le premier a dû l'être. En revanche, si le second possesseur succède au premier à titre universel ("ayant cause universel"), par exemple comme héritier, il continue en quelque sorte la personnalité du premier. Il suffit alors que ce premier possesseur ait été de bonne foi au départ de la possession.

La prescription de très long temps. – Au Bas-Empire apparaît une nouvelle forme de prescription, au profit de celui qui a possédé pendant quarante ans. La *praescriptio longissimi temporis* n'exige ni juste titre, ni bonne foi. On pouvait donc l'invoquer lorsque les conditions requises pour l'usucapion n'étaient pas remplies.

Cette prescription est extinctive. Elle supprime définitivement les droits que le propriétaire a négligé de faire valoir pendant quarante ans, mais elle ne fait pas acquérir la propriété. La possession est simplement confirmée par l'extinction des actions du propriétaire. En pratique cependant, il n'y a guère de différence, puisque le possesseur est à l'abri d'une revendication du propriétaire.

Le délai de la prescription de très long temps a été ramené à trente ans par Théodose II, en 424 de notre ère.

3. La synthèse du droit de Justinien

L'usucapion classique permettait de devenir propriétaire d'un meuble ou d'un immeuble, à condition d'être de bonne foi et d'avoir un juste titre, par une possession d'un ou de deux ans. Justinien conserve cette prescription, mais la réserve aux meubles et porte le délai à trois ans. Surtout, il maintient l'interdiction de prescrire une chose volée.

Pour les immeubles, Justinien maintient la prescription de long temps, pour laquelle il faut être de bonne foi, avoir un juste titre et une possession de dix ou vingt ans pour devenir propriétaire, selon que les deux parties habitent ou non la même province. Appelée simplement *praescriptio*, elle a un effet acquisitif.

Enfin, Justinien maintient la prescription de très long temps *(longissimi temporis)*, qui s'applique à tous les biens, tous les droits et toutes les actions en justice. Elle a toujours au moins un effet extinctif et ne requiert pour cela ni bonne foi ni juste titre. Son délai est de trente ans. S'il s'agit de biens appartenant à l'Eglise, le délai est de quarante ans, voire de cent ans pour les biens de l'Eglise de Rome.

Section 3
Les modes originaires

On parle d'acquisition originaire de la propriété lorsqu'une chose qui n'appartient à personne devient, régulièrement, la propriété de quelqu'un. Il peut s'agir d'un bien qui, antérieurement, n'a jamais eu de propriétaire, d'une chose nouvelle ou encore d'un objet dont le propriétaire n'est plus identifiable. Dans ces différents cas, l'acquéreur ne tire pas son droit d'un transfert volontaire ou involontaire de la propriété mais il est considéré juridiquement comme le propriétaire originaire de la chose.

Les principaux cas d'acquisition originaire sont l'occupation d'une *res nullius*, l'accession sous ses différentes formes, la spécification et l'acquisition des fruits. Aux yeux des juristes romains, ces différents modes d'acquisition paraissent relever d'une espèce de raison naturelle, ce qui explique leur utilisation par les citoyens comme par les pérégrins.

1. L'occupation

Au sens technique du terme, l'occupation est l'appréhension d'une chose sans maître (*res nullius*) avec l'intention d'en devenir propriétaire. La prise de possession des terres vierges et la capture des animaux sauvages en sont les exemples les plus caractéristiques. Ces cas d'appropriation directe devaient être fréquents dans la société primitive et les juristes romains ont sans doute raison d'y voir le fondement originel de toute propriété.

Mais dans une société plus développée, les applications du principe d'occupation sont relativement rares. Toutes les terres utilisables sont devenues la propriété, soit de particuliers, soit de l'Etat. Les cas d'occupation les plus fréquents en droit classique concernent donc l'appropriation du gibier et la pêche. Les juristes romains ont développé une jurisprudence relative à ces activités : qui est le propriétaire d'un animal blessé par un chasseur et capturé par un autre ? Qui l'est d'un essaim d'abeilles s'envolant d'un fonds pour s'établir sur un autre ?

La découverte d'une chose abandonnée ou d'un trésor rentre également dans l'hypothèse de l'occupation.

La *res derelicta* est une chose qui a appartenu à quelqu'un mais a été abandonnée par son propriétaire. Les juristes classiques distinguent les *res mancipi* et *nec mancipi*. On devient directement propriétaire d'une *res nec mancipi* par occupation, alors qu'il faut usucaper la *res mancipi* dont on est, par occupation, simplement propriétaire bonitaire.

Le trésor est un meuble qui a été dissimulé ou enfoui depuis longtemps, au point que plus personne ne peut justifier en être propriétaire, et qui est découvert par hasard. Contrairement à la chose abandonnée, le trésor a été dissimulé sans esprit d'abandon mais n'a en fait pas été repris par son propriétaire.

A qui appartient le trésor ? S'il est découvert par le propriétaire de l'immeuble où il a été enfoui, c'est ce dernier qui en devient propriétaire, en vertu de l'occupation. En revanche, si le trésor est découvert par un tiers, l'attribution dépend du principe que l'on retient. En vertu du principe de l'occupation, c'est le tiers découvreur qui doit l'emporter. Mais si l'on retient l'idée d'accession – le meuble enfoui étant l'accessoire de l'immeuble au même titre qu'une plantation ou une construction –, le trésor doit revenir au propriétaire de l'immeuble. Au IIème siècle de notre ère, Hadrien, de façon très pragmatique, mit fin à la controverse en attribuant la moitié du trésor au propriétaire de l'immeuble et l'autre moitié à l'inventeur. La même solution fut adoptée par le Code civil de 1804, dans l'article 716.

2. La spécification

Comme son nom l'indique, la spécification est la fabrication d'une *species noua*, une chose nouvelle. C'est la transformation d'une certaine matière en une chose d'une forme ou d'une nature nouvelle, par exemple de la farine transformée en pain, des olives ou des raisins pressés et traités pour en obtenir de l'huile ou du vin, de l'or fondu et travaillé pour façonner un objet déterminé, etc. Comme la chose nouvelle n'existait pas antérieurement, le droit que l'on acquiert sur elle est un droit originaire.

Il n'y a aucun problème lorsque la transformation est l'œuvre du propriétaire de la matière première ou lorsqu'elle est accomplie par un ouvrier expressément chargé de ce travail. Mais quelle est la solution lorsqu'une personne transforme la matière appartenant à un autre, en croyant de bonne foi pouvoir s'approprier la chose nouvelle ?

La question a fait l'objet d'une controverse entre les deux écoles de droit au début du Principat. Les Sabiniens, insistant sur l'identité de la matière, négligent l'originalité de la chose nouvelle et l'attribuent par conséquent au propriétaire de la matière première. Les Proculiens, en revanche, mettent l'accent sur la forme et sur la nouveauté de l'objet fabriqué, dont ils accordent la propriété au spécificateur. Cette controverse pourrait s'expliquer par des divergences d'ordre philosophique entre les deux écoles de droit, les Sabiniens étant plutôt influencés par le stoïcisme, les Proculiens par le néoplatonisme.

Dès la fin de l'époque classique, la question a été tranchée selon un critère plus pratique. Si la spécification est parfaite, en ce sens qu'il est impossible de ramener la chose nouvelle à sa forme première, l'objet nouveau devient la propriété du spécificateur, qui devra toutefois payer une indemnité au propriétaire de la matière première. Si la spécification est imparfaite, la chose peut reprendre sa forme première et ne cesse donc pas d'appartenir à son propriétaire, qui devra verser au spécificateur une juste indemnité. Presser des olives pour en extraire de l'huile est un exemple de spécification parfaite, couler de l'or pour fabriquer un anneau est une spécification imparfaite.

Le Code civil n'a pas retenu ce critère, préférant comparer la valeur de la matière initiale et celle du travail pour attribuer en principe l'objet nouveau au propriétaire de la matière, sauf si la main d'œuvre est nettement plus importante que la valeur de la matière employée. Dans ce dernier cas, la propriété est acquise au spécificateur (articles 570 et 571) et le propriétaire de la matière première aura droit à une indemnité.

3. L'accession

Il y a accession lorsque deux choses sont réunies l'une à l'autre de manière à en former une seule, par exemple lorsqu'un bouton est cousu à une veste, un arbre planté dans un champ, une pierre sertie sur un anneau, une maison construite sur un terrain, etc. Pour les juristes romains, l'accession n'est pas à proprement parler un mode spécifique d'acquisition mais constitue plutôt un prolongement de la propriété sur la chose principale. On applique le principe selon lequel *Accessorium sequitur principale*. "La chose accessoire suit la chose principale" : elle devient la propriété du propriétaire de la chose principale.

Toute la question est évidemment de déterminer ce qui est principal et ce qui est accessoire. Pour y répondre, il faut distinguer deux types d'accession : de meuble à immeuble et de meuble à meuble.

L'accession d'un meuble à un immeuble. – La solution de principe est simple. L'immeuble est toujours la chose principale, quelle que soit la valeur du meuble, plantation ou construction, qui y est incorporé. C'est donc normalement le propriétaire du terrain qui devient, de ce fait, propriétaire des plantations et constructions. Celles-ci, au fur et à mesure de leur incorporation, perdent leur identité juridique et se confondent avec l'immeuble.

Cette solution ne pose aucun problème lorsque c'est le propriétaire du meuble qui l'incorpore à son immeuble mais fait naître un conflit lorsque les propriétaires sont différents. Puisque le propriétaire du meuble perd son droit sur ce meuble, la question est de savoir s'il a droit à une indemnité pour compenser cette perte. La réponse est différente selon l'hypothèse de départ.

Dans une première hypothèse, c'est le propriétaire de l'immeuble qui a incorporé à son bien le meuble d'autrui, par exemple en utilisant dans la construction de sa maison la poutre d'un tiers. Déjà dans la loi des XII Tables, on interdit au tiers de reprendre sa poutre, car cela reviendrait à faire démolir la construction. Mais il reçoit l'action *de tigno iuncto* ("de la poutre incorporée"), qui est une action pénale lui permettant de réclamer au propriétaire de l'immeuble deux fois la valeur de la poutre. Cette action a été étendue par le préteur et la doctrine à tous les matériaux de construction.

Aucun texte classique ne parle des plantations effectuées avec les semences ou les plants d'autrui. Mais on peut penser, assez logiquement, que le propriétaire dépossédé pouvait intenter l'action de vol, en prouvant la mauvaise foi du propriétaire du terrain, ou réclamer une indemnité correspondant à la valeur des semences ou des plants, si le propriétaire du sol les avait prises de bonne foi.

Dans la deuxième hypothèse, c'est le propriétaire de la chose mobilière lui-même qui a érigé une construction ou effectué une plantation sur le terrain d'autrui. Dans ce cas, son recours dépendra de sa qualité vis-à-vis du terrain. Le possesseur de bonne foi, qui a cru que le fonds était à lui, pourra se faire rembourser les dépenses faites pour les plantations ou les constructions. Si le propriétaire du fonds agit en revendication sans offrir cette indemnité, son action sera paralysée par une exception de dol. Le détenteur du fonds — locataire, fermier ou usufruitier — ne pourra pas réclamer d'indemnité, car il savait ou devait savoir que le terrain ne lui appartenait pas. Tout au plus lui permet-on de reprendre ce qu'il a incorporé, à condition de remettre le fonds dans son état antérieur. Enfin, le simple occupant, qui a planté ou construit inconsidérément sur le terrain d'autrui, n'a évidemment aucun recours.

L'accession d'un meuble à un meuble. — Lorsqu'un meuble est ajouté à un autre meuble de manière à former avec lui un seul objet, ce dernier appartient dans sa totalité au propriétaire de la chose principale. Mais comment déterminer celle-ci ? Les conceptions romaines peuvent s'écarter de celles du Code civil car les juristes romains retiennent des critères purement matériels plutôt que la valeur respective des choses. Ainsi, la chose principale est celle qui est la plus volumineuse, qui sert de support à l'autre, qui donne son nom au tout et dont l'autre sert d'ornement. Par exemple, lorsqu'une pierre est sertie sur un anneau, c'est l'anneau qui est principal, parce qu'il répond à ces quatre critères matériels.

Une hypothèse qui ressemble à l'accession de meuble à meuble est celle du mélange, qui obéit à des solutions juridiques différentes. Dans le cas du mélange, il y a réunion en une seule masse de matières qui ne peuvent pas être considérées comme principales ou accessoires, par exemple lorsque deux quantités de céréales ou deux vins sont mélangés. Si le mélange est dû à un accident ou qu'il n'a pas été voulu par tous les propriétaires, on procédera à la séparation des éléments premiers chaque fois que la chose est possible. Si ce n'est pas le cas ou lorsque le mélange est volontaire, il se forme une indivision. Chaque propriétaire a sur la masse une part proportionnelle à la valeur de son apport. Conformément aux règles de l'indivision, chacun est toujours libre de demander le partage de la masse.

4. L'acquisition des fruits

Les fruits, s'ils appartiennent en principe au propriétaire de la chose fructifère, peuvent faire l'objet d'un droit distinct, par exemple au profit d'un locataire qui, par contrat, a reçu le droit de les percevoir. La question est de déterminer qui a ce droit et à quelle condition la propriété est acquise.

Rappelons qu'un fruit est un revenu périodique d'une chose fructifère, qui peut être perçu sans altérer la substance de cette chose. Un produit, par contre, n'a pas ce caractère de périodicité et sa perception a pour effet de porter atteinte à la substance de la chose, voire à la détruire. Tant que les fruits sont attachés à la chose fructifère, ils se confondent juridiquement avec elle. En revanche, dès qu'ils sont détachés, ils acquièrent une identité propre et peuvent faire l'objet d'un droit distinct. C'est en ce sens que la perception des fruits peut être considérée comme un mode originaire d'acquisition.

La règle de base est que les fruits, dès qu'ils existent juridiquement, appartiennent au propriétaire de la chose fructifère. La propriété lui est acquise par le seul fait de la séparation.

Mais d'autres personnes que le propriétaire peuvent s'approprier les fruits et parfois même les produits. Toutefois, elles ne deviennent pas toutes propriétaires aux mêmes conditions. Il faut distinguer trois catégories de bénéficiaires potentiels, selon leur rapport à la chose fructifère.

Les propriétaires. – Comme nous l'avons dit, les propriétaires s'approprient les fruits par le seul fait de leur séparation, éventuellement même à leur insu lorsque la séparation est naturelle ou due à l'intervention d'un tiers. La règle vaut pour les propriétaires quiritaires mais également pour les propriétaires bonitaires ou provinciaux. Il en va de même pour les locataires emphytéotiques, qui sont titulaires d'un bail de longue durée et exercent de ce fait pratiquement toutes les prérogatives de la propriété.

Les détenteurs. – S'ils ont reçu ce droit, les détenteurs deviennent propriétaires des fruits, mais uniquement par le fait de leur perception, c'est-à-dire au moment où ils en prennent effectivement possession. Il en va ainsi pour l'usufruitier, le locataire ordinaire, le fermier ou le créancier gagiste. Cependant, le fondement de leur droit est différent.

L'usufruitier bénéficie d'un droit réel, il a l'usage et la jouissance de la chose, qui sont deux attributs de la propriété. Mais ces prérogatives n'ont d'effet que dans la mesure où elles sont réellement exercées.

Le locataire ordinaire et le fermier, par contre, n'ont qu'un droit de créance contre le bailleur, qui s'est engagé à leur donner l'usage et la jouissance du bien. Ils n'acquièrent donc les fruits que s'ils les perçoivent effectivement, avec l'autorisation du bailleur.

Le créancier gagiste peut s'approprier les fruits par perception mais doit en imputer la valeur sur les intérêts et éventuellement sur le capital qui lui est dû.

Les possesseurs de bonne foi. – Les contradictions qui apparaissent dans les textes juridiques romains sont l'indice d'une évolution historique que l'on peut résumer en trois phases.

En premier lieu, sous la République et au début de l'Empire, le possesseur de bonne foi n'a aucun droit sur les fruits, même s'ils ont été produits par ses soins. Toutefois, comme les fruits séparés sont des meubles et que le possesseur est de bonne foi, il peut toujours les acquérir par prescription d'un an.

Ensuite, les juristes des IIème et IIIème siècles de notre ère se montrent plus favorables au possesseur de bonne foi, qu'ils ont tendance à assimiler au propriétaire. Ils lui permettent donc d'acquérir les fruits par simple séparation.

Enfin, Justinien, qui estime que cette solution est trop défavorable au propriétaire, tente un compromis pour le moins bizarre. Il considère en effet que le propriétaire a des prétentions légitimes sur les fruits, mais qu'il serait injuste d'obliger le possesseur de bonne foi à payer une indemnité. En conséquence, le possesseur de bonne foi devient propriétaire des fruits perçus de bonne foi et consommés ou aliénés avant l'action en revendication mais il devra restituer les fruits qui sont encore en sa possession.

Cette solution doit être critiquée. Même si elle part d'une intention positive – éviter de mettre le possesseur de bonne foi en difficulté – elle est peu logique en ce sens qu'elle fait de la consommation, qui fait disparaître les fruits, le critère par lequel on devient propriétaire des fruits ! Il y a donc là un paradoxe. De plus, elle est contraire aux lois de l'économie dans la mesure où elle pénalise le bon gestionnaire et encourage celui qui a consommé toute la récolte. On ne s'étonnera pas que la solution de Justinien n'ait pas été retenue par la suite.

De nos jours, le possesseur de bonne foi pourra invoquer la prescription prévue par l'article 2279 du Code civil. Comme il n'y a eu ni perte ni vol, la propriété des fruits lui est acquise dès leur perception.

Chapitre 10
Les droits réels limités

A côté de la propriété, qui est le droit réel par excellence, se sont développés d'autres droits réels, limités, qui s'exercent sur des choses dont leur titulaire n'est pas propriétaire. Ce sont les *iura in re aliena*, les droits sur la chose d'autrui.

Ces droits sont apparus à des époques différentes, en fonction de besoins précis, raison pour laquelle on les appelle également "droits réels fonctionnels", à la différence de la propriété, qui existe, comme droit, indépendamment de son usage ou de son utilité.

Les premiers à apparaître sont les servitudes foncières dites rustiques, parce que ce sont des charges qui grèvent des fonds ruraux au profit d'autres fonds. Elles existent déjà en droit ancien et sont établies dans l'intérêt des cultures et de l'élevage, par exemple pour permettre le passage des troupeaux d'un fonds à l'autre, sans devoir multiplier les chemins, qui sont des espaces perdus pour l'élevage.

Avec l'extension de l'espace urbain apparaissent les servitudes foncières dites urbaines, qui répondent, comme aujourd'hui, à des besoins caractéristiques d'une ville : servitudes d'appui, de surplomb, de lumière ou de vue.

A partir du IIème siècle avant notre ère se développe une troisième catégorie de droits réels limités, constitués cette fois au profit de personnes et non plus de fonds. Il s'agit principalement du droit d'usufruit, qui permet d'utiliser la chose d'autrui et d'en percevoir les fruits, et du droit d'usage. Pour désigner ces droits réels, qui présentent, comme nous le verrons, des similitudes évidentes avec les servitudes foncières, Justinien, au VIème siècle de notre ère, a créé l'expression "servitudes personnelles".

A la fin de la République et sous l'Empire, de nouveaux droits réels limités ont été créés. Il s'agit de l'hypothèque, de l'emphytéose et de la superficie.

L'hypothèque s'est développée à partir du contrat de gage, pour répondre à l'inconvénient majeur que présente ce dernier contrat, qui oblige le débiteur à se dessaisir d'un objet remis au créancier pour garantir le paiement d'une dette. Cette remise matérielle est un obstacle de taille lorsque l'objet est un outil de travail, car elle empêche alors le débiteur de se procurer des revenus. L'hypothèque, par contre, tout en étant également une garantie offerte au créancier, permet au débiteur de garder le bien qui sert de sûreté au créancier.

L'emphytéose, née au Bas-Empire, est un contrat de bail de longue durée portant le plus souvent sur une propriété rurale, tandis que la superficie est une concession permettant, moyennant redevance, d'ériger une construction sur le terrain d'autrui tout en restant propriétaire de cette construction.

Section 1
Les servitudes

Les servitudes, comme leur nom l'indique, sont des limitations au droit de propriété. La chose grevée de servitude subit une charge, elle est comme asservie au profit du bénéficiaire. Du fait que les servitudes sont des droits réels, leur titulaire peut se servir du fonds, avec des pouvoirs parfois fort étendus, comme il peut interdire aux autres d'y exercer certaines prérogatives.

Si la servitude est une limitation au droit du propriétaire, elle est, pour son bénéficiaire, un droit réel sur une chose qui ne lui appartient pas. On ne peut pas avoir de servitude sur son propre fonds. Il en résulte que si le bénéficiaire devient propriétaire du fonds qui supporte la servitude, celle-ci disparaît immédiatement. On dira qu'elle s'éteint par confusion.

On peut comprendre pourquoi Justinien a regroupé dans une même catégorie les servitudes foncières et les servitudes personnelles : les unes et les autres sont des droits réels sur la chose d'autrui. Néanmoins, les servitudes foncières et les servitudes personnelles présentent des différences suffisantes pour justifier qu'on les distingue.

Premièrement, les servitudes foncières créent un rapport entre des fonds, appelés fonds dominant d'une part, fonds servant de l'autre. Les servitudes personnelles, par contre, comme leur nom l'indique, sont des droits réels créés au profit d'une personne.

Deuxièmement, les servitudes foncières ne peuvent porter que sur des immeubles, bâtis ou non, alors que les servitudes personnelles ont pour objet des meubles comme des immeubles. Il est d'ailleurs fréquent de voir un usufruit porter sur un patrimoine qui, majoritairement, compte plus de meubles que d'immeubles.

Troisièmement, les servitudes foncières, parce qu'elles établissent un rapport entre des fonds, sont perpétuelles en ce sens qu'elles ont vocation à exister aussi longtemps que les fonds concernés. Les servitudes personnelles, par contre, sont liées à leur bénéficiaire et sont donc au maximum viagères.

Le Code civil a abandonné l'expression "servitude personnelle", qui rappelait trop le servage de l'Ancien Régime. On distingue aujourd'hui les servitudes foncières d'une part, l'usufruit et l'usage d'autre part.

1. Les servitudes foncières

Les servitudes foncières ou prédiales – de *praedium*, "le fonds" – sont des droits réels constitués sur un immeuble, appelé "fonds servant", au profit d'un autre immeuble, appelé "fonds dominant".

Les juristes romains distinguent les servitudes rustiques et les servitudes urbaines. Les premières ont été créées sur des fonds agricoles, les secondes, plus récentes, sur des fonds urbains. A l'époque classique, ce critère n'est plus applicable : les servitudes rustiques sont celles qui sont créées sur des fonds non bâtis, même situés dans l'espace urbain, et les servitudes urbaines concernent les fonds bâtis, même situés à la campagne. Une fois la distinction établie, chaque servitude est classée dans l'une ou l'autre catégorie. Ainsi, la servitude de passage est une servitude rustique, peu importe qu'elle s'exerce dans le couloir d'une maison ou sur un chemin agricole.

L'intérêt de la distinction est assez limité. Les servitudes rustiques sont des *res mancipi* alors que les servitudes urbaines sont *res nec mancipi*. Cette caractéristique des servitudes rustiques montre bien qu'au départ, les juristes romains ont eu quelque difficulté à accepter qu'un droit s'exerce sur une chose dont on n'est pas propriétaire. Ils ont d'abord confondu la servitude avec le terrain sur lequel elle s'exerce et ont considéré la servitude comme une sorte de propriété sur ce terrain.

Sont, par exemple, des servitudes rustiques, la servitude de passage, la servitude d'aqueduc, qui permet de faire passer une canalisation sur le fonds servant, ou la servitude de puisage, qui donne le droit de prendre de l'eau à une source ou un puits.

Sont des servitudes urbaines, la servitude de surplomb, qui autorise le titulaire à construire en surplomb sur le fonds voisin un ouvrage qui se soutient par lui-même, comme un balcon ou une corniche, la servitude d'appui, qui permet de faire reposer une construction sur le mur du fonds voisin, ou la servitude de vue, qui autorise à percer une fenêtre à la limite du fonds.

Caractères des servitudes foncières. – Les juristes classiques ont dégagé plusieurs caractères que doivent respecter les servitudes foncières : elles grèvent des immeubles; les fonds doivent en principe être contigus; elles sont établies dans l'intérêt du fonds; elles sont indivisibles et perpétuelles.

Premièrement, les servitudes foncières supposent un rapport entre deux fonds. Elles sont établies à charge d'un immeuble au profit d'un autre immeuble. C'est véritablement le bien foncier qui supporte la servitude, et non la personne du propriétaire ou de l'occupant. Ces personnes subissent une diminution de leur maîtrise sur le fonds, mais ne peuvent être astreintes à aucune prestation. Comme le précise Pomponius, "il n'est pas dans la nature des servitudes que quelqu'un soit tenu de faire quelque chose (…), mais bien de l'obliger à subir ou à ne pas faire quelque chose". Ainsi, dans le cas d'une servitude de passage, on ne peut obliger le propriétaire du fonds servant à entretenir l'assiette – l'allée ou le sentier sur lequel s'exerce la servitude. On peut seulement attendre de lui qu'il n'entrave pas l'exercice de la servitude par l'occupant du fonds dominant.

Deuxièmement, pour que la servitude crée le lien entre deux fonds, il faut en principe que ceux-ci soient contigus.

La règle coule de source pour certaines servitudes. Ainsi, les servitudes de surplomb, d'appui, de jour ou de vue ne concernent normalement que des propriétés immédiatement voisines. De même, une servitude de passage peut s'étendre à un fonds non contigu au fonds dominant, à condition toutefois que de s'appliquer également au fond intermédiaire. Pour d'autres servitudes par contre, comme les servitudes de non-construction, qui ont pour effet d'interdire toute construction sur le fonds servant, l'exigence de contiguïté disparaît.

Les solutions apportées par les juristes romains, nuancées, sont dictées par le bon sens. En règle générale, ils ont cependant tendance à insister sur la condition de contiguïté, par crainte de voir se développer de prétendues servitudes foncières qui seraient en réalité un agrément personnel, plus qu'un intérêt objectif pour un fonds.

Troisièmement, les servitudes doivent présenter un avantage direct pour le fonds dominant. L'avantage ne doit pas constituer pour autant une nécessité – c'est le cas de la servitude de passage pour un fonds sans accès direct à la voirie – car tout service qui facilite l'usage, l'entretien ou l'exploitation du fonds peut être l'objet d'une servitude. Par contre, il n'y a pas de servitude foncière si le droit repose sur un intérêt purement personnel, sans conférer au fonds un avantage objectif. Le droit de cueillir des fruits par exemple, ou le droit de chasse ou de pêche ne peuvent constituer une servitude foncière parce que le rapport avec un fonds n'est pas suffisamment établi.

Dans la même perspective, la servitude foncière ne peut excéder les besoins du fonds. Pour qu'il y ait servitude – par exemple une servitude de puisage –, il faut que le droit couvre les besoins de l'exploitation et rien de plus.

Il est, de même, impossible de créer un usufruit sur une servitude foncière, car le droit établi au profit d'un fonds ne peut pas être grevé à son tour au profit d'une personne. Les juristes romains disent que "l'on ne peut pas avoir la servitude d'une servitude". Ceci n'empêche évidemment pas l'usufruitier d'un fonds dominant de bénéficier, de plein droit, des servitudes qui y sont attachées, mais c'est à titre d'occupant du fonds dominant qu'il en bénéficie, et non comme usufruitier.

Quatrièmement, les servitudes foncières sont perpétuelles. Elles ont, par nature, une cause perpétuelle puisqu'elles sont liées à un fonds et ont vocation à exister aussi longtemps que lui. Dès lors, le droit réel de servitude est permanent, même si on ne l'exerce que par moment, comme dans le cas des servitudes de passage ou de puisage. L'important est que le titulaire soit en mesure de se prévaloir à tout moment de son droit.

De ce caractère perpétuel résulte également une caractéristique importante des servitudes foncières : elles se transmettent automatiquement à tout acquéreur du fonds servant ou du fonds dominant, sans qu'il faille le prévoir formellement lors de la vente, de la donation ou de la transmission par testament ou par legs.

De même, puisque les servitudes sont perpétuelles, on ne peut les créer à terme – pour dix ans par exemple. On ne peut pas plus prévoir de condition résolutoire, qui aurait pour effet de faire disparaître la servitude à la réalisation d'un événement donné, par exemple si une servitude de puisage est constituée "jusqu'au percement d'un puits sur le fonds dominant". Plus exactement, une telle convention ne sera pas analysée comme créatrice de servitude foncière.

Ceci étant, rien n'interdit de créer une servitude perpétuelle, tout en prévoyant que le propriétaire du fonds dominant s'engage à l'éteindre, par le mode juridique approprié, à la réalisation de tel événement. Une telle convention n'affecte pas le caractère perpétuel de la servitude, elle crée seulement une obligation dans le chef d'un individu.

Cinquièmement, les servitudes foncières ont un caractère indivisible. Elles ont pour objet des services, qui sont des faits : traverser un terrain, percer une fenêtre, construire un balcon, évacuer des eaux usées, etc. Or, un fait est un tout unique, qu'il n'est pas possible de fractionner. Dans le cas d'une servitude de passage, il est clair qu'on traverse ou qu'on ne traverse pas le fonds servant, mais il n'est pas possible de passer pour moitié !

Il en résulte qu'on ne peut pas acquérir partiellement une servitude, ni la faire disparaître pour partie. Si le fonds destiné à subir la servitude appartient à plusieurs personnes, chacune doit avoir marqué son accord pour que naisse la servitude. De même, il ne saurait y avoir de renonciation partielle à une servitude par un des copropriétaires du fonds dominant : elle ne s'éteindra que par l'accord de tous.

L'indivisibilité ne fait pas obstacle à ce que l'on crée plusieurs servitudes similaires sur le même objet. Ainsi, le même chemin peut servir d'assiette à plusieurs servitudes de passage, la même canalisation à plusieurs servitudes d'égout. Chaque titulaire bénéficiera, dans ces hypothèses, d'une servitude complète.

2. L'usufruit et l'usage

L'usufruit et l'usage, que la jurisprudence romaine considère comme des servitudes personnelles, trouvent à s'appliquer essentiellement dans le champ des relations familiales. Grâce à ces institutions, une veuve ou un enfant peuvent utiliser un bien et, éventuellement, jouir de ses fruits, pour un certain temps, tout en permettant à une autre personne d'en garder le titre de propriété. En ce sens, l'usufruit et l'usage sont très clairement des droits réels limités sur la chose d'autrui.

Notion. – Selon la définition de Paul, l'usufruit est le "droit d'utiliser les choses d'autrui et d'en jouir en maintenant intacte la substance de ces choses". Le bénéficiaire du droit s'appelle "usufruitier", celui qui conserve le titre de propriété est le "nu-propriétaire", nu parce qu'il est dépouillé des prérogatives de la propriété que sont l'usage et la jouissance.

Le droit d'usage, par contre, donne à son titulaire le droit d'utiliser la chose sans pouvoir en percevoir les fruits. Somme toute, l'usage, c'est l'usufruit moins le fruit. Cette remarque exceptée, ce que nous dirons de l'usufruitier s'applique également à l'usager.

La définition citée donne clairement les limites des pouvoirs de l'usufruitier. Par référence aux composantes du droit de propriété, l'usufruitier a l'usage *(usus)*, la jouissance *(fructus)* mais ne peut ni disposer matériellement de la chose – en la détruisant ou en modifiant sa substance – ni en disposer juridiquement – en la donnant ou la vendant.

L'usufruit peut porter indifféremment sur des *res mancipi* ou *nec mancipi*, sur des meubles ou des immeubles : un terrain agricole, un verger, un bois, un navire ou un troupeau. Il faut cependant que la chose soit corporelle. De même que la propriété s'exerce sur une chose corporelle, ainsi l'usufruit, qui en est un démembrement, ne saurait porter sur un droit. Toutefois, l'usufruit peut s'étendre à certains droits qui se rattachent directement à un bien matériel. Ainsi, l'usufruitier d'un immeuble bénéficie des servitudes établies au profit de ce fonds.

A l'époque classique, l'usufruit doit porter sur des choses non consomptibles. Sont donc exclues les choses qui disparaissent par le premier usage qu'on en fait, comme les denrées alimentaires. La raison en est que l'usufruitier ne peut entamer la substance de la chose reçue, et qu'on voit mal comment utiliser une chose consomptible en respectant cette obligation.

Logique, cette restriction est cependant peu pratique car l'usufruit est souvent constitué sur l'ensemble d'un patrimoine, par exemple lorsqu'un mari lègue à sa femme l'ensemble de ses biens. Dans cette hypothèse, les choses consomptibles ne pourraient lui revenir. Aussi la règle a-t-elle été abandonnée sous le principat. On a d'abord accepté d'englober les choses consomptibles dans l'usufruit, pour autant que celui-ci porte sur un ensemble de biens comprenant essentiellement des choses non consomptibles.

Les juristes ont analysé ce droit comme un "quasi-usufruit", qui permet à son bénéficiaire de devenir propriétaire des choses consomptibles et d'en disposer à son gré, à charge pour lui ou ses héritiers de restituer, non ce qui a été reçu, mais l'équivalent. On peut donc dire que le quasi-usufruit est un usufruit qui porte sur des choses de genre. La même solution est reprise par le Code civil, dans l'article 587.

Une fois le principe admis, on a pu appliquer le quasi-usufruit à certains droits, notamment aux créances portant sur des sommes d'argent. Le quasi-usufruitier perçoit les intérêts et, à l'échéance, encaisse le capital et en dispose à son gré. Au terme de l'usufruit, le capital doit seul être restitué.

Caractères du droit de l'usufruitier. – Le droit dont bénéficie l'usufruitier a trois caractères. Il est réel, temporaire et divisible.

Contrairement au locataire ou à l'emprunteur par exemple, qui ont seulement un droit personnel vis-à-vis du propriétaire, l'usufruitier a un droit réel. Il peut donc faire valoir son droit sur la chose elle-même et dispose à cet effet d'une action réelle, semblable à l'action en revendication du propriétaire. Le droit réel est à ce point lié à la chose qu'il cesse d'exister si la chose disparaît. Dans cette hypothèse, le nu-propriétaire n'a pas l'obligation de remplacer la chose disparue. Inversement, si le nu-propriétaire vend la chose, le droit de l'usufruitier subsiste, sans en être affecté.

Le droit de l'usufruitier est temporaire. C'est d'ailleurs cette caractéristique qui donne son sens à l'usufruit, destiné à régler des situations temporaires, comme la survie du conjoint ou la minorité d'un enfant. L'usufruit peut être prévu pour un terme fixé d'avance mais il est le plus souvent viager : il s'éteint à la mort de son titulaire. L'usufruit est donc lié à la personne pour laquelle il a été constitué. Celle-ci ne peut pas le céder à autrui ni le transmettre à ses héritiers. Tout au plus peut-il céder l'exercice de son droit, comme nous le verrons plus loin, mais uniquement dans la limite de son usufruit. Au décès de l'usufruitier, le droit du tiers disparaît.

Enfin, le droit de l'usufruitier est divisible, contrairement à ce qui est prévu pour les servitudes foncières. Plusieurs personnes peuvent bénéficier d'un usufruit sur un même bien. Le partage peut s'opérer selon des schémas différents : Primus et Secundus ont chacun l'usage et la jouissance en parts égales ou différentes, Primus a l'usage et Secundus la jouissance, Primus et Secundus ont l'usage et Primus a seul la jouissance, etc.

Droits et devoirs de l'usufruitier. – Par définition, l'usufruitier a le droit d'utiliser la chose conformément à sa destination normale et le droit d'en percevoir les fruits. A ce propos, comme nous l'avons vu dans le chapitre précédent, l'usufruitier est un détenteur. Par conséquent, il ne devient propriétaire des fruits que par leur perception effective. Il faut un acte positif d'appropriation, la séparation des fruits n'étant pas suffisante. Cette règle est critiquable car si l'usufruitier peut être amené à récolter ce qu'un autre a semé, il peut également perdre le bénéfice d'une récolte postérieure à la fin de l'usufruit. Certaines législations modernes ont abandonné ce critère pour retenir celui de la séparation des fruits, assimilant ainsi l'usufruitier au propriétaire.

L'usufruitier n'a normalement pas droit aux produits, car ceux-ci font partie de la substance de la chose. Par exemple, l'usufruitier ne peut pas toucher aux arbres de haute futaie, ni ouvrir une nouvelle mine ou carrière. Toutefois, lorsque l'exploitation systématique des produits avait déjà été entreprise par le propriétaire, l'usufruitier peut la poursuivre dans les mêmes conditions.

L'hypothèse où l'usufruit porte sur un troupeau est révélatrice des droits reconnus à l'usufruitier et des limites qui lui sont imposées. L'usufruitier a évidemment droit aux fruits : le travail des animaux et les revenus de leur travail, la laine, le lait, etc. Mais à qui reviennent les jeunes, que l'on appelle le croît du troupeau ? Comme l'usufruit porte sur le troupeau dans son ensemble et non sur les animaux pris individuellement, l'usufruitier a l'obligation de conserver le troupeau dans l'état où il l'a reçu. Il devra remplacer les têtes de bétail mortes par les jeunes produits du troupeau. Mais il n'est pas tenu d'acheter des jeunes si le croît ne suffit pas à combler les vides provoqués, par exemple, par une épidémie. Pour être libéré, il suffit que l'usufruitier ait géré correctement le troupeau.

L'usufruitier est tenu d'utiliser le bien et d'en jouir en bon père de famille. Il doit veiller à ne pas entamer la substance de la chose. Il doit également entretenir la chose, mais n'est pas tenu d'effectuer les grosses réparations, qui restent à charge du nu-propriétaire. Il ne peut évidemment pas la vendre, ni la détruire, ni l'endommager. En principe, il ne peut pas la transformer, car il s'agit là d'un acte de disposition matérielle. Ainsi, il ne peut transformer un terrain agricole en terrain à bâtir, ni une maison unifamiliale en commerce, même si l'opération est financièrement intéressante.

Au terme de l'usufruit, le bien doit être restitué au nu-propriétaire. Cette obligation risque de poser des problèmes dans la mesure où, l'usufruit étant le plus souvent viager, ce sont les héritiers de l'usufruitier qui doivent faire cette restitution. De plus, l'usufruit, comme tel, ne crée aucun rapport obligatoire entre l'usufruitier et le nu-propriétaire.

Pour garantir le respect de ses obligations et prémunir le nu-propriétaire contre la mauvaise volonté ou la simple négligence des héritiers, les juristes romains ont créé la *cautio usufructuaria*, la promesse de l'usufruitier, garantie par des cautions – des personnes qui s'engagent à côté du débiteur et qui seront poursuivies s'il ne respecte pas sa promesse – ou par la remise d'un gage. Par cette promesse, l'usufruitier s'engage à exercer son usufruit "à la manière d'un homme de bien", à restituer au propriétaire tout ce qui lui revient à l'expiration du droit, et à s'abstenir de tout dol.

Cette promesse a vraisemblablement d'abord été demandée librement, lors de la constitution entre vifs de certains usufruits. Elle a ensuite été rendue obligatoire pour tous les usufruits, dès l'instant où on a donné au propriétaire un véritable droit de rétention, lui permettant de refuser de délivrer l'objet aussi longtemps que l'usufruitier ne s'engageait pas ou ne fournissait pas de garantie jugée suffisante.

Cession de l'usufruit. – Droit réel lié à la personne du bénéficiaire, l'usufruit ne peut pas être cédé à un tiers. Il n'y a à cette règle qu'une seule exception. L'usufruit peut être cédé, par *in iure cessio*, au nu-propriétaire, qui retrouve ainsi la pleine propriété sur le bien. On parlera, dans cette hypothèse, de consolidation, pour qualifier la réunion sur une même tête des deux qualités d'usufruitier et de nu-propriétaire. Une telle cession, admise également dans notre Code civil à l'article 617, équivaut à une renonciation dans le chef de l'usufruitier et fait disparaître le droit d'usufruit.

S'il ne peut pas céder son droit, l'usufruitier peut en revanche en céder l'exercice, à titre onéreux ou gratuit, puisqu'il a la faculté d'user et de jouir de la chose avec beaucoup de liberté. La location est l'hypothèse la plus fréquente. L'usufruitier qui ne désire pas exercer lui-même ses prérogatives peut donner le bien en location pour en retirer un revenu. Mais le locataire ou le fermier, qui ont seulement un droit personnel, ne peuvent l'opposer qu'à leur cocontractant. A la fin de l'usufruit, il pourront normalement être expulsés par le propriétaire, qui n'a pas à supporter un contrat auquel il n'a pas été partie. Tout au plus pourront-ils réclamer des dommages et intérêts à l'usufruitier ou à ses héritiers. Cette solution est logique mais peut causer un préjudice important au tiers, par exemple au fermier qui a pris les terres en location et effectué des travaux importants. Pour cette raison, de nombreuses législations modernes l'écartent ou y apportent des correctifs.

Section 2
Les autres droits réels limités

A côté des servitudes foncières et personnelles, le droit romain connaît quelques autres droits réels limités : l'emphytéose, la superficie, l'hypothèque et le gage. Les deux premiers droits sont nés pour répondre à des objectifs particuliers concernant l'utilisation des fonds, ruraux ou urbains. Les deux derniers sont destinés à protéger un créancier, à lui offrir une garantie quant au paiement de sa créance. Ils sont appelés, pour cette raison, des "sûretés réelles". Le gage, qui est en même temps un contrat dit "réel", parce qu'il se forme par la remise de la chose au créancier, sera étudié ultérieurement, avec les autres contrats réels.

1. L'emphytéose

Vraisemblablement d'origine orientale, l'emphytéose a été, à partir du IIIème siècle de notre ère, un instrument de politique agraire pour les empereurs soucieux d'organiser leurs domaines en développant les terres agricoles. Ayant comme caractère essentiel d'être de longue durée, voire illimitée, l'emphytéose permet d'avoir une véritable politique agraire et de mettre en valeur des terres vierges, de développer des cultures exigeant des investissements non rentables à court terme ou de mener d'importants travaux d'irrigation.

Initialement, il s'agissait de contrats de bail ordinaires, dont le terme était simplement prolongé. Petit à petit, leur durée exceptionnelle et l'importance des pouvoirs reconnus au fermier pour mettre en valeur les terres ont abouti à la reconnaissance d'un véritable droit réel.

L'emphytéose est un contrat de bail de longue durée qui accorde au preneur, appelé "emphytéote" ou "locataire emphytéotique", un véritable droit réel sur le bien loué. Elle porte le plus souvent sur une propriété rurale, mais comme l'emphytéote peut y ériger des construction, il arrivera que son droit porte, partiellement ou même totalement, sur un immeuble bâti.

On s'est longtemps demandé s'il s'agissait d'une vente – mais il n'y a pas d'aliénation définitive – ou d'un louage – mais l'emphytéote, contrairement au locataire ordinaire, a un droit réel sur le bien. On a vidé le débat juridique, au Vème siècle de notre ère, en considérant l'emphytéose comme un contrat *sui generis*.

Droits et devoirs du preneur. – L'emphytéote s'engage à cultiver la terre concédée – le contrat prévoit souvent quelles sortes de cultures devront être développées – et à payer une redevance périodique appelée "canon". Sous Justinien, à défaut de paiement du canon trois années de suite, l'emphytéote est déchu de son droit et le propriétaire peut reprendre la terre.

Le paiement d'une redevance annuelle est un élément essentiel du contrat. Il n'est pas possible de créer une emphytéose à titre gratuit, ce qui en ferait une sorte d'usufruit héréditaire, ni d'effectuer le versement en une fois, ce qui constituerait une sorte de vente. La redevance peut être fixée en argent ou en nature, mais on exige un revenu fixe et non un partage de la récolte.

En échange de ses obligations, l'emphytéote a droit aux fruits, dont il devient propriétaire par séparation, et aux produits. Ses pouvoirs sont plus étendus que ceux de l'usufruitier. Il peut procéder à des coupes de bois, poursuivre ou même entreprendre l'exploitation de mines ou de carrières. Il a le droit de transformer le fonds et d'y apporter des améliorations, à condition toutefois de gérer le bien en bon père de famille.

L'étendue des prérogatives de l'emphytéote est telle que, manifestement, on ne peut confondre son droit avec une servitude foncière car si cette dernière est une simple limitation au droit de propriété, l'emphytéose absorbe à peu près la totalité des pouvoirs du propriétaire.

L'emphytéote peut transmettre le bien à ses héritiers légitimes ou testamentaires. L'emphytéose est donc, par essence, un droit héréditaire, ce qui la distingue nettement des servitudes personnelles comme l'usufruit. En principe, le contrat est conclu pour une durée illimitée, à condition que le canon soit fidèlement payé. Les parties peuvent cependant convenir d'un terme, pourvu qu'il dépasse la durée d'un contrat de bail ordinaire.

L'emphytéote peut également vendre son droit, mais avec le consentement du propriétaire car ce dernier doit être averti du projet de vente et dispose d'un droit de préemption. Concrètement, sous Justinien, l'emphytéote doit informer le propriétaire de l'identité du candidat acheteur et du prix proposé. Dans un délai de deux mois, le propriétaire peut reprendre le bien en offrant le même prix. S'il n'use pas de son droit de préemption, le propriétaire percevra un droit de mutation, fixé à deux pour cent du prix. En échange de ce droit, le propriétaire accepte le nouvel emphytéote, ce qui a pour effet de libérer définitivement l'ancien.

C'est un véritable démembrement qui est opéré par cette institution, puisqu'on va trouver deux titulaires de droits réels sur un même bien : le propriétaire d'une part, l'emphytéote de l'autre, et ce pour une très longue durée, qui va fréquemment dépasser la vie d'un homme du fait de la possible transmission à cause de mort.

Du reste, au Moyen Age, l'emphytéose a servi de modèle aux juristes qui, à partir du XIème siècle, ont voulu analyser les institutions féodales à partir des catégories du droit romain. Voulant décrire le régime juridique des fiefs et tenures censitaires, caractérisé par une juxtaposition de droits sur un même bien, ils ont, avec une certaine logique, comparé le seigneur au bailleur et le vassal ou le tenancier à l'emphytéote, pour élaborer la théorie de la double propriété : *dominium directum* du seigneur, *dominium utile* du vassal ou du tenancier.

2. La superficie

Le droit de superficie est né du besoin d'utiliser au mieux les espaces publics urbains qui, à Rome, sont assez nombreux. Rues, places et forums participent à la vie économique en accueillant les boutiques et les échoppes des commerçants, des artisans et des banquiers, qui s'établissent sur des emplacements que l'Etat leur donne en location. Les villes ont suivi cet exemple pour le sol municipal et ont même été plus loin, en accordant des concessions sur des terrains à bâtir.

Par la suite, de façon similaire, des particuliers ont également concédé l'usage de leur terrain pour y placer des constructions. Cette concession d'un genre particulier a été réglementée par le préteur, qui a cherché à garantir la situation du preneur par divers moyens de procédure. Ces interventions judiciaires ont abouti à la reconnaissance d'un droit réel particulier, qui a été consacré dans la codification de Justinien.

Nature juridique du contrat. – Au départ, les relations entre parties ont été réglées sur base d'un simple contrat de bail, *locatio conductio*, conclu le plus souvent à durée indéterminée. Mais ce contrat n'était pas adapté aux besoins des commerçants et artisans, qui entendaient rester propriétaires de leurs échoppes et boutiques, le propriétaire du sol ne cédant que l'usage de la surface. Or, en vertu du principe de l'accession, tout ce qui est construit sur un terrain appartient au propriétaire du sol, les juristes romains ne concevant pas que l'on distingue la propriété du sol et celle de la construction ou plantation. Le propriétaire du sol, en échange de la redevance, a donc dû renoncer explicitement à invoquer l'accession. Cette caractéristique du contrat a mis clairement en évidence son originalité par rapport au contrat de bail ordinaire.

La superficie peut donc être définie comme le droit réel, concédé contre redevance à une personne appelée "superficiaire", sur les constructions et plantations érigées sur le terrain d'autrui, le propriétaire du terrain renonçant au droit d'accession, de sorte que les constructions et plantations restent acquises au superficiaire.

Comme l'emphytéose, la superficie présente une différence suffisante avec les servitudes personnelles pour ne pas être confondue avec elles. Le droit n'est pas lié à l'existence de son titulaire, car la superficie, aussi longtemps que la redevance est payée, subsiste en principe au profit du superficiaire ou de ses héritiers, à moins qu'on en ait disposé autrement par contrat. De même, on ne voit pas ce qui pourrait interdire au titulaire de vendre son droit, en transmettant évidemment à l'acheteur son obligation de payer la redevance au propriétaire du fonds.

Le préteur est intervenu pour protéger efficacement le superficiaire, à la fois contre les tiers et contre le propriétaire. Contre ce dernier, qui aurait pu exercer une action en revendication malgré son engagement contractuel, le préteur accorda une exception de dol. Contre les tiers, un interdit *de superficie* fut créé, sur le modèle de l'interdit *uti possidetis*, destiné, comme nous l'avons vu dans le chapitre deux, à protéger le possesseur d'un immeuble.

Justinien conserva cet interdit et attribua expressément une action réelle, confirmant ainsi le droit réel de superficie.

3. Le gage et l'hypothèque

Le gage et l'hypothèque sont des sûretés réelles, permettant à un créancier impayé à l'échéance de saisir la chose affectée au paiement de sa créance, pour la faire vendre aussitôt et se payer sur le prix obtenu.

A l'origine, l'hypothèque est une variété de gage. Comme ce dernier, elle représente une "sûreté réelle" pour le créancier, en ce sens qu'elle est pour lui une garantie sur une chose, par opposition aux cautions, qui sont des "sûretés personnelles", constituées par des personnes qui s'engagent aux côtés du débiteur principal et qui pourront être poursuivies si ce dernier n'exécute pas son obligation.

En droit romain, l'hypothèque peut porter sur un meuble, un immeuble et même sur une chose incorporelle, comme une créance d'argent. Il s'agit là d'une différence essentielle avec notre droit, qui n'admet de véritable hypothèque que sur les immeubles et, en vertu de lois particulières, sur les navires.

L'hypothèque peut porter sur certains biens déterminés – on parlera alors d'hypothèque spéciale – ou être générale et s'étendre à tout le patrimoine du débiteur. Les juristes romains admettent même qu'une hypothèque porte sur tous les biens présents et à venir du débiteur.

La différence entre le gage et l'hypothèque ne réside donc pas dans l'objet mais dans le moment où le créancier reçoit ou peut exiger l'objet. Le gage est immédiatement remis au créancier. Comme nous verrons en examinant le gage plus attentivement dans le droit des contrats, l'avantage qui en découle pour le créancier gagiste n'existe qu'à partir de cette remise matérielle. Le bien hypothéqué, en revanche, reste entre les mains du débiteur ou du constituant, mais le créancier a sur lui un droit réel, qui lui permet de la saisir après l'échéance.

Historiquement, malgré son nom grec, l'hypothèque s'est développée à partir du contrat de gage du droit romain classique. Le gage offrait une garantie sérieuse pour le créancier, mais présentait un inconvénient majeur pour le débiteur, obligé de se dessaisir du bien. Dans certains cas, cette exigence était impossible à satisfaire, notamment lorsque les seuls biens possédés par le débiteur constituaient son outil de travail, par exemple le bétail et le matériel agricole pour un fermier. Donner ces biens en gage l'empêcherait de travailler, donc de rembourser son créancier. On aurait pu recourir à un double transfert, le fermier cédant la propriété de certains biens pour les reprendre ensuite à titre de précaire. Mais cette combinaison est complexe et, surtout, prive le débiteur de sa propriété.

Protection du créancier. – Pour sortir de l'impasse, vers la fin de la République, un préteur du nom de Salvius eut l'idée de permettre au fermier de garder l'objet chez lui, tout en promettant au créancier de lui accorder la possession de l'objet, en cas de non paiement après l'échéance, grâce à un interdit, appelé depuis "interdit salvien".

Toutefois, l'interdit salvien ne protège le créancier que si le fermier a conservé le bien hypothéqué. Le créancier n'est pas protégé en cas d'aliénation ou de perte de l'objet. Pour cette raison, un autre préteur, du nom de Servius, accorda au créancier une action lui permettant de récupérer le bien entre les mains des tiers. C'est l'action servienne, qui consacre véritablement la reconnaissance d'un droit sur la chose, d'un droit réel, opposable à tous.

Sous le Principat, l'hypothèque fut étendue à d'autres cas que celui du fermier. L'action permettant au créancier impayé après l'échéance de poursuivre le bien entre les mains du débiteur ou d'un tiers a été appelée "action hypothécaire". L'institution ainsi créée portera pendant longtemps aussi bien le nom de *pignus* – le gage – que d'*hypotheca* – l'hypothèque. C'est seulement à partir de Justinien que le terme *hypotheca* sera réservé au gage sans dépossession.

Le concours des créanciers. – Le créancier dispose donc d'un droit de suite, qui lui permet de *suivre* la chose et d'agir contre tout possesseur, et d'un droit de préférence, qui lui permet d'être préféré aux autres créanciers de son débiteur, en ce sens qu'il se remboursera par priorité sur le produit de la vente. Le créancier hypothécaire sera *préféré* aux autres créanciers du débiteur, qui devront se contenter du solde éventuel.

Mais que se passe-t-il lorsque plusieurs créanciers peuvent prétendre avoir un droit réel sur le même bien, par exemple lorsque le débiteur a constitué plusieurs hypothèques sur la même chose ? Pour organiser le concours entre les créanciers hypothécaires, les juristes romains considèrent l'ancienneté du droit réel. En principe, le rang des créanciers est établi par l'ancienneté relative de leur hypothèque : *Prior tempore, potior iure*, "Le premier dans le temps l'emportera en droit".

En revanche, les juristes romains n'ont pas jugé nécessaire d'organiser de façon plus précise le concours des créanciers, peut-être parce que le régime des hypothèques était, malgré tout, moins développé qu'aujourd'hui. Ils n'ont, en particulier, prévu aucune mesure de publicité et n'ont pas organisé le régime des preuves. Une telle lacune a pu amener certains créanciers à tricher pour faire croire à l'antériorité de leur droit réel sur celui des créanciers concurrents. Cette lacune est d'autant plus regrettable que des tiers peuvent en être victimes car si la chose est vendue par un créancier de deuxième rang, le créancier de premier rang peut toujours faire valoir son droit de suite et évincer le tiers acquéreur ! La seule mesure prise pour lutter contre la clandestinité des hypothèques fut de prévoir de lourdes peines contre ceux qui, au mépris des droits des tiers, vendraient un bien ou constitueraient une nouvelle hypothèque sans déclarer toutes les hypothèques antérieures grevant le bien.

L'action servienne et les droits des tiers. – En raison du caractère réel de l'action servienne, le créancier qui l'intente réclame l'objet frappé d'hypothèque en quelque main qu'il se trouve. Ceci ne va pas sans poser des problèmes d'équité et de protection des tiers acquéreurs. Longtemps, ces derniers ont été placés sur le même plan que le débiteur et obligés de restituer l'objet au créancier qui faisait usage de son droit de suite. C'est seulement sous Justinien que fut introduit le bénéfice de discussion, qui permet au tiers poursuivi par le créancier d'obliger ce dernier à agir d'abord contre les personnes tenues personnellement, le débiteur et les cautions éventuelles.

Manifestement, l'hypothèque n'a eu, à Rome, qu'un succès relatif. De façon constante, les Romains ont préféré recourir à des cautions personnelles ou au gage véritable. Le recours limité à l'hypothèque est dû, selon toute vraisemblance, aux lacunes juridiques en la matière, particulièrement en ce qui concerne le régime de publicité.

Quatrième partie

Le droit des obligations

Chapitre 11
Le concept d'obligation

Aujourd'hui, le droit des obligations occupe, à juste titre, une place importante dans l'étude du droit civil et l'influence du droit romain, dans cette matière, est fort importante. Le droit moderne a repris les définitions romaines de l'obligation, la division entre contrats et délits et les grands contrats de l'époque classique, même si la théorie générale des obligations, simplement ébauchée à Rome, a été amplifiée et structurée à l'époque moderne.

Dans ses Institutes, Justinien définit l'obligation comme le "lien de droit par lequel nous sommes astreints à la nécessité de payer une certaine chose, conformément aux règles de droit de notre Cité".

L'obligation consiste précisément en un lien juridique, imposant une prestation à une personne en faveur d'une autre. La personne à qui la prestation est due s'appelle "créancier" *(creditor)*, celle qui est tenue d'effectuer la prestation s'appelle "débiteur" *(debitor)*. Entre les deux existe un lien de droit *(uinculum iuris)* : le débiteur n'est pas enchaîné physiquement, mais il est contraint par le droit d'accomplir la prestation.

Cette idée de lien est fortement ressentie dans la terminologie latine : *obligatio* dérive de *obligare*, qui signifie "attacher, enchaîner". Primitivement d'ailleurs, certains débiteurs étaient soumis au créancier dans un état de demi servitude et souvent chargés de chaînes. Le paiement, l'acte par lequel le débiteur exécute son obligation, est la *solutio*, et payer se dit *soluere*, mais son sens premier est "délier, dénouer". En accomplissant la prestation dont il est redevable, le débiteur défait le lien de droit et se libère ainsi de l'emprise de son créancier.

A première vue, le concept d'obligation, entendu comme le lien juridique entre un débiteur et un créancier, justifiant une prestation de nature pécuniaire, est une évidence, une donnée première de la conscience juridique. Historiquement, il n'en est rien. Le concept d'obligation ne peut se rencontrer que dans une société évoluée, marquée par la prévoyance et la gestion du temps, par la confiance et le crédit mutuels. Il implique une économie d'échanges soutenus, dans laquelle l'argent joue un rôle central, à la fois comme instrument d'échange et comme élément d'évaluation des prestations. Dans une société traditionnelle, par contre, il existe certainement des prestations obligatoires, mais celles-ci reposent sur des liens familiaux ou des solidarités de voisinage. Elles résultent rarement de la volonté individuelle et n'ont pas la dimension patrimoniale des obligations du droit romain classique.

Le *uinculum iuris*, le lien purement juridique, n'apparaît qu'après plusieurs siècles dans l'histoire de Rome. Au premier siècle avant notre ère, les juristes romains ont dégagé les concepts d'obligation et de contrat, ont défini les principaux contrats, les ont classés par catégories et ont déterminé des règles qui leur sont communes, notamment en ce qui concerne l'exécution de ses prestations par le débiteur. Bref, ils ont jeté les bases de la théorie générale des obligations.

Section 1
Objet et sanction de l'obligation

Droits réels et droits personnels. – Le juriste Paul, dans le Digeste, considère que "L'essence des obligations n'est pas de nous faire acquérir la propriété ou une servitude sur un objet déterminé, mais de contraindre une autre personne à nous transférer quelque chose, ou à faire quelque chose pour nous, ou à nous garantir un certain résultat".

La définition de Paul met l'accent sur la distinction entre les droits issus d'un rapport obligatoire et les droits réels. Les uns et les autres sont des droits patrimoniaux car ils représentent des valeurs d'ordre pécuniaire. Mais dans le cas des droits réels – propriété et usufruit par exemple –, le titulaire affirme directement son droit sur une chose et peut faire valoir sa prétention *erga omnes* : envers quiconque porte atteinte à son droit. Cette opposabilité absolue du droit réel en est une caractéristique essentielle.

Au contraire, en droit des obligations, le créancier n'a d'action que contre la personne de son débiteur et n'a aucun droit direct sur l'objet de la prestation qui lui est due. Il peut uniquement exiger du débiteur qu'il lui fournisse l'objet ou qu'il exécute la prestation. Pareille exigence n'est évidemment valable qu'à l'encontre du débiteur lui-même. Dans un contrat de prêt par exemple, seul le débiteur peut être poursuivi en paiement par le créancier, car le droit de ce dernier n'a qu'une opposabilité relative.

Cette distinction apparaît nettement dans la procédure. Si je suis propriétaire d'un fonds de terre ou d'un cheval et qu'un autre s'en empare, je peux intenter l'action en revendication. J'affirme que ce fonds ou ce cheval m'appartient. En revanche, si je suis créancier parce qu'un autre m'a vendu le fonds ou promis le cheval, je ne peux prétendre en être déjà propriétaire. Je peux seulement affirmer que le défendeur doit me transférer le bien en cause.

Si le détenteur d'un bien qui m'appartient le cède à un tiers, je pourrai intenter l'action en revendication contre ce dernier. Par contre, si mon débiteur transmet l'objet qu'il m'a promis à un tiers, je n'ai aucun droit de suite sur la chose et je ne puis que faire condamner le débiteur à des dommages et intérêts puisqu'il n'a pas effectué sa prestation.

Les trois objets de l'obligation. – La définition de Paul mentionne un triple objet : *dare, facere, praestare.*

Dare ("donner"), effectuer une *datio*, c'est, au sens propre du terme, transférer la propriété. La *datio* peut porter sur une chose d'espèce, une certaine quantité de marchandises définies en genre ou une somme d'argent. Pour s'acquitter de son obligation, le débiteur devra respecter les modes de transfert admis par le droit romain – mancipation, *in iure cessio* ou tradition, selon que la chose est une *res mancipi* ou une *res nec mancipi*.

Dans certains contrats, le débiteur s'engage seulement à livrer la possession ou même la simple détention. *Dare* est alors généralement accompagné d'une précision, comme en français du reste : donner en gage, donner en prêt d'usage. Par exemple, dans un contrat de location, le locataire ne peut pas exiger qu'on lui donne la propriété du bien, mais seulement la libre disposition de celui-ci.

Facere ("faire"), au sens large, désigne toute prestation ne consistant pas en une *datio*. C'est dans ce sens qu'il faut comprendre l'expression familière de la procédure formulaire : *quidquid dare facere oportet* ("tout ce qu'il convient de donner ou faire").

La signification exacte de *praestare* est plus difficile à saisir. Le mot évoque l'idée de protection, de garantie. Il est utilisé techniquement lorsque le débiteur garantit un certain résultat, ou qu'il assume une responsabilité : *praestare custodiam* (assurer la garde d'un objet), *praestare culpam, dolum* (être responsable de sa faute, de son dol), *praestare periculum* (supporter le risque). Dans ces différents cas, on peut traduire le verbe par "répondre de".

Le verbe *praestare* est susceptible d'une interprétation extensive. Quelle que soit la nature de sa dette, l'obligé est toujours, d'une certaine façon, responsable de ce qu'il doit. *Praestare* en vient ainsi à signifier "assurer, fournir, effectuer une prestation". En français, "prestation" est devenu le terme générique par lequel on désigne tout ce qui peut faire l'objet d'une obligation.

A côté des obligations consistant à *dare*, *facere* ou *praestare*, qui ont un contenu positif, on peut concevoir des obligations négatives : le débiteur peut être astreint à ne pas faire quelque chose, soit qu'il s'interdise de poser lui-même un acte déterminé (*non facere*), soit qu'il s'engage à supporter sans y faire obstacle certains actes du créancier. Le sens élargi de *facere* et surtout de *praestare* permet d'inclure ces prestations négatives.

Dans sa définition du contrat, qui est la source principale d'obligations, le Code civil substitue "ne pas faire" à la catégorie évoquée par *praestare* : "Le contrat est une convention par laquelle une ou plusieurs personnes s'obligent, envers un ou plusieurs autres, à donner, à faire ou à ne pas faire quelque chose" (article 1101). Pour les auteurs du Code civil, la notion de prestation était devenue trop générale et ne pouvait plus servir à désigner un objet particulier d'obligation.

La sanction de l'obligation. – Pour être effectif, le droit que l'obligation confère au créancier doit lui permettre, à défaut d'exécution volontaire, d'obliger le débiteur à lui donner satisfaction. L'obligation doit donc être accompagnée d'une sanction, appliquée le cas échéant sous la contrainte.

En principe, cette sanction doit être d'ordre juridique. Il faut qu'elle soit déterminée par le droit positif et qu'elle permette le recours à l'autorité judiciaire pour obtenir l'exécution forcée de la prestation du débiteur, ou la condamnation de ce dernier à une indemnité compensatoire lorsque la prestation ne peut pas être accomplie de force, comme nous le verrons dans le dernier chapitre.

La distinction entre les sanctions juridiques et celles qui n'ont pas cette qualité est cependant moins nette dans le droit romain ancien, où les pouvoirs ne sont pas séparés et où le droit est encore essentiellement coutumier. A Rome, le roi est à la fois chef politique et religieux. La *gens* – cercle familial étendu – et le *paterfamilias* exercent un certain pouvoir de juridiction. Les normes coutumières mélangent les prescriptions imposées par la communauté civile *(ius)* et par la religion *(fas)*, les règles édictées par le droit familial et celles qui représentent le code d'honneur de tel ou tel groupe particulier. Tous ces impératifs sont ressentis comme contraignants et concourent d'une certaine façon au bien commun : permettre à la société romaine de se maintenir et de se reproduire, en organisant la prévention et la résolution des conflits entre ses membres.

Dans le droit classique par contre, la distinction est plus nette entre les sanctions juridiques et les autres. La sanction ordinaire du droit des obligations, c'est l'action en justice, moyen accordé au créancier d'intenter un procès au débiteur défaillant et d'obtenir sa condamnation. Justinien, dans les Institutes, lie très précisément le droit et l'action : *Actio nihil aliud est, quam ius persequendi iudicio, quod sibi debetur* ("L'action n'est rien d'autre que le droit de poursuivre, par une procédure judiciaire, ce qui nous est dû").

En droit romain, chaque obligation est accompagnée d'une action spécifique : la victime d'un vol intente l'*actio furti*, le vendeur ou l'acheteur disposent respectivement de l'*actio uenditi* et de l'*actio empti*, etc. Aussi les juristes romains ont-ils tendance à envisager chaque créance du point de vue de l'action qui la sanctionne.

Les obligations naturelles. – Plus tard dans l'histoire du droit romain, la notion d'obligation naturelle est acceptée par les juristes. Le droit du Principat et la codification de Justinien considèrent les obligations naturelles comme imparfaites, en ce sens qu'elles n'accordent au créancier aucune action ni aucun autre recours direct. Elles rentrent néanmoins dans la sphère juridique, car leur principal effet est que l'exécution de la prestation de la part du débiteur est considérée comme un véritable paiement et non comme une donation, ni comme une prestation accomplie par erreur qui fournirait matière à une demande en restitution.

Les obligations naturelles admises par les juristes romains sont par exemple celles qui répondent à un devoir moral (fourniture d'une dot à une sœur pour lui permettre de contracter mariage, prestation d'aliments à un cousin) ou encore celles qui résultent d'engagements contractuels irréguliers par suite d'un vice de fond ou de forme (débiteur renonçant à invoquer la prescription ou une irrégularité de l'acte) ou par défaut de la capacité requise (mineur d'âge exécutant sa prestation en dépit de l'incapacité instaurée en sa faveur).

Section 2
Sources de l'obligation

Il importe de ne pas confondre la cause et l'effet, l'institution juridique et l'acte qui la fait exister. Si le contrat est la principale source de l'obligation, sans doute la plus fréquente, il n'en est pas la seule cause.

Quels sont les faits ou les actes qui donnent naissance à des obligations ? Celles qui nous intéressent sont envisagées dans le cadre du droit privé. Les prestations d'ordre public telles que le service militaire, les impôts et les autres charges établies dans l'intérêt de la collectivité sont donc exclues ici. Seules comptent les prestations dues par un particulier à un autre particulier, qui peut en réclamer l'exécution au nom de son intérêt personnel. C'est ce qui découle de la définition donnée plus haut : l'obligation "lie autrui envers nous", elle est un rapport entre deux personnes privées.

Les juristes romains distinguent deux sources principales d'obligations. Gaius, dans ses Institutes, précise que "Les obligations comportent une division fondamentale en deux espèces : toute obligation en effet naît d'un contrat ou d'un délit".

Les contrats. – Source la plus importante d'obligations, le contrat repose essentiellement sur un accord de volontés entre deux ou plusieurs personnes. Les parties contractantes donnent leur consentement pour faire naître le lien juridique qui astreindra l'une d'entre elles à fournir une prestation à l'autre, ou qui les astreindra à se fournir mutuellement des prestations.

Les délits. – Acte unilatéral illicite, le délit *(delictum, maleficium)* cause un préjudice à un particulier et fait naître dans le chef de ce dernier le droit de réclamer à l'auteur du délit une indemnité. La conception romaine du délit est une survivance du système ancien de la justice privée. Elle est, comme telle, fort éloignée de ce que nous connaissons aujourd'hui.

En droit romain, la plupart des délits sont sanctionnés par des peines pécuniaires que l'auteur doit payer à la victime ou à sa famille. L'idée fondamentale n'est pas de réparer le dommage causé par le délit, mais de subir une sanction, un châtiment, sans rapport logique avec le préjudice subi. La peine est très souvent plus élevée que ne le serait une simple indemnité. Par exemple, la sanction d'une action de vol est la condamnation au double de la valeur de la chose.

Ces délits, comme le vol ou les coups et blessures, sont des délits privés, qui mettent en cause des intérêts particuliers et sont jugés par des juridictions ordinaires selon la procédure habituelle dans les procès entre particuliers.

La division bipartite contrats / délits est toutefois insuffisante. Gaius lui-même s'en est rendu compte. Dans ses *Res cottidianae*, qui complètent les Institutes, il ajoute une troisième catégorie : "Les obligations peuvent aussi naître d'un droit particulier, en vertu de différents types de causes" *(uariae causarum figurae)*. Il donne de ces diverses causes une énumération assez disparate, qui comprend la gestion d'affaires, la tutelle, les legs que doit payer un héritier, le paiement indu effectué par erreur, l'indemnité due par le juge qui prend parti injustement, par dol ou par négligence, l'indemnité pour la chute d'objets tombant d'un édifice privé sur la voie publique, la responsabilité des armateurs, aubergistes et maîtres d'écuries pour les vols et dommages causés aux biens qui leur sont confiés.

Les auteurs postérieurs citent encore d'autres cas qui permettraient d'allonger la liste. Dans ce fourre-tout, les juristes opèrent des rapprochements tantôt avec certains contrats, tantôt avec les délits. L'esprit de système cher aux professeurs des écoles de droit d'Orient aboutira, au Bas-Empire, à la création d'une division quadripartite, reprise dans les Institutes de Justinien, qui distinguent les contrats, les quasi-contrats, les délits et les quasi-délits.

Les quasi-contrats. – Il existe des situations qui, par certains de leurs éléments, ressemblent aux rapports contractuels et font naître des obligations. C'est l'absence de consentement qui empêche de les ranger dans la catégorie des contrats. On a, pour les qualifier, forgé l'expression de quasi-contrat. L'exemple le plus clair en est la gestion d'affaires.

Il y a gestion d'affaires lorsqu'une personne, de sa propre initiative, intervient pour administrer les biens d'une autre personne, qui ne le lui a pas demandé. Par exemple, quelqu'un intervient pour défendre les intérêts d'un voisin parti en vacances, ou veille sur les biens d'un défunt jusqu'à ce que les héritiers se manifestent. De cette intervention vont naître des obligations, à la fois pour celui qui intervient (le gérant) et dans le chef de celui pour qui on agit (le géré).

Dès l'instant où il pose un acte en ayant l'intention de réclamer le remboursement des frais qu'il va engager, le gérant a l'obligation de terminer les opérations commencées. Il n'avait certes pas l'obligation d'intervenir, mais puisqu'il l'a fait, il est responsable du dommage qu'il provoquerait en se retirant de manière intempestive.

Le gérant doit intervenir avec diligence. A l'époque classique, il répond non seulement de son dol, mais également de sa faute. La solution se comprend bien, du fait que le propriétaire des biens n'a pas pu choisir le gérant, contrairement à ce qui se passe en cas de mandat. Il devra, enfin, rendre compte de ses interventions et transférer éventuellement au géré les actions en justice et les droits qu'il aurait acquis durant son administration.

De son côté, le géré devra rembourser au gérant les dépenses utiles qui ont été faites dans l'administration de son patrimoine. Pour apprécier cette utilité, on aura égard aux circonstances dans lesquelles les dépenses ont été engagées. L'idée est que le géré doit seulement rembourser ce qui a été utile pour assurer la sauvegarde de son patrimoine.

La gestion d'affaire ressemble donc au contrat de mandat, par lequel une personne charge une autre, qui accepte, d'accomplir pour elle certains actes matériels ou opérations juridiques. Mais la différence essentielle tient au fait que le mandat est un contrat résultant de l'accord des parties, tandis que le gérant intervient de sa propre initiative, à l'insu du géré.

Les quasi-délits. – Catégorie juridique difficile à définir en droit romain, les quasi-délits s'apparentent aux délits en ce sens qu'ils provoquent un dommage, une perte patrimoniale, sans être, comme les délits, guidés par l'intention de nuire. C'est ainsi que nous les comprenons aujourd'hui. Par exemple, le conducteur qui, par excès de vitesse, provoque involontairement un accident de la route commet un quasi-délit. Les quasi-délits relèvent de la responsabilité civile, encore appelée responsabilité aquilienne, du nom de la *lex Aquilia* (IVème ou IIIème siècle avant notre ère).

La *lex Aquilia* est l'ancêtre des articles 1382 et suivants du Code civil, qui prévoient l'obligation de réparer le dommage causé à autrui par une faute ou une négligence. Mais il existe deux différences essentielles entre le système romain et celui de notre Code civil. En droit romain, la plupart des dommages matériels qui tombent sous le coup de la *lex Aquilia* sont considérés comme des délits, même s'il leur manque l'élément intentionnel. Le caractère pénal de la *lex Aquilia* vient de son caractère ancien et, dans les faits, sera peu à peu mis au second plan par la jurisprudence classique.

La seconde différence est que l'article 1382 du Code civil a une portée générale : "Tout fait quelconque de l'homme, qui cause à autrui un dommage, oblige celui par la faute duquel il est arrivé, à le réparer". La *lex Aquilia*, par contre, procède par énumération de cas particuliers.

Là encore, elle est tributaire de son âge, la méthode analytique étant la seule à être utilisée par une société traditionnelle. Poussés par les nécessités de la pratique, les juristes classiques ont bien entendu cherché à lui donner l'interprétation la plus extensive, mais jamais le droit romain n'est parvenu à dégager le principe général de la responsabilité pour tout dommage.

Ces quatre catégories sont passées dans notre Code civil. On y traite des contrats et des obligations conventionnelles en général (articles 1101 et suivants), des quasi-contrats (articles 1371 à 1381), des délits et des quasi-délits (articles 1382 à 1386).

Les obligations légales. – Une autre source d'obligations a été mise en évidence par Modestin, juriste du IIIème siècle de notre ère. Il s'agit des obligations qui sont créées par la loi : *Lege obligamur, cum obtemperantes legibus aliquid secundum praeceptum legis aut contra facimus* ("Nous sommes obligés en vertu de la loi lorsque, obéissant aux lois, nous faisons quelque chose conformément au précepte de la loi, ou lorsque nous agissons à son encontre").

Parler d'obligations créées par la loi peut prêter à confusion ou laisser perplexe car en dehors des contrats, qui reposent sur le consentement librement exprimé par les parties, les obligations ne peuvent être fondées que sur la loi. C'est elle qui énumère, de façon limitative, les délits, quasi-contrats et quasi-délits susceptibles d'engendrer automatiquement des obligations. De plus, les contrats eux-mêmes dépendent, en définitive, de l'autorité de la loi. C'est elle qui consacre la validité des conventions, qui en fixe les conditions de fond et de forme, et qui impose parfois des clauses auxquelles il n'est pas permis de déroger, par exemple dans le domaine des baux à loyer ou du contrat de travail.

Dans ces conditions, toute obligation peut être présentée comme dérivant de la loi au sens large. Ce n'est certainement pas dans ce sens qu'il faut entendre le passage de Modestin. Les obligations créées par la loi concernent des prestations précises ordonnées par le droit, mais toujours dans des circonstances bien particulières, par exemple les obligations résultant de la tutelle des mineurs. En droit des biens, on peut citer les règles concernant l'écoulement naturel des eaux ou les limitations imposées aux propriétaires fonciers dans l'intérêt des voisins.

Toutefois, ces prestations n'ont jamais été intégrées dans la théorie des obligations. Elles sont étudiées traditionnellement dans la partie du droit – les personnes, les biens ou les successions – à laquelle elles se rattachent en fonction de leur objet.

Section 3
Extinction de l'obligation

Lien de droit, l'obligation a par essence une durée de vie limitée. Elle est appelée, par sa fonction – s'assurer qu'une prestation sera fournie – à disparaître à un moment donné. Le statut de débiteur, comme celui de créancier, n'est en principe que temporaire. Il s'agit là, sans doute, d'une caractéristique qui permet d'opposer l'obligation à la propriété, par essence perpétuelle.

Comment s'éteint une obligation ? Le mode le plus fréquent et le plus naturel est de toute évidence le paiement, grâce auquel le créancier obtient la prestation attendue de son débiteur. Mais il faut également parler des autres hypothèses d'extinction de l'obligation : la novation, la remise de dette et la compensation. Comme la novation sera étudiée dans le chapitre quatorze, en même temps que le contrat de stipulation, examinons ici, successivement, le paiement, la remise de dette et la compensation.

Le paiement. – On peut définir le paiement comme l'exécution volontaire de l'obligation. Il se réalise de diverses manières, selon le type de prestation attendue. Comme le précise Ulpien, *"Soluere dicimus eum qui facit quod facere promisit"* ("Nous disons que le paiement consiste à faire ce que l'on a promis de faire"). Si l'objet de l'obligation est de transférer la propriété d'une chose, le paiement se fera par une mancipation ou une *in iure cessio* pour une *res mancipi*, par une *in iure cessio* ou une simple *traditio* pour une *res nec mancipi* – c'est le cas, par exemple, pour de l'argent. Payer, au sens le plus fréquent du terme, c'est livrer l'argent au créancier. Si l'objet de l'obligation est d'effectuer un travail déterminé – transporter des marchandises par exemple, le paiement, au sens juridique du terme, se fera par l'exécution de ce travail.

Le paiement ne pose pas de grandes difficultés juridiques. Il a pour effet d'éteindre, de plein droit, la dette, avec ses accessoires éventuels. C'est pourquoi le paiement libère en principe les cautions, qui sont les personnes garantissant que le débiteur respectera ses engagements.

Celui qui doit payer est, en principe, le débiteur, mais le paiement peut valablement être accompli par un tiers agissant au nom du débiteur. Le débiteur ou son mandataire doit être capable. Pour que le paiement produise ses effets, il doit être fait au créancier et ce dernier doit lui aussi être capable. C'est ainsi que le paiement fait à un incapable – un mineur par exemple – est une opération particulièrement risquée pour le débiteur, qui peut être poursuivi par le tuteur de l'incapable. Toutefois, le paiement fait entre les mains d'un mandataire du créancier est également valable.

Où le paiement doit-il être effectué ? En principe, au lieu déterminé dans le contrat. A défaut, si la dette porte sur un corps certain, le paiement aura lieu là où se trouve la chose à livrer. S'il s'agit d'une chose de genre, la dette est exigible au domicile du débiteur. Ces solutions ont été reprises dans l'article 1247 du Code civil.

La dation en paiement. – En principe, on ne peut se libérer qu'en effectuant la prestation convenue, par exemple donner de l'argent. Néanmoins, pour autant que le créancier l'accepte, le débiteur peut remettre une autre chose à la place. On parle alors de dation en paiement, qui a le même effet libératoire que le paiement au sens strict. Ainsi, je peux donner à mon créancier, pour éteindre une dette de mille euros, un tableau d'une valeur équivalente. Mon créancier devient propriétaire de ce tableau, pour autant que je le sois moi-même, et ma dette disparaît.

La dation en paiement peut poser difficulté lorsque celui qui remet la chose n'en est pas propriétaire. Que se passe-t-il si le créancier, avant d'avoir eu le temps d'acquérir la propriété de la chose par prescription, est évincé par un tiers qui s'en prétend propriétaire ? On pourrait penser que la dation en paiement est nulle, puisqu'elle n'a pas produit l'effet attendu. Mais cette solution serait dangereuse pour les cautions, qui se sont crues libérées par la dation. Aussi les juristes romains préfèrent-ils assimiler la dation en paiement à une vente de l'objet, que le débiteur aurait faite au créancier. Cette analyse permet de considérer que les cautions sont libérées, comme le prévoit également le Code civil (article 2038). Mais le créancier évincé, comme tout acheteur évincé, pourra agir en justice contre le débiteur pour lui réclamer une indemnité.

La remise de dette. – L'obligation s'éteint sans paiement lorsque le débiteur et le créancier sont d'accord pour la faire disparaître. Cet accord réalise une remise de dette, pour autant que le créancier ait la capacité de le faire. Ainsi, un mineur ne pouvait pas remettre une dette, mais pouvait en bénéficier.

Il fallait, en droit ancien, un acte solennel et formaliste pour réaliser une remise de dette. En droit classique par contre, les dettes nées d'un contrat formel comme la stipulation pouvaient être éteintes par une remise verbale, appelée *acceptilatio*. Le débiteur interrogeait le créancier : "ce que je t'ai promis, le tiens-tu pour reçu ?" et ce dernier répondait : "je le tiens pour reçu". Toujours à l'époque classique, les dettes nées d'un contrat consensuel comme la vente ou le louage pouvaient faire l'objet d'une remise par simple consentement des parties, sans aucune formalité.

Comme le paiement, la remise de dette produit ses effets à l'égard du débiteur mais libère également les cautions éventuelles. Elle est utilisée dans différents buts : réaliser une donation – et dans cette hypothèse, sa validité est fonction de celle de la donation –, constituer une dot, éteindre une créance douteuse ou clôturer une relation d'affaires, en étant utilisée "pour solde de tout compte".

La compensation. – Il peut arriver que deux personnes soient mutuellement débitrices et créancières. Ainsi, Primus doit 5.000 euros à Secundus, à la suite d'un prêt, tandis que Secundus doit 4.000 euros à Primus, qui lui a livré des marchandises. Normalement chacun devrait payer sa dette à l'autre, mais cette solution n'est pas pratique. Outre les risques de perte et de vol liés à la circulation de l'argent, le premier qui paie peut se heurter à l'insolvabilité de l'autre. Pour éviter ces inconvénients, on a imaginé la compensation, qui est l'extinction des deux dettes à concurrence de la plus faible. Dans notre exemple, la dette la plus faible est celle de Secundus (4.000 euros) qui disparaît, tandis que la dette de Primus (5.000 euros) est réduite à 1.000 euros.

La compensation peut se présenter sous trois formes : volontaire, judiciaire ou légale, selon sa cause – le consentement des parties, la décision du juge ou l'effet de la loi.

Une hypothèse de compensation légale, connue dès la fin de la République, est celle du banquier. Lorsqu'il réclame ce que lui doit un client, le banquier est tenu de faire lui-même la balance du débit et du crédit du compte et de ne réclamer que le solde. Cette obligation légale résulte du fait que le compte de chaque client doit être constamment tenu à jour.

La compensation judiciaire est introduite par un rescrit de Marc-Aurèle (IIème siècle de notre ère) et permet à un débiteur poursuivi en justice sur base d'une dette créée par un contrat de stipulation, d'invoquer une exception de dol pour faire valoir sa propre créance contre le demandeur. On considère en effet que le demandeur commet un dol s'il réclame sa créance sans déduire préalablement ce que lui-même doit au défendeur.

Chapitre 12
Unité et variété des contrats

L'objet d'un contrat – sa raison d'être et son but économique – est de faire naître une obligation, entendue comme un lien de droit en vertu duquel un individu est astreint à faire ou à ne pas faire quelque chose au bénéfice de son cocontractant. Somme toute, l'essence d'un contrat est d'anticiper l'avenir, de s'assurer aujourd'hui qu'un acte déterminé sera posé demain.

Pour s'assurer une relative sécurité, il faut en effet pouvoir compter sur la prévisibilité du comportement d'autrui. Et qu'est-ce qu'un contrat, sinon le fait de s'assurer aujourd'hui qu'une prestation sera fournie demain ? Grâce au contrat d'épargne-pension, je peux espérer, par mes efforts actuels, recevoir demain un capital déterminé. Par un contrat de travail, je peux répartir ma force de travail dans le temps et m'assurer des revenus périodiques. Par un contrat de vente avec livraison différée, je peux m'engager aujourd'hui pour recevoir ultérieurement ce dont j'aurai besoin, etc.

La conception que nous avons du contrat, héritée du droit romain, est peut-être la meilleure illustration de la volonté qu'a le système juridique de gérer le temps. Si le droit est une tentative nécessaire mais toujours vaine pour maîtriser la dimension temporelle de la vie, le contrat est sans doute l'institution où cette volonté apparaît le plus clairement.

Le contrat, au sens où nous l'entendons, n'est pas une constante dans l'histoire. Il suppose au contraire un état de civilisation assez avancé. Dans la Rome ancienne, les contrats proprement dits ne sont guère développés. L'engagement d'égal à égal, par la vertu d'une simple convention, est pratiquement inconnu. Ou bien l'obligé a reçu un service d'ami, et dans ce cas sa dette de reconnaissance ne se solde pas par une simple contre-prestation; ou bien il se trouve placé dans un état d'infériorité, et il se soumet à son créancier ou à son bienfaiteur.

Lorsque le commerce fait son apparition, les opérations d'échange, surtout si elles sont menées en dehors du groupe, se règlent strictement au comptant. C'est le troc. Comment faire confiance à un étranger sur lequel on n'a aucune prise – à moins d'entreprendre une expédition punitive – pour qu'il rembourse un prêt ou livre à terme des marchandises ? Notre idée de contrat, axée sur l'accord des volontés, aurait été incompréhensible dans une société où les effets juridiques ne résultent pas de l'intention des parties, mais de la force propre à certains rites ou à des paroles consacrées.

Le développement des contrats, aux trois derniers siècles de la République, est à mettre en rapport avec le bouleversement complet de la société romaine provoqué par l'expansion impérialiste de Rome dans tout le bassin méditerranéen.

Ces conquêtes ont profondément modifié les habitudes sociales. Elles ont élargi la population et orienté l'économie sur des voies nouvelles. L'essor du commerce, les relations maritimes et bancaires, l'importance prise par la fortune mobilière et l'élargissement du crédit ont imposé l'adoption de nouveaux schémas juridiques.

Les influences étrangères ont certainement joué, qu'il s'agisse des pratiques du commerce international ou des usages en vigueur parmi les étrangers résidant à Rome. On sait que leur nombre a provoqué, en 242 avant notre ère, la création d'un magistrat spécial, le Préteur des pérégrins, qui développe à leur intention le *ius gentium*. Signalons encore les exemples que les Romains ont pu ramener de leurs séjours dans les provinces, sans oublier l'ascendant de la philosophie grecque.

Le droit des contrats connaît, à l'époque des Conquêtes, un renouvellement complet. La reconnaissance des grands contrats consensuels – vente, louage, société et mandat – en droit civil est certaine au dernier siècle de la République. Ils ont d'abord été admis dans le *ius gentium* et leur passage au *ius ciuile* a pu s'opérer par certains détours. Les obligations résultant de la vente ou du louage ont pu être promises par des stipulations réciproques; la société a pu être constituée tout d'abord par la création d'une indivision; l'usage largement répandu de livres de comptes a permis l'éclosion d'un contrat où l'obligation résulte de l'inscription d'une somme à charge du débiteur.

L'élaboration théorique du droit des obligations est essentiellement l'œuvre des juristes classiques. Dès le premier siècle avant notre ère, ils semblent avoir dégagé les notions générales d'obligation et de contrat. Ils définissent les principaux contrats, les classent par catégories et déterminent un certain nombre de règles communes, notamment pour l'exécution des prestations. Le droit byzantin achèvera de leur donner la forme sous laquelle ils nous sont connus.

Section 1
Le consentement

Ulpien, au IIIème siècle de notre ère, compare la conclusion d'un contrat à un double mouvement de volontés qui se rencontrent et s'unissent comme la trajectoire de deux corps qui se croisent en un même lieu. Le consentement est donc le commun dénominateur des contrats.

Les juristes classiques sont peu portés vers les grandes théories ou les belles synthèses. Mais à partir de la pratique, ils ont dégagé certaines règles qui, dans les faits, s'appliquent à tous les contrats. Assez rapidement dans l'histoire du droit romain, le consentement a été considéré comme un élément essentiel, même dans les contrats qui requièrent un acte formaliste pour exister.

Le consentement des parties doit être manifesté sans équivoque, être sérieux et, surtout, être exempt de vices. Le droit romain connaît l'erreur, le dol, la violence et la lésion comme vices de consentement.

L'erreur. – D'une manière générale, l'erreur est une représentation inexacte de la réalité. Dans le domaine des relations contractuelles, elle engendre un divorce entre la volonté réelle de l'auteur de l'acte et sa volonté déclarée. L'erreur peut porter sur un élément de droit ou sur un fait.

L'erreur de droit est admise par les juristes romains au profit de certaines personnes, essentiellement les mineurs d'âge et les femmes, pour leur permettre d'éviter une perte, jamais pour leur faire conserver un gain. Un dépositaire mineur d'âge, par exemple, a indemnisé le déposant pour un dommage survenu par cas fortuit. Il pourra invoquer l'erreur de droit pour obtenir le remboursement de l'indemnité versée à tort. Par contre, si un mineur a trouvé un objet perdu depuis plusieurs années et l'a rendu à son propriétaire initial malgré la prescription, on refusera qu'il invoque l'erreur de droit pour obtenir la restitution de l'objet.

Pour des raisons de sécurité juridique, l'erreur de fait n'est admise qu'à la condition d'être essentielle, en ce sens qu'elle doit porter sur un élément fondamental du contrat. Le droit classique connaît l'erreur sur la nature de l'acte, sur l'objet du contrat ou sur sa substance et, dans certaines limites, l'erreur sur l'identité de la personne avec laquelle on contracte.

L'erreur sur la nature de l'acte intervient lorsqu'une personne pense par exemple conclure un prêt alors que pour son cocontractant, la chose lui est remise en dépôt. Dans cette hypothèse, il n'y a ni prêt ni dépôt, par défaut de consentement concordant.

L'erreur sur l'objet est essentielle lorsqu'elle porte soit sur son identité, soit sur sa substance. Ainsi, un vendeur entend céder tel immeuble alors que son interlocuteur croit acheter tel autre. Une erreur de ce genre empêche évidemment le contrat d'exister. De même, certains juristes classiques, influencés par la philosophie stoïcienne, admettent que l'erreur sur la substance, c'est-à-dire sur la matière dont l'objet est fait, entraîne la nullité de la vente. Pour les stoïciens en effet, c'est la matière qui constitue la nature essentielle des choses, leur forme étant une qualité accidentelle. Mais cette opinion, limitée au contrat de vente, n'est pas défendue par ceux qui adhèrent plus volontiers aux thèses d'Aristote, selon lesquelles la forme est, pour toute chose, un élément essentiel. La question est traitée différemment dans le droit de Justinien, qui considère que la vente est valable mais accorde à l'acheteur une action en dommages et intérêts.

Par contre, l'erreur sur une qualité de l'objet n'est pas reconnue comme vice de consentement. Cette solution juridique est sévère pour l'acheteur.

L'erreur sur la personne, assez logiquement, n'est essentielle que dans les contrats *intuitu personae*, c'est-à-dire les contrats conclus en considération de la personne du cocontractant. Ont par exemple cette qualité le dépôt, le mandat ou la société.

Le dol. – Comme vice de consentement, le dol, selon la définition de Labéon, est une supercherie, une fraude, une machination destinée à tromper autrui. Il s'agit d'un moyen utilisé pour induire le cocontractant en erreur, en manière telle que sans ce moyen, la victime n'aurait pas contracté ou l'aurait fait dans des conditions moins désavantageuses pour elle. Le dol est une erreur provoquée.

Il importe néanmoins de ne pas confondre le dol et l'erreur. En premier lieu parce qu'il peut y avoir erreur sans dol, ensuite et surtout parce que si la seule erreur n'est pas toujours prise en considération, comme nous venons de le voir, elle donne lieu à recours, quel que soit son objet, si elle a été provoquée par une manœuvre frauduleuse du cocontractant. Si le dol est plus difficile à prouver que l'erreur, son champ d'application est plus large.

Pour des raisons de sécurité juridique, le droit ne peut accepter que toute manœuvre donne lieu à annulation du contrat ou à un recours en dommages et intérêts. Ainsi, les pratiques commerciales qui présentent les objets mis en vente sous leur plus bel aspect sont admises par l'usage, ne doivent en principe leurrer personne et constituent ce que les juristes appellent un *dolus bonus*, un bon dol. Le *dolus malus*, pour être sanctionné, doit être de nature à provoquer l'erreur d'une personne normalement attentive et diligente.

En droit romain, le dol n'est pas une cause d'annulation du contrat. A la demande de la victime des manœuvres, le juge a le pouvoir de sanctionner le dol. Si la victime est le défendeur au procès, le juge peut refuser de le condamner. S'il est demandeur, il peut réclamer des dommages et intérêts en agissant par l'action même du contrat, ou par une action spécifique, l'action de dol, créée au premier siècle avant notre ère

La violence. – A partir du premier siècle avant notre ère, plusieurs préteurs, sensibles aux doléances des victimes d'actes de violence, interviennent pour sanctionner les actes juridiques accomplis sous la contrainte. L'édit du préteur refuse toute valeur aux actes posés *metus causa*. Le terme employé signifie précisément "crainte fondée sur la menace". Il peut donc couvrir non seulement la contrainte physique, mais également la simple menace.

Comme pour l'erreur et le dol, l'impératif de sécurité juridique ne permet pas de retenir n'importe quelle violence. Pour être vice de consentement, il faut que la menace qui a fait naître la crainte soit sérieuse et susceptible de faire impression sur un homme normal.

La lésion. – Traditionnellement rangée dans les vices de consentement, la lésion n'en est en réalité pas un. C'est plutôt une notion d'ordre économique, qui peut éventuellement être la conséquence d'un vice comme le dol ou l'erreur. La lésion est une disproportion caractérisée entre ce qu'obtient la personne qui la subit et la prestation qu'elle doit fournir en échange à son cocontractant. Dans une vente par exemple, il y aura lésion quand un acheteur achète trop cher ou quand un vendeur vend à un prix trop bas.

Il résulte de la définition même que la lésion ne peut exister dans les contrats à titre gratuit comme le prêt d'usage ou le mandat. Du fait que ces contrats ne font pas naître de prestations réciproques, on ne voit pas comment il pourrait y avoir déséquilibre entre elles. La lésion ne trouvera donc à s'appliquer que dans les contrats à titre onéreux, dans lesquels chaque cocontractant doit effectuer une prestation.

Le droit romain montre beaucoup de réticence à accepter des recours en annulation fondés sur la lésion car, plus encore que pour les autres vices de consentement, le risque est grand de voir pratiquement tous les contrats attaqués si l'on admet que le déséquilibre économique est une cause d'annulation. La lésion est d'autant plus difficile à mettre en œuvre qu'il est malaisé d'évaluer objectivement la valeur des choses.

Pour ces raisons, si l'on excepte la protection reconnue aux mineurs d'âge, la lésion ne trouve à s'appliquer que de façon fort réduite. C'est essentiellement dans le contrat de vente qu'elle apparaît, fort timidement, pour protéger le vendeur d'un immeuble qui a manifestement obtenu un prix jugé insuffisant. Nous y reviendrons en étudiant le contrat de vente.

Section 2
La classification des contrats

Aujourd'hui, sous l'empire du Code civil, une large liberté est reconnue, au moins théoriquement, aux particuliers. En matière de contrats, le simple consentement suffit pour créer des obligations et le contenu des conventions est, toujours en théorie, laissé à la liberté des parties. Nous connaissons donc à la fois le principe du consensualisme et celui de l'autonomie de la volonté, même si cette autonomie, dans les faits, a été réduite par des interventions législatives successives. Le principe est exposé à l'article 1134 du Code civil : "Les conventions librement formées tiennent lieu de loi à ceux qui les ont faites". Les contrats proposés par le Code civil servent seulement de modèle.

La spécificité des contrats romains. – En droit romain, la liberté dont nous jouissons aujourd'hui n'existe pas. Une convention n'est obligatoire qu'à la condition de s'intégrer dans des modèles bien déterminés. Les contrats romains forment un ensemble limité au sein duquel les individus doivent choisir celui qui correspond à leurs objectifs. Il ne leur est pas permis d'en créer d'autres, ni d'adapter ceux qui existent, par exemple en les mélangeant.

Une telle contrainte tient à la fois à la procédure et à l'esprit du droit romain ancien. Dans la procédure en vigueur à Rome, il n'y a pas d'action générale en justice, mais seulement des actions spécifiques permettant d'obtenir ce qui résulte d'une vente, ou d'un louage, ou d'un dépôt, etc. Sous peine d'être privé de tout recours judiciaire, il est donc nécessaire de rester dans le cadre d'un contrat préétabli. L'esprit du droit romain traditionnel va dans le même sens. Il rattache les effets juridiques, non à la volonté des parties, mais à l'accomplissement de certains rites. A telle formalité correspond tel effet, ce qui aboutit nécessairement à créer une liste déterminée de contrats.

Les contrats romains forment un système fermé. Même Justinien reste fidèle à la spécificité des contrats et à leur sanction par des actions spécifiques. Le droit classique en reconnaît une douzaine, qui forment un éventail assez large pour satisfaire la plupart des besoins. De plus, l'un d'entre eux, la stipulation, permet, comme nous le verrons, de donner naissance à quasiment toutes les obligations et même de créer des combinaisons juridiques assez complexes. Ceci explique sans doute pourquoi les Romains, même à l'époque classique, ne se sont jamais sentis vraiment à l'étroit dans leur cadre juridique.

Les contrats reconnus par le droit romain peuvent être classés selon plusieurs critères. Ainsi, les juristes romains distinguent les contrats du *ius ciuile*, réservés aux citoyens, et ceux qui relèvent du *ius gentium* et qui sont accessibles aux pérégrins. Mais une telle distinction n'offre qu'un intérêt limité. On lui préférera une double classification des contrats, selon leur effet tout d'abord, selon l'élément qui les fait naître ensuite.

Division d'après les effets. – Un contrat est, par essence, un acte bilatéral dans sa formation puisqu'il repose toujours sur un accord de volontés. Mais certains contrats produisent un rapport simple entre un créancier et un débiteur, tandis que d'autres donnent naissance à une relation complexe, où les parties sont réciproquement dans la position de créancier et de débiteur.

Les contrats unilatéraux créent un lien à sens unique : une des parties est tenue de fournir une prestation et ne reçoit rien en retour, du moins sur base du contrat. Dans la stipulation par exemple, le stipulant (celui à qui on promet) est exclusivement créancier et le promettant est exclusivement débiteur.

Les contrats synallagmatiques sont ceux dans lesquels les parties sont mutuellement créancières et débitrices l'une envers l'autre. Ainsi, dans la vente, le vendeur s'engage à livrer la marchandise et l'acheteur à payer le prix. Ces deux rôles sont distingués dans la terminologie romaine *(emptio uenditio)* ou italienne *(compravendita)*.

Le mot "synallagmatique" est évidemment un emprunt au grec, mais il y a lieu d'observer que ce terme ne désigne, en grec, rien de plus que "contrat" ou "convention" en général. C'est la langue d'emprunt qui lui confère un sens plus spécialisé.

Une distinction secondaire est établie entre contrats synallagmatiques parfaits et imparfaits.

Le lien est synallagmatique parfait lorsque les obligations réciproques existent nécessairement de part et d'autre dès la formation de l'acte juridique. Il en va ainsi dans la vente *(emptio uenditio)*, le louage *(locatio conductio)* et la société *(societas)*.

Dans ce dernier cas, les Romains utilisent un terme unique parce qu'il n'y a pas moyen de distinguer les rôles : chaque associé a le devoir de participer à l'œuvre commune et le droit d'en retirer un avantage, les modalités pratiques étant fixées dans chaque société particulière. Pour ce motif, on parle parfois, dans ce dernier cas, d'obligations "plurilatérales".

Le contrat est synallagmatique imparfait si l'acte juridique n'engendre de façon nécessaire et immédiate qu'une seule obligation, tandis qu'une obligation secondaire peut venir s'y greffer en sens inverse. Dans le contrat de dépôt par exemple, l'obligation première pèse sur le dépositaire, tenu de garder la chose et de la restituer. Le déposant, en principe, ne doit rien, car le contrat est gratuit. Mais exceptionnellement, il peut être tenu de rembourser certains frais engagés par le dépositaire. Une situation analogue existe par exemple dans le prêt d'usage, le gage ou le mandat.

Les actions en justice sanctionnant les contrats synallagmatiques reprennent le nom du contrat : *actio depositi*, *actio mandati*, etc. Celle qui correspond à l'obligation principale est appelée action "directe" *(actio depositi directa)*, celle qui s'applique à la dette secondaire est l'action "contraire" ou "oblique" *(actio depositi obliqua)*.

Division d'après l'élément déterminant. – La classification générale des contrats, qui intéresse peu les praticiens, est l'œuvre des professeurs de droit. Gaius par exemple, au IIème siècle de notre ère, distingue quatre types de contrats, selon l'élément qui les fait naître : les contrats qui naissent par la remise d'une chose *(re)*, par la parole *(uerbis)* ou l'écriture *(litteris)*, ou par le seul consentement *(consensu)*.

Les contrats réels sont les contrats dans lesquels l'accord des parties ne suffit pas et doit être accompagné de la remise matérielle d'une chose. A l'époque classique, les contrats réels reconnus par le droit romain sont le prêt de consommation, la fiducie, le dépôt, le prêt d'usage et le gage.

Ces contrats, qui existent encore aujourd'hui, relèvent d'une conception que l'on trouve également à l'œuvre dans le droit des biens. La *traditio*, par exemple, qui est une livraison matérielle de la chose, est un mode de transfert de la propriété fréquemment utilisé. Le *réalisme* offre notamment l'avantage de la clarté quant au moment de la naissance du contrat.

On peut réunir les contrats *uerbis* et *litteris* dans une même catégorie, car ils présentent une propriété commune. Ce sont des contrats formels, en ce sens que l'accord entre parties n'a d'effet que si certaines formalités sont accomplies : le prononcé de certaines formules pour les premiers, un jeu d'écritures pour les deuxièmes. Nous étudierons la stipulation et l'*expensilatio*.

Le formalisme, auquel nous ne sommes plus guère habitués aujourd'hui, s'explique au moins partiellement par des facteurs historiques. Le droit romain est né d'un mouvement de laïcisation de règles qui avaient au départ un fondement religieux. Lorsque la société romaine a distingué le juridique et le religieux, le *ius* et le *fas*, elle n'a pas immédiatement abandonné l'idée que le droit, comme la religion, impose d'observer des rites et des solennités.

Quand le droit des contrats, à l'époque classique, a abandonné au moins partiellement cette exigence, les juristes ont conservé les contrats formels. Cette attitude s'explique par l'intérêt du formalisme. A côté de ses aspects négatifs – la lourdeur, la lenteur et le risque d'injustices –, le formalisme présente le grand avantage de faciliter la preuve de l'acte et, surtout, d'éviter toute ambiguïté, à la fois sur le moment de la conclusion du contrat et sur son contenu.

Les contrats consensuels enfin, sont les contrats les plus récents dans l'histoire du droit romain. Plus faciles à mettre en œuvre, plus rapides et plus souples, ils sont également plus complexes et peuvent poser de délicats problèmes de preuve. Ils supposent un état de société plus avancé que les autres catégories de contrats, car ils naissent du simple consentement des parties. Ils produisent leurs effets *solo consensu* : créancier et débiteur sont mutuellement liés par le seul jeu de leurs volontés. Comme le précise Gaius dans les Institutes, "Nous disons que ces contrats se forment par le consentement pour ce motif qu'ils ne requièrent aucune forme spécifique ni en paroles, ni par écrit, mais qu'il suffit que ceux qui concluent l'acte juridique aient donné leur consentement".

Aucune formalité n'est donc exigée pour la naissance du contrat. La manière d'exprimer le consentement mutuel est entièrement libre et la rédaction éventuelle d'un écrit *(instrumentum)* n'a d'autre utilité que de servir de moyen de preuve. Il n'est pas nécessaire non plus qu'un objet soit livré, comme dans les contrats réels, ni qu'une des parties commence à exécuter sa prestation. Le contrat existe – il est parfait – dès l'instant où l'accord s'est réalisé.

Le droit romain connaît quatre contrats consensuels : la vente, le louage, la société et le mandat.

Chapitre 13
Les contrats réels

En droit classique, la catégorie des contrats réels comprend cinq figures : le prêt de consommation, la fiducie, le dépôt, le prêt d'usage et le gage.

Le *mutuum* ou prêt de consommation, qui est à l'origine un prêt fondé sur l'obligation de solidarité entre amis ou voisins, donc un acte gratuit, est sans doute un des plus vieux contrats romains. Il permet de transférer en pleine propriété des semences, des denrées alimentaires ou de petits animaux, plus tard de l'argent, avec une obligation de restitution d'un objet équivalent.

La fiducie, au départ, n'est pas un contrat mais une simple clause qui s'ajoute à une mancipation ou une *in iure cessio*. Elle permet d'imposer des obligations à l'acquéreur, quant à la façon d'utiliser le bien et au moment où il devra en transférer la propriété en retour. La fiducie est à l'origine des trois autres contrats réels, le dépôt, le prêt d'usage et le gage.

Le dépôt, comme le prêt de consommation, est fondé sur une relation d'amitié ou du moins de solidarité. Il permet de confier à la garde d'une personne de confiance une chose d'espèce, pendant un certain temps. Celui qui reçoit la chose à garder – le dépositaire – ne peut normalement pas l'utiliser, ce qui le distingue nettement de l'emprunteur.

Le commodat ou prêt d'usage, caractérisé lui aussi par une relation d'amitié, se distingue du prêt de consommation en ce qu'il porte sur une chose d'espèce. Il s'agit donc, pour l'emprunteur, de restituer la chose elle-même, après l'avoir utilisée conformément à sa nature ou à ce qui a été convenu.

Le gage enfin, est une sûreté réelle : il a pour but de garantir le paiement d'une dette, par la remise d'une chose au créancier, qui la gardera jusqu'à ce qu'il ait été remboursé. Le contrat de gage, qui tire son nom de l'objet remis au créancier, fait naître un droit réel dans le chef de ce dernier. Autant dire que le créancier est bien protégé, puisque son droit de rétention de l'objet vaut contre tous.

Section 1
Le prêt de consommation

Portant le plus souvent sur des denrées périssables comme le vin, le blé ou l'huile, le *mutuum* est encore appelé prêt de consommation, pour le distinguer du commodat ou prêt d'usage. On peut définir le *mutuum* comme un contrat réel, qui se forme par la cession en pleine propriété de choses de genre, à charge pour l'emprunteur de restituer ultérieurement l'équivalent de ce qu'il a reçu.

Même si l'on prête le plus souvent des choses consomptibles, rien ne s'oppose à ce que le contrat porte sur des choses qui ne disparaissent pas par le premier usage – des bouteilles ou des caisses par exemple –, à condition toutefois qu'il s'agisse d'objets assez répandus sur le marché. Car ce qui est essentiel pour notre contrat, c'est que l'emprunteur, devenu propriétaire, peut faire ce qu'il veut, consommer, aliéner ou conserver les biens reçus, dont il doit seulement restituer l'équivalent. Ce contrat porte donc nécessairement sur des choses de genre.

1. Les caractères du contrat

Un contrat réel. – Même si le consentement des parties est évidemment requis, le *mutuum* est un contrat réel. Il ne se forme qu'au moment du transfert matériel de la chose prêtée. Le simple engagement de prêter de l'argent ne constitue pas un contrat de prêt et l'emprunteur potentiel n'a pas d'action en justice pour exiger le versement de ce qui lui a été promis. Il n'y a de recours que dans l'hypothèse où la promesse a pris la forme solennelle d'une stipulation, qui constitue un contrat reconnu et sanctionné par le droit classique, comme nous le verrons plus loin.

Comme la plupart des choses qui font l'objet de ce contrat sont des *res nec mancipi*, le transfert s'effectue par une simple tradition. On pourrait imaginer de procéder à une cession judiciaire, mais il est peu vraisemblable de déranger un magistrat pour réaliser une simple opération de prêt.

La tradition suppose un transfert matériel de l'objet accompagné d'une *iusta causa*, c'est-à-dire de l'intention concordante d'aliéner dans le chef du prêteur et d'acquérir dans le chef de l'emprunteur. Les facilités admises par le droit classique pour acquérir la possession peuvent s'appliquer au *mutuum*. Par exemple, on peut acquérir par l'intermédiaire d'autrui. Imaginons qu'un ami accepte de me prêter de l'argent mais manque de liquidités. Par chance, il a un débiteur qui lui doit la même somme. L'ami en question demandera à son débiteur de me remettre l'argent, et le contrat de prêt se formera au moment où le débiteur me remettra effectivement la somme empruntée.

De même, il est possible d'utiliser une tradition de brève main. Je donne mandat à un ami d'aller encaisser l'argent que me doit un débiteur. L'ami accomplit sa mission mais il besoin d'argent et me demande de lui prêter cette somme. Comme j'y consens, le contrat de prêt se forme immédiatement, sans autre transfert. L'ami qui devait me remettre l'argent en tant que mandataire devra maintenant le faire en tant qu'emprunteur.

Ce dernier exemple permet de comprendre l'importance des qualifications en droit. Si l'ami se fait voler l'argent après avoir reçu l'autorisation de l'utiliser, il reste tenu envers moi et devra me rendre l'équivalent, car l'argent était devenu sa propriété en vertu du *mutuum*. Par contre, si le vol a eu lieu avant la transformation du mandat en prêt, c'est dans le cadre du mandat que sa responsabilité sera examinée. On se doute que cette situation lui est plus favorable, du fait qu'en principe, il rend un service gratuit. Comme nous le verrons plus loin, le mandataire, en droit classique, ne répond que de son dol et de sa faute lourde.

Unilatéral. – Dans ses effets, le *mutuum* est unilatéral. Il ne fait naître d'obligation qu'à charge de l'emprunteur, qui devra restituer l'équivalent de ce qu'il a reçu. Dans la conception romaine, le prêteur n'a aucune obligation puisque le contrat arrive à l'existence seulement lors de la remise de la chose et que la simple promesse n'entraîne en principe aucune obligation civile.

A titre gratuit. – La gratuité est de l'essence du prêt de consommation. A l'origine, elle s'expliquait sans doute par le fait que le prêt était consenti entre proches parents ou entre amis. L'emprunteur n'est donc pas tenu de restituer plus que ce qu'il a reçu. Si le prêteur souhaite obtenir des intérêts, il doit se les faire promettre par une convention annexe, sanctionnée le cas échéant par une action en justice autre que celle du contrat de prêt.

A l'époque classique, le *mutuum* devient une opération essentiellement financière, de sorte que la gratuité ne se justifie plus. Pourtant, elle reste une caractéristique du contrat, au moins formellement. Ceci s'explique par le fait que le *mutuum* est, dès le départ, un contrat de droit strict.

De droit strict. – L'action qui sanctionne le contrat de prêt en justice est de droit strict en ce sens que le juge doit examiner quelles sont, au sens strict, les obligations de l'emprunteur qui résultent du seul contrat de prêt, ni plus, ni moins. Il ne peut pas, comme pour les contrats dits "de bonne foi", apprécier l'étendue des obligations de l'emprunteur et tenir compte d'une éventuelle promesse de payer des intérêts.

2. La charge de la preuve

Le demandeur qui intente l'action de prêt doit prouver la réalité de sa créance. Au début de l'époque classique, la preuve se faisait encore le plus souvent par des témoins qui avaient assisté à la remise des biens prêtés. Sous l'Empire, les preuves écrites sont plus fréquemment utilisées. Généralement, l'emprunteur écrit de sa main une reconnaissance de dette qui, pour plus de sûreté, est exigée avant le versement de l'argent.

Cet usage entraîne deux abus de la part de prêteurs malhonnêtes. Certains reçoivent la reconnaissance de dette et ne versent pas la somme promise ou, plus souvent, versent un montant inférieur, la différence leur assurant un bénéfice illicite.

Que peut juridiquement faire le débiteur victime de telles manœuvres ? Théoriquement, il peut prétendre que le *mutuum* n'existe pas et s'opposer à l'action du créancier par une exception de dol, ou même prendre l'initiative d'intenter une action de dol et réclamer réparation pour la machination dont il est victime. Mais, sauf aveu fort improbable du créancier, il sera quasiment impossible au débiteur de prouver qu'il n'a rien reçu, alors qu'on peut lui opposer la reconnaissance de dette qu'il a lui-même écrite.

Pour résoudre ce problème, Caracalla, en 215 de notre ère, crée l'*exceptio non numeratae pecuniae* (exception de somme non versée), qui enlève toute force probante à la reconnaissance de dette. Invoquée en justice par le débiteur poursuivi, elle paralyse l'action du créancier et oblige ce dernier à apporter lui-même la preuve du versement de l'argent.

Grâce à cette exception, le débiteur peut se défendre s'il est poursuivi, mais ne peut pas agir pour obliger le créancier malhonnête à annuler la reconnaissance de dette. De plus, au décès du débiteur, le créancier a toujours le loisir de réclamer le paiement de la prétendue dette à des héritiers ignorant tout de la manœuvre. Pour ces raisons, une action en justice a été accordée à tout débiteur ayant signé une reconnaissance de dette : c'est la *querela non numeratae pecuniae* (action pour somme non versée), qui oblige le créancier à prouver qu'il a versé la somme. S'il échoue, le débiteur est définitivement libéré.

3. Le prêt à intérêt

Le *mutuum* est, par définition, un acte gratuit. C'est un prêt d'ami, qui est inconciliable avec la perception d'intérêts. Cependant, une telle conception n'est guère réaliste du point de vue économique et dès l'époque ancienne, le prêt à intérêt était couramment pratiqué.

Les conventions d'intérêt. – Puisque le *mutuum* ne permettait pas d'inclure une promesse d'intérêts, celle-ci devait être contenue dans une convention accessoire opérante par elle-même, c'est-à-dire couverte par une action en justice distincte de celle du *mutuum*.

Le seul procédé absolument valable en droit classique est la stipulation. Il s'agit, comme nous le verrons plus loin, d'un contrat formel, qui se réalise par une promesse solennelle, sanctionnée par une action en justice. Pour éviter l'inconvénient de devoir intenter deux actions parallèles – une pour le capital et une pour les intérêts –, la dette issue du *mutuum* est souvent intégrée dans la stipulation : "Promets-tu de me rembourser telle somme, plus autant d'intérêt ?" et le créancier peut n'agir qu'une seule fois.

Le simple pacte ne produit en principe pas d'action en justice. La convention par laquelle un débiteur s'engage à payer des intérêts est inopérante si elle ne s'inscrit pas dans la forme civile d'une stipulation. Néanmoins, on a admis que cette convention engendrait une obligation naturelle. Les intérêts que le débiteur a effectivement versés sont considérés comme l'accomplissement d'une dette véritable.

Dans quelques cas particuliers, le simple pacte fait naître une action civile. Il en va ainsi dans le prêt maritime qui est, comme nous allons le voir, affaire de professionnels, et pour les prêts de denrées autres que l'argent, mais seulement à partir du IIIème siècle de notre ère. On accordera également l'action en justice, sous Justinien, pour les prêts d'argent consentis par les banquiers, dont les activités sont en principe soumises à un contrôle plus étroit que celles des simples particuliers.

Réglementation du prêt à intérêt. – Le prêt à intérêt, à Rome, est rarement une opération recommandable. Il n'est d'ailleurs pas utilisé par les hommes d'affaires. Lorsque des financiers ou des commerçants ont besoin d'argent, ce n'est pas au prêt qu'ils ont recours mais à la constitution d'une société, qui permet de lever des capitaux. Les prêts à intérêts, eux, sont la plupart du temps consentis à des pauvres gens, paysans attirés par les mirages de la ville, plèbe urbaine, etc. Sous la République, l'accumulation des dettes fut, avec la question agraire, le problème social le plus aigu, opposant à une minorité fortunée la masse de la population.

Les historiens anciens dénoncent le taux exorbitant des intérêts comme un des facteurs de l'oppression de la plèbe. Les vieilles lois romaines autorisaient le *fenus unciarium*, soit l'intérêt d'une once par as, l'as étant une monnaie qui valait 12 onces. Le taux exact est donc de 100/12, soit 8,33 % par an. Mais ce taux paraît anormalement bas pour une société traditionnelle, et ne justifie certainement pas les reproches adressés aux prêteurs à intérêts. En réalité, les historiens ont pu établir que les Romains ne calculaient pas les intérêts sur base annuelle, mais bien mensuelle, ce qui change tout. Ce taux est alors de 100 % par année de douze mois.

Plusieurs lois et plébiscites abaissent ce taux légal et tentent même d'interdire le prêt à intérêt. Au IVème siècle avant notre ère, un plébiscite fixe le maximum à une demi-once, soit 50 % par an. Au premier siècle avant notre ère, le taux légal est d'un centième par mois, soit 12 % par an. Mais la loi n'est guère respectée. La pratique atteste des montants largement supérieurs, jusqu'à 48 %. De plus, comme la législation ne s'applique qu'aux citoyens romains, elle est contournée en utilisant des prête-noms étrangers.

Les empereurs chrétiens introduisent de nouvelles restrictions. Constantin rappelle que le taux maximum pour le prêt d'argent est de 12 % l'an. Il introduit un maximum pour les prêts de denrées, qui est de 50 % l'an : on doit rendre trois boisseaux de blé pour deux reçus. Justinien fixera l'intérêt maximum à 6 % pour le prêt ordinaire. Mais cette législation ne tenait pas compte des réalités économiques. Elle souleva de nombreuses protestations et ne fut pas respectée.

L'anatocisme. – La technique de la capitalisation des intérêts, fréquemment utilisée aujourd'hui, était déjà connue dans l'Antiquité. Au contrat de prêt est annexée une convention qui prévoit que les intérêts ne seront pas payés annuellement mais ajoutés au capital, lequel augmente ainsi chaque année pour le calcul de l'intérêt des années suivantes.

Par exemple, si le prêt porte sur une somme de 1.000 pendant 5 ans à un taux de 10 %, la dette est de 1.100 après un an, mais grimpe à

1.210 après deux ans, à 1.331 après trois ans et ainsi de suite. De la sorte, la dette s'accroît de plus en plus, tandis que le débiteur vit dans un état de fausse sécurité puisqu'il a l'impression de ne pas payer d'intérêts.

L'anatocisme était connu en Grèce et dans le monde hellénistique. Il a été pratiqué à Rome à l'époque classique. Ce type de convention est généralement fort mal vu des moralistes, qui le considèrent comme un moyen d'exploiter le dénuement de l'emprunteur et de l'acculer à la faillite. L'anatocisme fut interdit par Justinien.

4. Le prêt maritime

Le prêt maritime *(nauticum fenus)* est un prêt accordé à un armateur, à un propriétaire de navire ou à un négociant dont les marchandises sont chargées sur un navire. Le prêt est consenti contre un intérêt très élevé, mais le bailleur de fonds est associé aux risques du transport maritime : le prêt est assorti d'une clause selon laquelle le débiteur ne payera rien si le navire fait naufrage.

Le créancier espère donc un gros bénéfice, mais il court également un grand risque. C'est pourquoi on appelle souvent ce contrat "prêt à la grosse aventure".

Le prêt maritime est un contrat très ancien, qui est attesté dans certains systèmes juridiques orientaux et couramment pratiqué dans le monde grec et hellénistique. Sa reprise en droit romain est un des exemples les plus clairs d'adaptation et de réception, dans un ordre étatique, d'un simple usage du commerce international.

Contrairement aux apparences, le but principal de l'opération n'est pas de procurer des moyens financiers à des armateurs ou à des marchands qui se trouveraient temporairement à court de liquidités. Il est surtout de se mettre à couvert, en atténuant le risque couru en cas de naufrage. Le prêt à la grosse aventure apparaît donc comme une sorte d'assurance maritime.

Ces contrats font généralement l'objet d'une convention détaillée, qui prévoit notamment l'itinéraire, les escales et la durée de la navigation. Le créancier peut recevoir un gage ou une hypothèque sur le navire ou la cargaison. Cet arrangement complexe peut être rendu obligatoire par une stipulation, mais un simple pacte suffit pour rendre les intérêts exigibles. Cette exception au régime commun du prêt peut se justifier par le fait qu'il s'agit d'un acte passé entre professionnels.

Le taux est évidemment calculé en fonction des risques. Il dépend de la durée du voyage, du trajet, de la saison, de l'état du navire, etc. A titre indicatif, il semble que l'on ait considéré comme normal de réclamer le double de l'intérêt prévu pour des opérations terrestres. D'ailleurs, lorsque le navire est immobilisé dans un port, l'intérêt est le plus souvent ramené au taux ordinaire.

Justinien abaisse l'intérêt du prêt maritime à 12 % l'an. Mais le mieux est l'ennemi du bien. Ce taux était manifestement insuffisant et les historiens le considèrent comme une des causes du déclin du commerce maritime dans l'empire byzantin.

Section 2
La fiducie

Dans la mentalité romaine traditionnelle, la fiducie occupe une place très importante, qui déborde largement du cadre des contrats. L'idée générale est celle d'un transfert de puissance sur une personne ou sur une chose, avec un appel solennel à la *fides* (bonne foi) de l'acquéreur pour qu'il dispose de la personne ou de la chose selon la volonté de l'aliénateur.

1. Notion primitive

La fiducie est un accord par lequel un père de famille, qui transfère par mancipation à un autre père de famille son pouvoir sur une personne ou sur une *res mancipi*, fait confiance à l'acquéreur pour qu'il lui restitue la personne ou la chose après un certain temps ou pour qu'il en dispose suivant ses instructions.

La fiducie couvre un domaine très étendu dans la mentalité traditionnelle et déborde largement le cadre du droit des obligations. Elle englobe une série d'actes juridiques extrêmement divers, dont la caractéristique commune est qu'ils impliquent un transfert de puissance sur une personne ou sur une chose, avec un appel solennel à la *fides* de l'acquéreur. Par exemple, elle est utilisée en droit familial pour émanciper ou adopter un fils de famille.

La Rome des premiers siècles était une ville peu étendue, où tous se connaissaient et où chacun aspirait à la considération de ses concitoyens. L'individu qui aurait violé la *fides* solennellement promise devant témoins, non seulement aurait ruiné son crédit, mais se serait exposé au mépris et à l'hostilité de tous. Dans un milieu fermé, la crainte de la réprobation sociale est une contrainte des plus puissantes. Sans doute n'est-ce pas là une sanction juridique, mais l'absence d'une telle sanction ne fait pas obstacle à ce que le droit tienne compte d'engagements qui sont très généralement respectés.

2. Définition classique

La fiducie est un contrat réel, synallagmatique imparfait de bonne foi, qui se forme par la cession en pleine propriété d'une chose d'espèce, en vertu duquel l'acquéreur s'oblige à restituer cette chose dans des circonstances déterminées.

A première vue, la fiducie est une figure juridique assez proche du prêt de consommation : les deux contrats supposent un transfert de propriété et une obligation de restituer. Ici cependant, il faut rendre la chose elle-même, ce qui implique que la fiducie ne peut porter que sur des choses non consomptibles.

Comme le prêt de consommation, la fiducie est un contrat réel. Le contrat n'existe qu'au moment du premier transfert de propriété. Ce transfert doit s'effectuer par mancipation ou *in iure cessio*. A l'origine, cette exigence tenait au fait que seules les *res mancipi* étaient données en fiducie, mais à l'époque classique le contrat est applicable aux *res nec mancipi*, et cependant on continue à imposer un mode de transfert formaliste.

L'explication tient sans doute au caractère même de la *traditio*. Tandis que les modes formalistes transfèrent nécessairement la propriété par le seul accomplissement de l'acte, la remise matérielle d'une chose est ambiguë. Elle n'est translative de propriété que si elle s'accompagne d'une *iusta causa*, qui donne son sens à l'acte. Cette *causa* ne peut résider que dans une intention libérale – volonté d'effectuer une donation – ou dans l'intention d'exécuter une obligation antérieure. Dans la fiducie, aucune de ces deux causes n'est présente. Le formalisme permet d'exprimer, dans l'acte, les modalités du transfert.

3. Applications et effets juridiques

Conclu avec un créancier, le contrat permet de lui conférer une sûreté réelle. Le créancier reçoit un bien de son débiteur ou d'une tierce personne acceptant de garantir la dette d'autrui. Il s'engage solennellement à restituer le bien lorsque le débiteur aura accompli son obligation.

Le contrat peut aussi apparaître comme un service d'ami, soit dans l'intérêt de l'aliénateur, soit dans l'intérêt de l'acquéreur. Tantôt le fiduciaire reçoit en dépôt un bien qu'un de ses amis ou parents confie à sa garde pendant une absence prolongée, tantôt c'est le fiduciaire qui sollicite un prêt d'usage et reçoit pour un temps la propriété du bien qu'il désire utiliser.

Dans l'un et l'autre cas, le fiduciaire est assuré d'une maîtrise complète sur la chose, ce qui lui permet de la garder ou de l'utiliser plus efficacement. Comme propriétaire, il peut intenter l'action en revendication et bénéficie également des interdits possessoires.

Le fiduciaire a l'obligation de conserver la chose en bon état, de ne pas la détourner de l'usage pour lequel elle lui a été confiée, et de la restituer dans les conditions convenues. La restitution peut se faire par une nouvelle mancipation ou *in iure cessio*, ou par une simple *traditio*. Ce dernier mode rend immédiatement la propriété quiritaire sur les *res nec mancipi* et, sur les *res mancipi*, confère la propriété bonitaire, qui se transforme en propriété quiritaire par usucapion.

Dans certains cas, il arrivera que le fiduciaire puisse réclamer une indemnité. Il a droit au remboursement des frais exceptionnels qu'il a dû subir pour la conservation de la chose et à la réparation des dommages qui lui auraient été causés par les défauts de la chose. La fiducie se présente ainsi comme un contrat synallagmatique imparfait.

4. Evolution historique du contrat

La cession en pleine propriété par un mode formaliste et la nécessité d'un nouveau transfert pour la restitution présentent évidemment des inconvénients. Un tel système ne se conçoit pas pour des transactions d'importance mineure et de courte durée, par exemple pour prêter un outil de jardin à un voisin pendant une journée. C'est pourquoi les juristes classiques ont développé de nouveaux contrats réels qui répondent aux diverses finalités de la fiducie, mais qui se réalisent par une simple livraison matérielle, sans transfert de propriété. Ce sont le dépôt, le commodat et le gage.

La fiducie reste cependant en vigueur pour les concessions à long terme ou sur des biens de grande valeur, dont la garde nécessite une maîtrise complète.

La fiducie conclue avec un ami disparaît sans doute à la fin de l'époque classique. Le contrat avec un créancier est mentionné jusqu'au Vème siècle de notre ère, Justinien supprime complètement la fiducie. Les textes classiques qui en faisaient état sont modifiés par voie d'interpolation et appliqués, suivant les cas, au dépôt, au commodat ou au gage.

Section 3
Le dépôt

1. Définition

Le dépôt *(depositum)* est un contrat réel, synallagmatique imparfait, de bonne foi, qui se forme par la remise d'une chose mobilière à un dépositaire, qui doit la conserver gratuitement jusqu'à ce que le déposant la lui redemande.

L'objet du dépôt est normalement une chose d'espèce, de nature mobilière. Comme dans les autres contrats réels, l'acte juridique n'est véritablement constitué qu'au moment de la remise matérielle de l'objet. La convention préalable n'engendre pas d'obligations qui pourraient être réclamées sur base du dépôt.

A la différence du prêt de consommation et de la fiducie, le dépôt se forme par une simple remise matérielle *(traditio)* sans transfert de propriété. Le dépositaire ordinaire ne devient donc pas propriétaire et ne bénéficie même pas des interdits possessoires.

Le dépôt est conclu dans l'intérêt exclusif du déposant. Il en résulte logiquement que le dépositaire a la garde de la chose mais ne peut en principe pas l'utiliser. S'il le faisait sans en avoir reçu l'autorisation, il commettrait un vol d'usage. Pour la même raison, le dépositaire, s'il a droit au remboursement de certains frais, ne peut par contre réclamer aucune rémunération pour le service rendu. La garde d'un objet contre paiement d'une rétribution rentrerait dans le cadre d'un contrat d'entreprise *(locatio conductio operis faciendi)* dont les effets juridiques sont différents, notamment en ce qui concerne la responsabilité.

2. Les obligations des parties

Le dépositaire est tenu de garder la chose, de veiller sur elle et de la conserver en bon état. Il procédera le cas échéant aux dépenses nécessaires à son entretien. Si la chose est perdue, détruite ou endommagée par sa faute, il sera tenu d'indemniser le déposant. Toutefois, comme le dépôt est un acte essentiellement gratuit et que le dépositaire n'en retire aucun avantage, il n'est responsable que de son dol et de sa faute lourde.

Le dépositaire devra restituer la chose dès que le déposant la lui redemandera, même si un terme plus long a été convenu initialement. Le dépôt étant conclu dans l'intérêt exclusif du déposant, il est logique de considérer que le terme a été établi à son seul profit et qu'il peut donc y renoncer comme il l'entend.

Le déposant a-t-il des obligations ? Le dépôt est un contrat synallagmatique imparfait. Il peut faire naître accessoirement des obligations à charge du déposant. Celui-ci n'est jamais tenu de verser une rétribution pour le service rendu. En revanche, il doit indemniser le dépositaire pour les dépenses engagées en vue d'assurer la conservation de la chose déposée, et pour les dommages occasionnés par un vice de la chose.

Quels moyens reconnaît-on au dépositaire pour obtenir les indemnités auxquelles il a droit ? Il dispose tout d'abord, semble-t-il, d'un droit de rétention, qui lui permet de refuser de restituer le dépôt si le déposant ne paye pas les indemnités. On lui accorde également une exception pour paralyser l'action qui serait intentée contre lui et, probablement, une action qui lui permet de réclamer ces indemnités en justice.

3. Les variantes du dépôt

Le dépôt nécessaire. – Il s'agit d'un dépôt conclu dans des circonstances particulièrement dramatiques : incendie, naufrage, émeute, écroulement d'immeuble, etc. La victime est bien obligée de remettre en toute hâte au premier venu les biens qu'elle a pu sauver, sans avoir le temps de choisir une personne de confiance.

Le préteur considère que le dépositaire qui abuse de cette situation commet un acte particulièrement répréhensible. Il sanctionne cette malhonnêteté par une action spéciale, qui entraîne une condamnation au double de la valeur des biens détournés. Cette action a un caractère pénal et ne se transmet donc pas contre les héritiers. Si le dépositaire malhonnête meurt, son héritier ne pourra être poursuivi que par l'action ordinaire, à moins que, connaissant la nature particulière du dépôt, il n'ait lui-même rendu la restitution impossible par son dol. Dans ce cas, il s'expose également à l'action au double.

Le dépôt séquestre. – Il arrive qu'une chose litigieuse soit déposée chez un tiers pendant la durée d'un procès, avec la convention que le dépositaire la remette, à l'issue du procès, à la partie qui sera désignée par le juge.

Les règles qui régissent le dépôt séquestre présentent certaines particularités. Ce type de dépôt peut porter sur des immeubles comme sur des meubles et peut comporter une rémunération, la garde prenant parfois l'ampleur d'une véritable activité professionnelle. Comme le vrai propriétaire est provisoirement inconnu, il faut que le dépositaire séquestre puisse lui-même assurer la défense ou la récupération de la possession. Il jouit donc des interdits possessoires pendant la durée du dépôt. Enfin, l'objet ne doit pas être restitué au déposant à sa première demande, mais à la partie désignée par le juge.

Le dépôt irrégulier. – Cette figure juridique intervient lorsque l'objet déposé est une chose de genre, par exemple une somme d'argent remise à un banquier, du blé ou d'autres denrées versées dans un silo commun ou un entrepôt, etc. La particularité de ce dépôt est que le dépositaire en acquiert la propriété et s'engage à restituer l'équivalent de ce qu'il a reçu.

A première vue, ce contrat serait plutôt un prêt de consommation, mais les différences sont importantes.

Economiquement, le prêt est consenti à quelqu'un dans le besoin. Dans le dépôt irrégulier, le déposant confie son argent ou ses denrées à quelqu'un qui n'en a pas besoin, mais qui lui rend service en assurant la garde de la chose.

Juridiquement, le prêt est un contrat unilatéral de droit strict, tandis que le dépôt est synallagmatique imparfait et de bonne foi. En qualifiant l'opération de "dépôt", il est donc possible d'ajouter au contrat une convention d'intérêts, dont on pourra réclamer l'exécution par l'action du contrat. Dans l'autre sens, le dépositaire peut porter en compte des frais de garde à charge de déposant.

Section 4
Le prêt d'usage

1. Définition

Le commodat ou prêt d'usage est un contrat réel, synallagmatique imparfait, de bonne foi, qui se forme par la remise d'une chose à une personne qui pourra l'utiliser gratuitement pendant un certain temps, à charge de la restituer à une date déterminée.

Il faut restituer la chose elle-même, qui est donc considérée comme une chose d'espèce. Ceci exclut en principe les biens consomptibles. Il n'y a d'exception que lorsque les choses qui sont ordinairement consommées par le premier usage, sont précisément traitées *in specie* : on cite le cas d'espèces monétaires prêtées pour une exposition, *ad pompam et ostentationem*.

Le contrat ne se forme qu'à la remise de la chose au commodataire. Ce dernier est un simple détenteur. Il n'acquiert ni la propriété, ni la possession.

Contrat de bienfaisance, le commodat est conclu dans l'intérêt exclusif de l'emprunteur. Il est nécessairement gratuit. Si le prêteur se faisait payer une redevance quelconque, la convention se transformerait en un contrat de bail (*locatio conductio rei*).

Droits et devoirs du commodataire

Le commodataire peut se servir de la chose conformément à l'usage qui a été convenu, ou d'après sa destination naturelle. Cet usage est nécessairement gratuit.

Il a le droit d'utiliser la chose durant toute la durée du contrat. Le terme est établi dans son intérêt.

Il peut réclamer au commodant le remboursement des dépenses extraordinaires qu'il a faites pour la chose et la réparation des dommages causés par le vice de la chose. Par exemple, si des cuves ou des tonneaux reçus en prêt ont laissé s'écouler le vin parce que les douves étaient disjointes, l'emprunteur peut réclamer réparation du préjudice subi.

Le commodataire a le devoir de garder la chose en bon père de famille. Comme c'est lui qui retire tout le profit du contrat, il répond de la *culpa leuis in abstracto*. Cela signifie que le commodataire devra indemniser le commodant pour toute perte ou détérioration survenue à la suite d'une faute, d'une négligence ou d'une maladresse que n'aurait pas commise un *bonus paterfamilias*.

Enfin, il doit restituer la chose avec tous ses accessoires, après s'en être servi pendant le terme ou pour l'usage convenus.

Section 5
Le gage

1. Définition

Le gage *(pignus)* est un contrat réel, synallagmatique imparfait, qui se forme par la remise d'une chose corporelle à un créancier qui s'engage à la restituer après le paiement de sa créance. Le terme *pignus* est ambivalent. Il désigne aussi bien la chose remise en gage que le contrat.

Comme contrat réel, le gage suppose une remise matérielle et ne peut donc porter que sur des choses corporelles. Le créancier gagiste acquiert la possession et est protégé par les interdits.

Le constituant du gage peut être le débiteur lui-même ou un tiers qui accepte de garantir sa dette. Il doit avoir la capacité d'aliéner, puisque le gage peut entraîner une dépossession définitive. La chose donnée en gage doit être librement aliénable. Si le constituant n'est pas le vrai propriétaire, le créancier risque d'être évincé par l'action en revendication. Le contrat n'en est pas moins formé par la remise matérielle et le constituant aura à répondre du vice juridique de la chose.

2. Droits et devoirs du créancier gagiste

Les droits du créancier gagiste. – L'objectif premier du contrat étant de rassurer le créancier, celui-ci a le droit de garder la chose jusqu'au paiement. C'est en raison de l'intérêt personnel qu'il a de conserver la chose que le prêteur lui octroie les interdits possessoires.

En principe, le créancier n'a pas le droit d'utiliser la chose. En le faisant, il se rendrait coupable d'un vol d'usage. Il peut cependant recevoir l'autorisation de se servir de la chose par une convention particulière. Une convention courante dans le monde hellénistique, que les Romains ont parfois adoptée, est l'antichrèse. Il s'agit d'un prêt sans intérêt, mais compensé par l'usage du bien donné en gage.

Si la chose produit des fruits, le créancier peut se les approprier par perception, mais doit en imputer la valeur sur les intérêts qui lui sont dus et éventuellement sur la dette elle-même.

Si la dette n'est pas remboursée à l'échéance, le gage est censé se prolonger indéfiniment, mais les règles n'en sont pas modifiées. Le créancier ne peut toujours pas disposer de la chose. Une telle situation est évidemment contraire aux réalités économiques, et les parties peuvent prévoir un règlement particulier.

Le pacte commissoire *(lex commissoria)* est une convention qui permet au créancier impayé de conserver le gage en pleine propriété. A l'échéance ou après un délai convenu, son titre de possession est modifié et il devient propriétaire de l'objet. Une clause de ce genre est très dure pour le débiteur, car le gage vaut généralement beaucoup plus que la créance. Le créancier qui spécule sur l'incapacité de payer du débiteur s'assure ainsi un intérêt usuraire. C'est pourquoi le pacte commissoire a été interdit par Constantin.

Le pacte de vente *(de distrahendo ou de uendendo pignore)* est plus équitable et devient en fait la convention ordinaire. Il autorise le créancier à vendre le gage, d'après des modalités à préciser, par exemple en vente publique et souvent après un dernier délai accordé au débiteur. Après la vente, le créancier déduit du prix la totalité de sa créance, capital et intérêts, et restitue le solde à celui qui a constitué le gage.

Sous Justinien, le règlement suivant est prévu. Si le contrat est assorti d'un pacte de vente, il faut appliquer la convention. En l'absence de pacte, le créancier peut vendre le gage d'office, deux ans après la mise en demeure du débiteur ou après sa condamnation en justice.

Enfin, le créancier gagiste peut réclamer au constituant le remboursement des dépenses effectuées pour la conservation de la chose, ainsi que la réparation des dommages causés par le vice de la chose.

Les devoirs du créancier gagiste. – La première des obligations qui pèsent sur le créancier gagiste est de veiller sur la chose en bon père de famille. Il doit la conserver en bon état et faire les dépenses nécessaires à son entretien. Comme il est personnellement intéressé au contrat, il répond de la *culpa leuis in abstracto*.

Il est tenu de restituer l'objet lorsque la créance pour laquelle le contrat de gage a été constitué est payée. Au IIIème siècle de notre ère, l'Empereur Gordien institue toutefois un droit de rétention lorsque le créancier a d'autres créances à faire valoir contre le même débiteur. Si ce dernier réclame la restitution du gage, son action sera paralysée par une exception de dol. Cette mesure, d'inspiration hellénistique, tend à freiner les opérations de crédit. Elle a été reprise par le Code civil, qui étend le droit de rétention du créancier s'il existe une autre dette postérieure à celle pour laquelle le gage a été constitué, mais exigible avant le paiement de cette dernière (art. 2082, al. 2).

Chapitre 14
Les contrats formels

Le formalisme, qui a joué un rôle important dans l'histoire du droit romain, explique l'existence de contrats que l'on peut qualifier de "formels" ou "solennels". Ces contrats, pour exister et sortir leurs effets, requièrent le respect d'une formalité particulière : le prononcé de certaines formules pour les uns, un jeu d'écritures pour les autres.

Les contrats verbaux *(uerbis)* sont des contrats formels, constitués par un engagement oral. Les obligations qui en résultent sont fondées sur le consentement des parties, mais c'est la forme verbale qui donne véritablement naissance au contrat.

Le principal contrat verbal est la stipulation. Les deux autres types n'en constituent guère que des variantes : ce sont la promesse de dot et le serment de l'affranchi. La promesse de dot est un engagement solennel, verbal, de constituer une dot, qui a lieu généralement au moment des fiançailles. Sa principale caractéristique est d'être fondée sur une déclaration unilatérale. De même, le serment de l'affranchi est un engagement dans lequel un affranchi, ou un esclave sur le point d'être affranchi, s'engage solennellement à remplir certaines prestations au profit de son patron. Seule la stipulation présente un intérêt véritable, par les mécanismes juridiques qu'elle a permis de créer.

Les contrats écrits *(litteris)* sont des conventions qui se forment par un jeu d'écritures. Le seul contrat de cette catégorie à être utilisé à Rome est l'*expensilatio*, réalisé par l'inscription de dépenses *(expensa)* dans le livre de comptes d'un créancier. Ce contrat a été fort usité à l'époque de Cicéron (premier siècle avant notre ère).

Section 1
La stipulation

La multiplicité et la diversité des opérations que permet de réaliser la stipulation expliquent son importance pratique en droit romain. En outre, ce contrat a exercé une influence déterminante sur le développement de la théorie générale des obligations. C'est en effet à partir de certaines applications particulières de la stipulation que les juristes classiques ont pris conscience d'une série de problèmes et jeté les bases de la doctrine ultérieure, notamment pour les obligations affectées d'un terme ou d'une condition, la novation, la solidarité, le cautionnement, la stipulation et la promesse pour autrui.

1. Définition et conditions de forme

La stipulation est un mode solennel et formaliste de contracter une obligation. Elle consiste en une demande verbale du créancier (le *stipulans*) et une réponse verbale du débiteur (le *promittens*). Dans l'usage actuel, "stipuler" s'emploie pour toute clause insérée dans un contrat. En droit romain, le mot doit être réservé aux obligations issues de ce contrat particulier qu'est la stipulation. De plus, "stipuler une prestation" signifie proprement "se faire promettre" et ne s'applique donc qu'au créancier.

Contrat empreint de formalisme, la stipulation requiert l'usage de termes consacrés. La forme ancienne, qui est connue depuis les XII Tables, requiert l'emploi du verbe sacramentel *spondere*. La question doit être introduite par *Spondesne ?*("Promets-tu ?"), la réponse s'exprime par *Spondeo* ("Je promets"). Ces termes, consacrés par le *ius ciuile*, sont réservés aux citoyens romains. Les étrangers ne sauraient les utiliser pour constituer une obligation valable. A l'intention des pérégrins, les Romains ont admis une forme analogue, comportant également une question et une réponse orales, mais n'utilisant pas le terme *spondere*.

Tant pour la stipulation civile que pour la forme du *ius gentium*, les règles suivantes doivent être respectées.

Question et réponse doivent comporter le même verbe et être formulées oralement. C'est l'essence même du contrat. Il n'est donc pas permis de présenter la question écrite sur un parchemin. Le promettant ne peut se contenter de répondre d'un hochement de tête ou d'un autre signe d'affirmation. La réponse ne peut pas être apportée par un intermédiaire. La stipulation requiert la présence des deux parties.

Question et réponse doivent avoir le même contenu. Il faut une correspondance absolue, sans la moindre modification. On doit donc rejeter les formules suivantes : "Promets-tu de me donner 10.000 ? – Je te promets 8.000" ou encore : "Promets-tu de me livrer pour le premier mai ? – Je te promets pour le premier juin". Dans ces deux hypothèses, il n'y a aucun engagement juridique, pas même pour la prestation la plus faible.

Question et réponse doivent se succéder immédiatement. Il n'est pas possible d'intercaler entre elles un marchandage quelconque ou une négociation sur une opération différente.

La présence de témoins n'est pas requise pour la formation du contrat mais elle est utile, voire indispensable, pour pouvoir le prouver. Sous l'Empire, les témoignages sont de plus en plus souvent remplacés par un document écrit où le promettant reconnaît son engagement. Lorsque la demande comporte des clauses nombreuses et fort complexes, il est prudent de la rédiger par écrit et de s'accorder sur ses termes avant de la lire oralement dans le cadre de la question rituelle. Même si des témoins assistent à l'opération et peuvent certifier que la stipulation a eu lieu, le texte écrit en conservera plus fidèlement la teneur exacte.

2. Applications usuelles

La stipulation a probablement une origine religieuse. Selon toute vraisemblance, il s'agissait d'un engagement solennel placé sous la protection des dieux, essentiellement pour réaliser un cautionnement. Elle s'est laïcisée dès la loi des XII Tables (Vème siècle avant notre ère). Sa force obligatoire ne repose plus sur l'invocation des dieux mais sur l'emploi d'une forme reconnue par le droit. En même temps, son champ d'application s'est diversifié. Grâce surtout au fait qu'elle était sanctionnée par une procédure simplifiée, elle est devenue le moyen par excellence de faire naître des engagements juridiques.

Prestations de toute nature. – A l'époque classique, la stipulation convient pour toutes les prestations unilatérales, qui peuvent porter sur des choses de genre, d'espèce, des prestations en nature ("Promets-tu d'effectuer tel travail ?"), de garantie ("Promets-tu d'assurer la garde d'une chose ? – de répondre de ta faute ?") ou même des prestations négatives ("Promets-tu de ne pas bâtir ? — de ne pas vendre à tel concurrent ?")

De plus, le grand intérêt de ce contrat est que chacune de ces stipulations peut répondre à des finalités économiques et juridiques extrêmement diverses. Par exemple, "Promets-tu de payer mille ?" peut constituer une promesse de prêt (ouverture de crédit), une promesse de donation ou simplement la confirmation solennelle d'un engagement antérieur.

Cause de la stipulation. — Par sa forme abstraite, la stipulation permet de créer des obligations abstraites. Elle définit avec exactitude l'objet de la prestation, mais n'a pas à indiquer la cause ni le but de l'opération. Une telle institution est dans la logique du formalisme primitif, où les rites produisent par eux-mêmes des effets juridiques, indépendamment de l'intention ou des circonstances qui ont amené les parties à poser les actes rituels. Mais dans la conception classique, la forme n'est plus suffisante. Les contrats doivent être conclus librement et en connaissance de cause. Ils se verront privés d'effets si le consentement a été obtenu sous la menace, par dol ou à la suite d'une erreur.

Dans la même perspective, les juristes classiques intègrent l'idée de cause : pourquoi l'engagement a-t-il été pris ? Une personne sensée ne contracte pas d'obligations sans raison sérieuse et si la raison est tenue secrète, c'est qu'elle est peut-être inavouable. Il serait immoral de sanctionner en justice une promesse effectuée en vue d'une cause inexistante, par exemple en prévision d'un mariage qui ne se réalise pas, ou pour une cause contraire aux lois ou aux bonnes mœurs, par exemple pour inciter quelqu'un à commettre un délit ou pour acheter son silence ou sa complicité.

Cette aspiration à une certaine moralisation du droit a été concrétisée par le préteur au moyen d'artifices de procédure. Dans le cas d'injustice flagrante, il a pu tout d'abord refuser l'action. Plus tard, dans la procédure formulaire, il accorde l'action fondée sur la stipulation mais la neutralise par une exception, généralement l'exception de dol. Si le défendeur prouve que le demandeur a commis un dol lors de la conclusion du contrat ou qu'il en commet un en poursuivant son droit en justice, il ne sera pas condamné.

Dans notre système juridique, la cause est devenue un élément essentiel de tout contrat, comme le précise l'article 1108 du Code civil. L'article 1131 ajoute que "L'obligation sans cause, ou sur une fausse cause, ou sur une cause illicite, ne peut avoir aucun effet". En droit romain, la théorie de la cause a une portée beaucoup plus limitée. En premier lieu, elle n'intervient que dans certains contrats, en particulier dans la stipulation abstraite. C'est dans un tel contexte, où rien n'indique pourquoi telle prestation est due, qu'il importe de rechercher si l'engagement n'est pas contraire à l'ordre public ou aux bonnes mœurs. De plus, l'absence de cause ou son caractère illicite n'entraîne pas la nullité du contrat. L'obligation existe bien au regard du *ius ciuile*, mais le préteur la paralyse par le biais de la procédure.

Les stipulations causales. – Rien n'empêche toutefois les parties au contrat de mentionner expressément la cause dans la formule de la stipulation, par exemple en évoquant un engagement antérieur : "Promets-tu de me donner les 10.000 que tu me dois en vertu de tel achat ?"

On parle, dans cette hypothèse, de stipulation causale. L'engagement est dès lors subordonné à la vérification de la cause. Dans l'exemple cité, le promettant s'engage à payer ce qu'il devait déjà antérieurement à cause d'un contrat de vente. Le créancier qui prétend agir sur base de stipulation devra tout d'abord prouver que la vente a bien eu lieu, qu'elle était régulière et que la somme réclamée lui était réellement due.

Cette preuve incombe exclusivement au demandeur. Le défendeur qui voudrait contester la validité de la vente n'a pas à demander l'insertion d'une exception. Si la vente n'est pas valable, c'est la prétention du demandeur elle-même qui devient sans objet.

A l'époque classique, la stipulation causale engendre nécessairement une obligation nouvelle et fait disparaître l'ancienne. La référence au contrat antérieur est la condition de l'engagement du promettant, mais c'est sur base de la stipulation que la dette sera désormais réclamée. La stipulation modifie donc le rapport juridique entre les parties, elle a un effet novatoire. Elle n'est jamais, du moins dans le droit classique, un simple accessoire du premier contrat. La disparition de l'obligation antérieure est nécessaire pour éviter que le débiteur ne puisse être poursuivi deux fois en justice pour le même objet.

3. Opérations complexes

Sous sa double forme, abstraite ou causale, la stipulation permet de réaliser des combinaisons multiples, qui seraient impossibles avec les autres contrats, aux contours mieux définis.

Confirmer un engagement antérieur. – La stipulation peut être utilisée pour assurer le paiement d'une dette ou l'exécution d'un contrat. Dans l'hypothèse où le débiteur promet de payer ce qu'il doit en vertu d'un contrat de vente, la stipulation présuppose la validité de la vente. Mais la demande peut être formulée autrement, de manière à rendre efficace un acte irrégulier ou incomplet. On peut par exemple, en cas de doute sur le prix convenu, le fixer clairement dans la stipulation : "Promets-tu de me payer telle somme ?" Dans le même ordre d'idées, la stipulation permet de confirmer un pacte, qui est normalement dépourvu de sanction judiciaire : "Promets-tu de respecter fidèlement tout ce qui a été convenu ?"

Créer un lien entre plusieurs prestations – Le contrat de prêt (*mutuum*) offre un exemple de liaison entre deux objets distincts. Par stipulation, le débiteur promet de rembourser à la fois le capital et les intérêts – jumelage impossible dans le *mutuum*, qui est un contrat à titre gratuit.

La stipulation permet également de créer des obligations cumulatives, alternatives ou facultatives.

L'obligation est cumulative lorsque le débiteur promet de livrer tous les objets envisagés.

Elle est alternative si elle porte sur plusieurs objets placés sur pied d'égalité, le choix appartenant en principe au débiteur, qui sera libéré en fournissant un des objets. En cas de perte d'un objet par cas fortuit, le débiteur reste tenu de livrer l'autre.

Enfin, l'obligation facultative porte également sur deux objets, mais l'un est manifestement l'objet véritable, l'autre étant une facilité laissée à la discrétion du débiteur s'il entend se libérer du contrat. Ce deuxième objet sert donc souvent de clause pénale, comme dans la formule traditionnelle des fiançailles à Rome : "Promets-tu d'épouser ma fille ou de payer une telle somme ?" Il est bien clair, dans cette hypothèse, que la somme d'argent n'est pas l'objet premier du contrat mais bien une sorte de pénalité frappant le débiteur qui ne voudrait pas honorer son engagement.

Créer un lien entre plusieurs créanciers ou débiteurs. – La manière dont la question est formulée ou l'ordre dans lequel questions et réponses se succèdent permettent de créer des figures intéressantes comme la solidarité et le cautionnement, qu'il importe de ne pas confondre.

La solidarité est une exception au droit commun. En principe, lorsqu'une dette existe au profit de plusieurs créanciers ou à charge de plusieurs débiteurs, elle est conjointe, ce qui veut dire qu'elle se divise. Chaque débiteur ne peut être poursuivi que pour sa part, chaque créancier ne peut réclamer que la sienne.

Au contraire, si l'obligation est solidaire, elle n'est pas partagée, en ce sens qu'un débiteur peut être poursuivi pour le tout ou qu'un créancier peut réclamer la totalité de la créance. La solidarité entre codébiteurs offre beaucoup d'intérêt pour le créancier, qui ne devra, le cas échéant, intenter qu'une seule action en justice. De plus, le créancier évite le risque d'insolvabilité d'un des débiteurs.

En dehors des cas où la solidarité est imposée à des codébiteurs par la loi, elle est d'origine conventionnelle. Elle est créée par une stipulation. Le créancier demande à Primus : "Promets-tu que 1.000 me seront payés ?" et pose la même question à Secundus. Ensuite, Primus et Secundus répondent ensemble : "Je promets". De la sorte, Primus et Secundus apparaissent bien comme codébiteurs pour la même dette.

Le cautionnement est un mécanisme voisin de la solidarité. Il s'en distingue par le fait qu'à côté du débiteur principal, la caution apparaît comme un débiteur accessoire et éventuel. Le créancier doit d'abord agir contre le débiteur principal et ne pourra se retourner contre la caution qu'en cas de défaillance du débiteur principal.

La stipulation permet de lier le débiteur principal et la caution. Le créancier s'adresse d'abord au débiteur principal : "Promets-tu que 1.000 me seront donnés ?" et ce dernier répond : "Je promets". Ensuite seulement, le créancier demande à la caution de promettre également que la somme sera payée. Si la caution s'engage, elle est, comme le débiteur principal, redevable de la même somme, mais de façon accessoire.

Réaliser une novation. – La novation est un mécanisme juridique qui éteint une obligation pour lui en substituer une nouvelle. Ulpien définit la novation comme le transfert d'une dette antérieure dans une nouvelle obligation. Pour comprendre cette définition, il faut distinguer l'obligation, qui est le lien entre débiteur et créancier (*obligatio, Haftung*) et la dette, qui est ce que doit le débiteur (*debitum, Schuld*). En droit romain, ce qui est dû (*debitum*) subsiste, mais l'obligation (*obligatio*) change. En d'autres mots, la novation consiste à faire disparaître une obligation pour lui en substituer une nouvelle, différente de la première sur certains points, mais ayant le même objet. La novation n'est pas un acte, c'est un résultat, obtenu le plus souvent grâce à un contrat de stipulation.

Quelles sont les conditions requises pour qu'il y ait novation ? Il faut qu'existe, au départ, une obligation, qui peut simplement être une obligation naturelle.

Il faut, ensuite, l'*animus novandi*, c'est-à-dire la volonté d'éteindre la première obligation pour la remplacer par une nouvelle. Les parties peuvent en effet avoir simplement en vue de créer une nouvelle obligation, sans supprimer la première. Cette volonté peut donner lieu à de délicats problèmes de preuve. Aussi Justinien exigea-t-il une déclaration expresse à ce propos, comme du reste le Code civil, dans son article 1273.

Il faut également une identité d'objet entre l'ancienne et la nouvelle obligation. De ce point de vue, le droit romain se montre plus restrictif que les droits modernes, qui admettent la novation par changement d'objet.

Il faut, enfin, un élément nouveau, qui justifie la novation. L'élément nouveau peut être un changement de cause. Ainsi, la stipulation permet de remplacer n'importe quelle obligation par un nouveau lien, qui est souvent plus avantageux parce qu'il engendre une obligation abstraite et de droit strict. La cause de l'obligation ancienne était par exemple un contrat de vente, la cause de l'obligation nouvelle est la stipulation elle-même. On peut également utiliser la stipulation devant de nouveaux témoins pour remplacer un contrat dont la preuve aurait disparu.

L'élément nouveau peut être un changement de personne, soit de créancier, soit de débiteur.

Le changement de débiteur se réalise lui aussi par stipulation. Le créancier demandera au nouveau débiteur : "Promets-tu de me payer ce que Primus me devait ?", ce qui aura pour effet de libérer le premier débiteur. Cette novation permet par exemple de réaliser une donation. Celui qui s'engage par stipulation est le donateur et le débiteur initial est le bénéficiaire de la donation.

La novation par changement de créancier (délégation). – Si l'élément nouveau de la novation est le créancier, on parle de délégation. Le mot est romain, même si la théorie n'a été élaborée qu'ultérieurement.

La délégation est un procédé triangulaire. Une personne, le délégant, demande à une deuxième, le délégué, de transférer une chose ou de s'engager au profit d'une troisième, le délégataire. Par exemple, un créancier Primus a un débiteur Secundus et souhaite faire une donation à Tertius. Plutôt que d'encaisser l'argent chez Secundus pour le donner à

Tertius, il est plus simple de faire promettre à Secundus qu'il versera lui-même l'argent à Tertius. Cette promesse peut se faire par stipulation. Elle a essentiellement un objectif de simplification des procédures, puisqu'elle réalise en une seule opération ce qui en nécessiterait normalement deux.

La délégation entraîne normalement novation. Par exemple, dans l'hypothèse qui vient d'être donnée, l'engagement du délégué Secundus au profit du délégataire Tertius a pour effet de le libérer de sa dette envers Primus. Il y a délégation (c'est l'acte juridique) et novation (c'est l'effet).

Il ne faut cependant pas confondre novation et délégation, même si les deux institutions sont étudiées sous le même titre dans la compilation de Justinien, même si la délégation entraîne novation dans la plupart des cas. En effet, la délégation peut exister sans la novation, par exemple si le délégué paie immédiatement au lieu de promettre de payer. Dans ce cas, il n'y a pas naissance d'une nouvelle obligation. De même, il y a délégation sans novation s'il n'y avait aucune obligation préalable entre le délégant et le délégué, qui peut intervenir à titre gratuit, pour rendre service au délégant. Dans cette hypothèse, il n'y a pas novation car l'engagement du délégué fait naître une obligation, mais celle-ci n'en remplace aucune autre.

4. Evolution postclassique

Au Bas-Empire, la stipulation tend à devenir une forme écrite. A l'origine de cette évolution, il semble y avoir une confusion entre deux mécanismes différents. Dans le monde hellénistique et particulièrement en Egypte, on consignait par écrit tous les actes de quelque importance comme les ventes, locations, prêts, quittances, contrats de mariage, contrats d'adoption, etc. Les personnes qui ne savaient pas écrire s'adressaient à un scribe public. Ce dernier composait le document d'après les instructions des parties, puis le leur lisait et demandait si elles étaient d'accord. Dans l'affirmative, il inscrivait au bas du document une formule comme "Ayant été interrogé, il s'est déclaré d'accord". Cette formule n'a évidemment rien à voir avec la stipulation du droit romain. Elle ne fait pas naître d'obligation mais se borne à constater que la personne interrogée a approuvé la façon dont l'acte a été rédigé.

Mais le contact avec les Romains, qui pratiquaient la stipulation, et l'octroi en 212 de notre ère de la citoyenneté romaine à tous les habitants libres de l'Empire vont favoriser la confusion. La stipulation subit dès lors une double altération.

D'une part, les juristes admettent la conclusion de stipulations par écrit. Question et réponse ne sont plus prononcées réellement, mais simplement consignées dans le document qui devait servir de preuve.

D'autre part, on trouve des actes de toute nature, comme des ventes ou des locations, auxquels les notaires raccrochent de plus en plus fréquemment une clause de stipulation. Celle-ci devient en quelque sorte une formule de style destinée à renforcer la vigueur de l'acte juridique, sans pour autant réaliser une véritable novation. Les juristes byzantins, après Justinien, admettront d'ailleurs que ces actes puissent bénéficier soit de l'action du contrat, soit de l'action fondée sur la stipulation.

Section 2
Le contrat écrit

Les contrats écrits, comme leur nom l'indique, se forment par la rédaction d'un écrit. Ils supposent un usage assez répandu de l'écriture et de la comptabilité et ne sont pas antérieurs à la fin du IIIème siècle avant notre ère. Comme pour la stipulation, c'est la forme qui donne naissance au contrat. L'accord des parties est évidemment requis, mais c'est l'écrit qui donne à la convention sa force obligatoire.

Le principal de ces contrats, couramment pratiqué à Rome, est l'*expensilatio*. Les autres sont les *chirographes* et *syngraphes*, utilisés par les pérégrins, surtout dans la partie orientale de l'Empire, et déjà connus en droit grec. Les chirographes sont des documents unilatéraux qui contiennent une reconnaissance de dette ou une promesse de paiement. Ils sont en principe écrits de la main du débiteur. Les syngraphes, eux, sont des contrats rédigés par écrit, dont l'objet est varié. Comme tel, le terme est utilisé pour des contrats de vente, de louage, de société, de mariage même. De tous ces actes, seule l'*expensilatio*, par les techniques juridiques qu'elle met en œuvre, retiendra notre attention.

1. Définition et modalités pratiques

L'*expensilatio* est un contrat écrit, réservé aux citoyens romains, qui se forme par un jeu d'inscriptions comptables, plus précisément par la mention d'une créance abstraite sur un débiteur déterminé, dans le livre des recettes et dépenses *(codex accepti et expensi)* du créancier.

La comptabilité à Rome. – Les Romains avaient, dès le IIème siècle avant notre ère, des notions assez précises en matière de comptabilité. Chaque chef de famille était censé, du moins dans la classe possédante, tenir un journal de ses recettes et dépenses et en transcrire chaque mois les postes dans un *codex*. Selon des sources littéraires, chaque *paterfamilias* devait, à l'occasion du recensement quinquennal, affirmer sous serment aux censeurs que ses comptes étaient honnêtes et exacts. Comme on le devine, la bonne tenue des comptes est une condition indispensable pour que l'*expensilatio* puisse fonctionner juridiquement de manière correcte.

Pour comprendre l'importance de l'*expensilatio*, il faut tenir compte du fait que l'unité patrimoniale est la famille étendue, qui regroupe de nombreuses personnes, développe d'importantes activités économiques et nécessite, de ce fait, une comptabilité détaillée.

La technique comptable à Rome nous est connue grâce aux témoignages des historiens et des auteurs juridiques. D'après ces données, il semble que la comptabilité romaine concernait uniquement les opérations en numéraire. C'est la une distinction essentielle avec notre comptabilité, qui tend à refléter tous les mouvements du patrimoine. Il s'ensuit que, lorsqu'un Romain achetait des marchandises, il inscrivait la dépense en tant qu'elle réduisait ses avoirs en caisse, mais il ne débitait pas un compte "marchandises" pour une somme équivalente. La comptabilité était cependant plus qu'un simple livre de caisse où l'on aurait seulement noté les entrées et sorties d'argent. Elle servait également à constater certaines opérations de crédit ou de transfert qui ne correspondaient pas à des entrées et sorties effectives, comme nous le verrons plus loin.

Les documents comptables. – Les textes font état de deux documents distincts, les tablettes *(aduersaria)* et le livre *(codex)*. Les tablettes, sorte de cahier de brouillon, servaient à noter au fur et à mesure les paiements et les recettes. L'inscription avait sans doute lieu au moment même du paiement, les parties pouvant ainsi contrôler mutuellement leurs mentions. Le livre, lui, faisait fonction de registre officiel où les postes des tablettes étaient repris une fois par mois. Les mentions figuraient sur deux pages, celle de gauche pour les rentrées *(accepta)* et celle de droite pour les dépenses *(expensa)*.

Les différents postes indiquaient chaque fois l'opération de caisse qui avait eu lieu, avec le nom de celui qui avait effectué ou reçu le paiement. Par exemple, si quelqu'un consent un prêt d'argent, il inscrira, à la date où la somme est remise au débiteur : "Remis à Primus 10.000 sesterces à titre de prêt". Une mention symétrique doit normalement figurer dans le *codex* de l'emprunteur, si ce dernier tient consciencieusement sa comptabilité : "Reçu de Secundus 10.000 sesterces à titre de prêt". Les opérations de crédit sont notées de façon à être annulées sur la page opposée au jour du remboursement.

2. Effets juridiques

La plupart des postes repris dans le *codex* ne sont que le reflet d'opérations juridiques qui trouvent leur fondement et leur réalisation en dehors de la comptabilité. Le paiement effectué ou reçu en exécution d'une obligation, le prêt ou la remise d'une somme d'argent à titre de libéralité sont valables en eux-mêmes et par eux-mêmes. L'inscription comptable sert uniquement à justifier l'état de la caisse. C'est un aide-mémoire, éventuellement un moyen de preuve s'il y a concordance entre le *codex* du créancier et celui du débiteur. On ne saurait y voir la source d'une obligation nouvelle, comparable aux contrats qui naissent par la remise d'une chose ou par le prononcé d'une formule.

Mais les juristes romains envisagent expressément le cas où des inscriptions comptables font naître un véritable contrat, dont l'objet est de transformer une dette antérieure en une dette nouvelle. D'après Gaius, deux hypothèses doivent être envisagées, la transcription *a persona in personam* et la transcription *a re in personam*.

La transcription *a re in personam*. – Une dette existe en vertu d'un contrat, par exemple si quelqu'un doit 1.000 sesterces pour avoir acheté des marchandises. Le vendeur porte cette somme en compte dans les rentrées du *codex*, comme s'il l'avait reçue. En même temps, il inscrit la même somme dans les dépenses, comme s'il l'avait remise à son acheteur. Cette mention abstraite d'un paiement que rien ne justifie doit être annulée le jour où l'acheteur payera effectivement ce qu'il doit au vendeur. Dans l'intervalle, sa dette ne repose plus sur le contrat de vente, puisqu'on a comptabilisé la réception de la somme due *ex uendito*, mais sur l'avance de fonds constatée par la mention abstraite. Il y a transcription *a re in personam*, d'une cause antérieure vers une personne.

Un tel jeu d'écritures réalise une véritable novation, puisque la créance *ex uendito* est éteinte et remplacée par une créance *litteris*. L'inscription comptable dans le *codex* du vendeur est désormais la seule base juridique de l'obligation.

La transcription *a persona in personam*. – Un créancier, à qui Primus doit une somme d'argent pour une cause quelconque, accepte qu'un tiers, Secundus, remplace le premier débiteur Primus. Pour concrétiser ce changement de débiteur, le créancier va réaliser dans son *codex* un jeu d'écritures qui ne correspondent à aucun mouvement effectif. D'une part, il écrit avoir reçu de Primus la somme en cause, d'autre part il écrit avoir versé la même somme à Secundus. La première inscription libère le premier débiteur, tandis que le second est obligé par la seconde inscription. Il y a transcription *a persona in personam*, d'une personne vers une autre. Il est certain qu'un tel transfert ne peut s'opérer qu'avec l'accord de toutes les parties intéressées : du créancier qui reçoit un nouveau débiteur, du débiteur qui se libère et de celui qui s'engage à sa place.

Dans un cas comme dans l'autre, l'*expensilatio* est un contrat unilatéral, qui ne fait naître qu'une obligation, à charge de celui dont le nom est porté dans le *codex*. C'est également un contrat de droit strict, qui ne peut porter que sur une somme d'argent, du fait qu'il naît grâce à une inscription comptable qui n'enregistre que des mouvements de caisse.

3. Preuve du contrat

La force probante des inscriptions comptables reste le point le plus controversé de l'*expensilatio*. Il est en effet difficile d'admettre qu'une obligation puisse résulter d'une transcription unilatérale dans les livres comptables du créancier. A priori, un tel système permet toutes les fraudes, fausses créances, délégations imaginaires, etc. De plus, Cicéron, dans un plaidoyer, argumente en considérant qu'on ne peut pas invoquer son propre *codex* en témoignage.

Certains historiens ont prétendu que le contrat *litteris* était valable seulement s'il reposait sur la concordance des deux comptabilités : à la mention notée par le créancier devait normalement correspondre une mention symétrique dans le *codex* du débiteur. C'est seulement dans des cas exceptionnels que l'on aurait tenu compte d'une mention unilatérale, par exemple si le débiteur refusait de produire ses livres ou si ceux-ci étaient manifestement mal tenus.

Pour séduisante qu'elle puisse paraître, cette théorie est contredite par le témoignage formel des sources. Gaius, en particulier, se réfère exclusivement aux inscriptions effectuées dans le *codex* du seul créancier, qui lie la partie adverse par le fait d'inscrire une somme.

Cela ne signifie pas que le créancier puisse, à son gré, engager les tiers à son profit. Tout contrat requiert l'accord des parties et ne vaut que si le débiteur a donné son adhésion. L'élément formel intervient ici de la même manière que la livraison dans les contrats réels. La simple convention ne suffit pas pour faire naître l'acte juridique, mais une livraison sans accord des parties n'engendre pas les effets d'un prêt ou d'un dépôt. Il faut donc que le créancier apporte la preuve de l'engagement du débiteur, et cela par les moyens habituels, tels que les témoignages. La preuve pouvait également résulter d'une reconnaissance écrite par le débiteur lui-même (chirographe) et il semble bien que ce procédé ait été le plus fréquemment utilisé.

Chapitre 15
Les contrats consensuels

Le droit classique connaît quatre contrats consensuels, qui existent encore aujourd'hui : la vente *(emptio uenditio)*, le louage *(locatio conductio)*, la société *(societas)* et le mandat *(mandatum)*.

Ces quatre contrats sont synallagmatiques de bonne foi. La vente, le louage et la société sont synallagmatiques parfaits. Dans les deux premiers contrats, les parties ont chacune un rôle spécifique, qui est désigné en latin par des mots différents et sanctionné par des actions distinctes, par exemple l'*actio locati* au profit du bailleur ou l'*actio conducti* accordée au preneur. Dans la société au contraire, tout associé a normalement des droits et des obligations, mais les fonctions doivent être précisées dans la convention elle-même. Le mandat est synallagmatique imparfait. Il engendre des obligations, nécessairement pour le mandataire, éventuellement pour le mandant.

Etant de bonne foi, ces quatre contrats sont sanctionnés, dans la procédure formulaire, par des actions qui mentionnent *quidquid dare facere oportet ex fide bona* ("tout ce qu'il convient de donner ou faire en vertu de la bonne foi"). Cette formulation accorde au juge le pouvoir d'interpréter les obligations réciproques avec beaucoup de souplesse et d'y inclure non seulement les clauses ajoutées au contrat par un pacte adjoint, mais toutes les prestations qui sont censées correspondre à la volonté des parties en raison des usages établis. Elle commande aussi de sanctionner d'office le dol de l'adversaire, même si le défendeur n'a pas soulevé lui-même l'*exceptio doli*.

Section 1
La vente

La vente est un contrat consensuel synallagmatique parfait par lequel une partie s'engage à livrer une chose et l'autre à en payer le prix. Ces parties sont appelées respectivement le vendeur *(uenditor)* et l'acheteur *(emptor)*.

Contrat consensuel, la vente ne requiert, quant à sa formation, ni solennité, ni transfert matériel. Elle existe dès l'instant où le vendeur et l'acheteur ont manifesté leur accord, l'un pour livrer une chose déterminée et l'autre pour en payer le prix. Trois éléments sont donc nécessaires pour l'existence du contrat : l'objet, le prix et le consentement des parties.

1. Histoire du contrat de vente

Inconnue en droit ancien, la vente consensuelle est attestée avec certitude au début du premier siècle avant notre ère. Elle est apparue sans doute au IIème siècle avant notre ère, mais les témoignages pour cette époque sont rares et d'interprétation malaisée : quelques formules de ventes à l'usage des agriculteurs et éleveurs proposées par Caton l'Ancien, plusieurs passages dans les comédies de Plaute – mais quelle valeur faut-il attribuer aux allusions juridiques d'un auteur comique, surtout lorsque ses pièces sont des adaptations de modèles grecs ?

Les historiens du droit ont élaboré plusieurs théories pour expliquer le développement de ce contrat consensuel. On a avancé l'hypothèse de l'intermédiaire d'une vente réelle (l'accomplissement de la prestation d'une des parties entraînerait le droit d'exiger la prestation inverse), des prestations assurées par une double stipulation, l'influence des ventes publiques ou le rôle de la *fides*. Aucune de ces théories ne peut se réclamer d'arguments décisifs mais chacune apporte des éléments de solution. C'est sans doute en les combinant qu'on s'approche le mieux de la vérité.

D'un point de vue logique, il faut distinguer trois étapes dans la naissance du contrat de vente : l'échange immédiat, la vente à prestations différées et, enfin, la vente purement consensuelle.

L'échange immédiat. – Toute vente a pour origine l'échange instantané de biens, c'est-à-dire le troc. Dans les sociétés traditionnelles, il est normal qu'un chasseur, un éleveur ou un artisan échangent une part de leurs produits pour obtenir ceux qu'il ne produisent pas eux-mêmes. Dans les sociétés plus complexes, certains biens reçoivent, indépendamment de leur utilité propre, une fonction monétaire. Ils servent de moyen d'échange pour l'acquisition de tous les autres biens, de commun dénominateur pour l'évaluation des prix et de la richesse, et d'instrument de thésaurisation.

A Rome, ce rôle a été tout d'abord assigné au bétail – *pecus* signifie "bétail", *pecunia*, "monnaie". Au Vème siècle avant notre ère, on passe progressivement à un autre étalon, le bronze sous forme de lingots de poids variable, qu'il fallait peser à chaque transaction. L'apparition de signes monétaires constitue un nouveau progrès dans la vie économique. D'abord les lingots reçoivent une marque officielle qui en garantit le poids. Plus tard, le bronze est remplacé par des métaux précieux, qui permettent de frapper des pièces plus légères et plus maniables – monnaies d'argent au IIIème siècle, d'or au premier siècle avant notre ère. Désormais le paiement du prix s'effectue par la remise d'argent compté.

La pesée se maintient dans la mancipation mais elle n'a plus qu'une signification symbolique. La mancipation elle-même cesse d'être une vente véritable car elle ne sert plus qu'à réaliser un transfert de puissance, indépendamment de tout paiement effectif.

Le terme "vente" doit être réservé à l'opération qui consiste à transférer des choses quelconques contre un paiement exprimé en unités monétaires. En droit ancien, la vente s'effectue généralement au comptant, par un échange immédiat de prestations. Il n'est pas nécessaire de faire appel aux notions de contrat ni d'obligation, puisque le vendeur et l'acheteur ne se doivent plus rien dès l'instant où ils ont accompli leur prestation.

Les prestations différées dans le temps. – La deuxième étape est l'apparition de la vente avec prestations différées. Même avant la création de la monnaie, sous le régime du troc pur, il a pu arriver qu'une des parties ne soit pas à même de fournir immédiatement sa prestation. Souvent c'est l'acheteur qui demandera de postposer le paiement de la totalité ou d'une partie du prix. D'autres fois, le vendeur sera pressé de conclure le marché et d'obtenir un acompte, tout en étant incapable de livrer immédiatement des marchandises entreposées ailleurs, un objet encore inachevé ou une récolte sur pied. On imagine aisément des situations où les deux parties s'accordent mutuellement un délai. Peut-on, dans ces différents cas, parler de vente ou n'y a-t-il qu'un espoir ou, au mieux, une promesse de vente ?

Il est certain que le droit ancien ignore les contrats consensuels. Il n'y est même pas question d'un contrat réel de vente où l'accomplissement d'une des prestations rendrait la contrepartie obligatoire. Toute la question est de savoir comment, dans un système où le consentement mutuel ne crée pas d'obligation, les parties ont pu s'assurer d'obtenir la prestation souhaitée.

Dans un grand nombre de cas, la parole donnée, la *fides*, l'engagement moral pouvait suffire. Il ne s'agit pas à proprement parler d'un procédé juridique, mais la *fides* joue un rôle important dans un réseau de relations sociales où tout le monde se connaît et où chacun a le souci de sa respectabilité et de son crédit.

Lorsque ce moyen était jugé inopérant et que l'on éprouvait le besoin de donner une forme juridique à l'obligation, il fallait utiliser un mode formaliste. Le moyen le plus commode était la stipulation, qui rendait, par une forme très simple, les prestations obligatoires. Le vendeur demandait "Promets-tu de me donner telle somme ?" et l'acheteur s'engageait en répondant "Je promets". De la même manière, l'acheteur demandait "Promets-tu de me livrer telle quantité de blé, de vin ou d'huile, ou tel objet déterminé ?" et le vendeur se liait en disant "Je promets".

L'hypothèse de la vente par double stipulation fournit une explication plausible pour la vente préclassique. Elle est appuyée par plusieurs arguments de détail.

Ainsi, les deux stipulations parallèles mais indépendantes justifient la double dénomination du contrat *(emptio uenditio)* qui reste sanctionné, en droit classique, par deux actions distinctes. L'indépendance des deux liens obligatoires explique également que l'une des parties reste tenue même si la prestation de l'autre n'est plus possible, comme nous le verrons dans la théorie des risques.

Dans le même sens, on constate que les stipulations sont encore utilisées, à l'époque classique, pour préciser ou renforcer les obligations des parties, notamment les garanties offertes par le vendeur.

Enfin, au premier siècle avant notre ère, l'écrivain Varron cite certaines formules de vente en usage dans les milieux ruraux, traditionnellement conservateurs, qui utilisent des interrogations et réponses orales rappelant les stipulations : "On se sert d'une ancienne formule, lorsque l'acheteur dit : – Ces brebis me sont-elles acquises pour autant ? et que l'autre répond : – Elles le sont".

La vente consensuelle. – La troisième étape est l'apparition de la vente purement consensuelle. Celle-ci n'est pas le fruit d'une adaptation progressive mais d'une véritable mutation. Elle suppose en effet l'abandon des formes solennelles de la stipulation au profit de la simple expression de la volonté.

La transformation de la vente est à situer dans le contexte des bouleversements qui marquent la société romaine au temps des grandes conquêtes. Le contact avec d'autres civilisations, l'afflux d'étrangers, l'essor du grand commerce, l'extension des relations maritimes et les perspectives d'enrichissement rapide amènent un développement du droit des biens et des contrats. Telles sont les raisons profondes qui ont fait rechercher des structures à la fois plus souples et mieux définies pour la vente, appelée à jouer un rôle de premier plan dans l'activité économique.

Quels ont été les moyens techniques de cette adaptation ? Où les Romains ont-ils cherché les modèles juridiques qui caractérisent la vente nouvelle ?

Puisque les changements que connaît le contrat de vente sont liés au développement du commerce et à l'arrivée massive de marchands étrangers, il est tentant d'en rechercher l'origine dans les législations étrangères. Toutefois, les droits antiques que nous connaissons ne sont guère favorables à la vente consensuelle. Elle est ignorée en droit athénien et n'apparaît pas comme une institution généralisée dans le monde hellénistique.

Ce sont plutôt les usages du commerce international qui pourraient fournir la solution. Les marchands habitués à traiter des affaires à distance sont amenés à se faire mutuellement confiance pour l'exécution de leurs prestations. Ils peuvent solliciter des garanties extérieures à la vente, par exemple sous forme de gages ou de consignations, par des cautions ou par l'intermédiaire de banquiers, mais c'est surtout la crainte de perdre leurs relations d'affaires et de se fermer le marché qui les pousse à tenir leurs engagements.

Les litiges qui naîtraient de l'interprétation du contrat seront le plus souvent portés devant un ou plusieurs arbitres de nationalités différentes, qui statueront en fonction des coutumes commerciales et des règles de l'équité – ce qui nous conduit pratiquement à l'idée de bonne foi. A Rome, on sait que les pérégrins soumettaient leurs différends à des collèges d'arbitres. Il est significatif de constater que les formules romaines de vente recommandées par Caton l'Ancien, au IIème siècle avant notre ère, prévoient précisément l'arbitrage d'un *bonus uir*, d'une personne honorable.

La réception en droit romain de la vente commerciale, consensuelle et de bonne foi, se serait réalisée en deux temps. D'abord elle aurait été reprise par le préteur pérégrin, comme un élément du *ius gentium*. De là elle serait passée dans le *ius ciuile*, grâce à la souplesse de la procédure formulaire, qui permettait au préteur urbain d'accommoder les formules d'action sur des bases nouvelles.

2. L'objet

En droit classique, la vente peut avoir pour objet tout ce qui a une valeur patrimoniale, s'il s'agit d'une res *in commercio*, suffisamment déterminée et dont l'aliénation n'est pas défendue par une disposition particulière de la loi. Cet objet peut être notamment un meuble ou un immeuble, une *res mancipi* ou *nec mancipi*, une chose simple, composée ou collective, une chose d'espèce ou une chose de genre, une chose incorporelle, une chose appartenant à autrui ou une chose future. Les trois dernières catégories appellent quelques éclaircissements.

La vente d'une chose incorporelle. – S'il vend une chose incorporelle, le vendeur devra, non pas livrer la chose, mais transférer le droit à l'acheteur par un mode approprié. Par exemple, la cession de créance se réalise le plus efficacement par un mandat. Le vendeur, créancier d'un tiers, donne ordre à l'acheteur de recevoir le paiement et de poursuivre éventuellement le débiteur.

De même, on peut vendre une servitude foncière ou l'exercice d'un usufruit, mais il y a lieu de respecter le caractère spécifique de ces droits. Ainsi, une fois qu'elle est établie, la servitude n'est plus négociable indépendamment de l'immeuble qui en bénéficie.

La vente de la chose d'autrui. – Peut-on vendre la chose d'autrui ? Contrairement à notre droit civil, le droit romain n'exige pas que le vendeur soit propriétaire de la chose vendue. Si la vente de la chose d'autrui est nulle dans notre droit actuel (article 1599 du Code civil), c'est parce que la vente est censée transférer immédiatement la propriété à l'acheteur. Mais la vente romaine est un contrat qui ne produit que des obligations. Le vendeur prend l'engagement de faire avoir la chose à l'acheteur. Pour satisfaire à son obligation, le vendeur devra soit se procurer la chose, soit obtenir l'agrément, au moins tacite, du propriétaire. A défaut, il sera condamné à des dommages et intérêts.

Même si l'on vend et livre le bien d'autrui sans l'accord du propriétaire, le contrat est valable. L'acheteur de bonne foi pourra devenir propriétaire par prescription, pour autant que le vendeur n'ait pas commis un vol en aliénant le bien. Ce n'est que dans l'hypothèse où le vendeur et l'acheteur auraient tous deux su, au moment du contrat, que l'aliénation de la chose constituait un vol, que la vente est déclarée nulle.

La vente d'une chose future. – Il n'est pas nécessaire que l'objet soit présent, ni même qu'il existe au moment du contrat. On peut vendre un produit en cours de fabrication, une récolte sur pied ou la pêche qui sera rapportée par un chalutier. Il suffit que les parties aient une conviction raisonnable que l'objet existera – ou du moins qu'il peut exister.

De ce point de vue, on distingue l'*emptio rei speratae* (l'achat de la chose espérée) et l'*emptio spei* (l'achat de l'espérance).

L'*emptio rei speratae* est en fait un achat sous condition suspensive. L'acheteur s'engage à payer le prix si la chose arrive à l'existence – par exemple, autant par kilo de poisson pêché. Si la pêche ne donne rien, l'acheteur ne doit rien.

Dans l'*emptio spei* au contraire, on achète l'espoir que la chose se réalisera – par exemple, telle somme forfaitaire pour tout le poisson pêché tel jour. Le contrat est ferme et l'acheteur est tenu de payer le prix, même si la chose ne répond pas à son attente et même si elle ne se produit pas du tout. Il est clair que si le vendeur trompe sciemment l'acheteur sur les chances de réalisation de l'objet, son dol pourra être sanctionné en justice.

Par contre, on ne peut vendre les choses impossibles ou celles qui n'existent plus. La vente d'un animal mort avant la conclusion du contrat est nulle par défaut d'objet. Il en va de même si l'on vend un navire qui a sombré à l'insu des parties. Il en va de même pour les choses hors commerce. La vente d'un terrain public est nulle, car l'objet ne saurait être transféré à un particulier. Est nulle également la vente d'une chose qui appartient déjà à l'acheteur, du fait que le contrat ne présente aucun intérêt pour ce dernier.

D'une manière plus générale, on ne peut vendre des choses dont le transfert serait illicite ou interdit par une disposition particulière de la loi. Par exemple, pour les juristes romains, tout contrat relatif à une succession future est considéré comme immoral. De même, la vente de choses litigieuses, sur lesquelles un procès est en cours, est interdite au demandeur.

3. Le prix

A l'époque classique, le prix *(pretium)* doit consister en monnaie, être certain – déterminé ou à tout le moins déterminable selon des critères objectifs –, réel et sérieux. Par contre, il ne doit pas être juste en ce sens qu'il peut être supérieur ou inférieur à la valeur vénale de la chose.

Le prix doit être exprimé en argent monnayé. – Il s'agit là d'une conséquence logique de la double appellation du contrat et de la dualité des actions – l'action de l'acheteur et l'action du vendeur. Les deux rôles doivent être distincts : si l'acheteur s'engageait à livrer une marchandise comparable à celle qui est fournie par le vendeur, on ne pourrait pas distinguer les deux cocontractants.

Le juriste Paul justifie cette position rigoureuse en insistant non seulement sur le rôle distinct des parties, mais également sur les particularités propres aux deux obligations. Alors que le vendeur doit seulement livrer la possession de la chose, l'acheteur est tenu de transférer la propriété de l'argent. La conception stricte du prix est réaffirmée avec force dans le droit de Justinien.

La convention d'échange n'est donc pas protégée par les actions de la vente et elle est exclue des contrats consensuels. Elle rentre dans la catégorie des contrats innommés, qui ne produisent pas d'obligations par le simple accord des volontés mais uniquement par l'exécution d'une des deux prestations.

Une fois le principe posé, la jurisprudence, cédant aux exigences de la pratique, tolère cependant quelques atténuations. On admet sans difficulté que le vendeur impose certaines charges à l'acheteur, par exemple qu'il cède la moitié d'un terrain en convenant que l'acheteur prendra l'autre moitié en location, ou qu'il vende un immeuble, à charge pour l'acheteur d'effectuer des réparations à un autre immeuble dont il conserve la propriété, ou encore qu'il vende un terrain à condition de recevoir une partie de l'édifice qui sera construit par l'acheteur.

De telles conventions ont évidemment une répercussion sur le prix. Mais le contrat peut toujours être analysé comme une vente dès l'instant où une partie du prix est fournie en argent. Les autres prestations sont alors considérées comme un accessoire du prix.

Lorsque la vente a été conclue pour un prix certain, les parties peuvent convenir que l'acheteur satisfera à son obligation en livrant certains biens pour une valeur égale. Cette dation en paiement, reconnue en droit classique, est un mode d'exécution qui n'affecte pas la régularité du contrat. Un rescrit de l'Empereur Gordien (IIIème siècle de notre ère), accorde même une action en justice, comme s'il s'agissait d'une vente, dans le cas d'un immeuble qui a été mis en vente puis finalement échangé contre un autre immeuble. On peut effectivement considérer, dans ce cas, que les rôles du vendeur et de l'acheteur sont suffisamment distincts quand un bien a été offert à la vente et acquis par la livraison d'un autre bien.

Le prix doit être certain. – Il faut que le prix soit fixé en argent au moment de la vente, ou qu'il puisse être déterminé avec certitude sur base des données arrêtées de commun accord à la formation du contrat.

Le prix peut sans doute être fixé par référence au cours du marché. On admet l'achat pour un prix égal à celui auquel le vendeur a lui-même acheté la chose.

Le contrat peut comporter un prix minimum, à majorer éventuellement d'un surplus, pourvu que ce dernier soit établi objectivement, par exemple s'il s'agit d'une partie du bénéfice provenant de la revente.

Plus délicate est la convention par laquelle on confie la fixation du prix à un tiers, arbitre ou expert. La question a été fort discutée en droit classique. Justinien a tranché le débat dans une constitution de 530 de notre ère. La vente existe, mais sous condition. Elle n'est valable que si l'arbitre choisi procède effectivement à la fixation du prix. S'il refuse ou s'il est incapable de remplir sa mission, la vente est nulle.

Le prix est en tout cas jugé incertain si son évaluation est confiée à une personne encore indéterminée ou si elle est laissée à l'appréciation d'une des parties.

Le prix doit être réel. – Le prix doit représenter une contrepartie effective. Si la somme à payer est dérisoire ou purement symbolique, la convention n'est pas considérée comme une vente mais comme une donation. De ce fait, elle est soumise à toutes les règles de fond et de forme qui affectent les libéralités, par exemple les règles qui frappent de nullité les donations entre époux et, au Bas-Empire, celles qui limitent strictement les dispositions en faveur des concubines et des enfants naturels.

Le prix ne doit pas non plus être simulé. La vente est traitée comme une donation déguisée si les parties conviennent d'un prix en apparence suffisant, mais sans intention réelle de le payer ni de le réclamer. Ici aussi il faudra appliquer les restrictions concernant les donations.

L'intention déterminante est celle qui existe à la formation du contrat. Si un mari vend un bien à sa femme dans l'idée de percevoir le prix et qu'ultérieurement il y renonce, la vente est valable, mais la remise de dette est nulle.

Le prix ne doit pas nécessairement être juste. – Pourvu que le prix soit réel et sérieux, il n'est pas indispensable qu'il corresponde à la valeur véritable de la chose vendue. Les juristes classiques considèrent que la valeur est essentiellement subjective et qu'elle dépend des convenances personnelles du vendeur et de l'acheteur.

S'il faut évidemment répudier le dol caractérisé *(dolus malus)*, une certaine habileté, une certaine ruse même *(dolus bonus)*, ne sont pas interdites dans la pratique du commerce. Il est normal que le vendeur s'efforce de vendre plus cher et l'acheteur d'obtenir un meilleur prix. Finalement, souvent après marchandage, le prix s'établit à un point d'équilibre, qu'il serait vain de vouloir fixer de manière tout à fait objective.

Le problème de la lésion énorme. – Un rescrit de Dioclétien (IIIème siècle de notre ère), qui refuse d'accorder l'annulation de la vente d'un immeuble pour le seul motif que le prix était jugé insuffisant, s'achève sur une remarque qui pose toute la question du juste prix : "sauf si l'acheteur a donné moins de la moitié du juste prix que la chose valait à l'époque de la vente, en conservant à l'acheteur le choix qui lui a été attribué antérieurement". Comme telle, cette phrase est incompréhensible, car le rescrit ne fait aucune allusion à ce choix. Mais un autre rescrit de Dioclétien permet de la comprendre. Sollicité à propos d'une vente foncière, l'Empereur pose comme un principe d'humanité que le vendeur pourra reprendre son bien en restituant le prix, si celui-ci est inférieur à la moitié de la valeur réelle. L'acheteur peut cependant conserver le bien s'il offre de payer intégralement le juste prix. La vente est donc résiliable à la demande du vendeur, mais sous réserve de l'option qui est laissée à l'acheteur.

Ces deux rescrits ont donné naissance à une doctrine, approuvée par les moralistes, suivant laquelle le droit romain aurait admis la rescision de la vente pour cause de lésion énorme (*laesio enormis*). En bonne logique, le principe devrait jouer également en faveur de l'acheteur qui a payé un prix excessif.

Pourtant, cette théorie est en contradiction avec les déclarations des juristes classiques qui considèrent le prix comme une affaire de convenance, et avec les lois du Bas-Empire qui refusent la rescision pour lésion.

En réalité, la lésion est loin d'être admise comme un principe général sous Dioclétien, comme le montre une analyse plus attentive des deux rescrits.

En premier lieu, la rescision est uniquement prévue dans l'intérêt du vendeur. Une dérogation aussi grave à la validité des contrats doit être interprétée strictement. Il est exclu de l'étendre par analogie à l'acheteur qui aurait payé le double du prix normal.

Ensuite, les deux rescrits ne concernent que des ventes d'immeubles. En matière de rescrits, la prudence commande de ne pas aller au-delà de l'hypothèse envisagée. De plus, les rescrits sont de la fin du IIIème siècle de notre ère, ce qui permet de dire que la lésion n'a été prise en considération qu'à l'extrême fin de la période classique, à un moment où le droit subissait précisément certaines influences moralisatrices.

Enfin, les rescrits ne sont que des décisions particulières, et rien ne dit que Dioclétien désirait introduire une règle générale. Peut-être avait-il en vue des cas spécialement malheureux, pour lesquels une mesure de clémence était justifiée. Il n'est d'ailleurs même pas certain que l'Empereur ait donné raison au demandeur dans les deux cas d'espèce qui lui étaient soumis.

Ce qui est certain, par contre, c'est que les deux rescrits ont été repris dans le Code de Justinien, qui leur donne une portée générale. Néanmoins, la théorie de la lésion est, dans le droit de Justinien, soumise à des limites assez strictes. Elle est prise en considération dans le chef du vendeur, non de l'acheteur. La vente n'est pas annulée d'office, mais la rescision doit être demandée à l'autorité judiciaire. L'acheteur garde la faculté de conserver le bien en payant le juste prix. Enfin, la mesure ne s'applique directement qu'aux immeubles.

Notre Code civil a repris le système romain dans les articles 1674 et suivants. Le vendeur, s'il a été lésé de plus des sept douzièmes dans le prix d'un immeuble, peut demander la rescision du contrat, sauf si l'acheteur offre de payer le supplément du juste prix, moins un dixième du prix total.

4. Le consentement

La vente est formée par le consentement des parties sur l'objet et sur le prix. Le contrat existe, avec les obligations qui en découlent, dès l'instant où l'accord s'est réalisé, même si aucune des deux prestations n'a encore reçu un commencement d'exécution.

L'expression du consentement. – La naissance du contrat de vente n'est liée à aucun formalisme. On peut marquer son accord verbalement ou par un simple signe, par lettre ou par l'intermédiaire d'un messager.

Bien souvent, le contrat se forme tacitement et résulte à suffisance du comportement des parties. Lorsqu'un commerçant offre des biens à la vente en affichant le prix et qu'un client, sans dire un mot, dépose l'argent et emporte une marchandise, il y a à la fois conclusion et exécution du contrat. La vente est réalisée. Elle constitue la cause du paiement et la *iusta causa* de la livraison qui transfère la propriété à l'acheteur.

Parfois, l'adhésion tacite prend une forme plus subtile, par exemple en cas de vente effectuée par un des héritiers au vu et su des autres héritiers, qui n'ont pas protesté et qui ont reçu leur part du prix.

Il n'est pas rare que l'accord définitif soit précédé de tractations diverses : offres, contre-propositions et marchandages. La détermination du moment exact où les deux volontés se sont rencontrées irrévocablement peut soulever des difficultés. Mais il s'agit là, en droit romain, d'une pure question de fait, que le juge devra éventuellement apprécier. Il n'existe pas de présomptions légales en la matière.

La vente avec arrhes. – Contrairement au droit romain, le droit grec fait du paiement du prix un élément essentiel à la formation du contrat. La vente grecque est un contrat réel. Elle n'est accomplie que lorsque le prix s'est substitué à la marchandise dans le patrimoine du vendeur. Tant que celui-ci n'a pas reçu l'argent, il n'est pas tenu de livrer la marchandise et, s'il l'a déjà fait, il en conserve la propriété.

Le consentement mutuel des parties est par lui-même dépourvu de signification juridique. L'accord sur la chose et le prix ne crée aucune obligation. Seul le paiement intégral rend l'opération effective.

Cette situation n'est guère favorable au commerce. Pour y remédier, les Grecs imaginent une contrainte indirecte : les arrhes. Le candidat acheteur fournit une partie du prix, qu'il abandonnera s'il ne verse pas le solde à la date convenue ou qui lui sera restituée au multiple – généralement au double – si le vendeur refuse de livrer. Le versement d'arrhes est donc un procédé qui rend la vente résiliable de part et d'autre, moyennant une pénalité.

La conception grecque de la vente s'est répandue dans tout le monde hellénistique et la pratique des arrhes demeure vivace en Orient sous la domination romaine. Pour cette raison, Justinien admet la possibilité d'une vente avec arrhes. La vente est toujours conclue par l'accord des volontés, mais la dation d'arrhes confère aux deux parties, comme en droit grec, la faculté de renoncer au marché : l'acheteur en abandonnant la somme qu'il a versée, le vendeur en remboursant le double de la somme reçue.

Ce type de convention est passe dans notre Code civil à l'article 1590, qui l'envisage toutefois non pas comme une vente mais comme une promesse de vente.

Il importe de distinguer soigneusement les *arrhes* proprement dites et l'*acompte*, qui est une simple avance sur le prix. Très souvent, le vendeur exige qu'une partie plus ou moins forte du prix soit versée à la commande. Un tel paiement ne change en principe rien au caractère irrévocable du contrat et les deux parties peuvent être contraintes d'exécuter pleinement leurs obligations – livraison effective d'une part, paiement intégral de l'autre.

La vente constatée par écrit. – De même que la dation d'arrhes, la rédaction d'un écrit sert uniquement de moyen de preuve en droit classique. Même si les parties conviennent de l'établissement d'un acte ou d'un document quelconque, le contrat est créé par le seul accord des volontés.

Justinien introduit une forme de vente écrite, qui ne produit aucun effet tant que l'acte n'est pas entièrement rédigé. Quelle est la portée juridique de cet écrit ? Est-ce réellement la rédaction de l'acte qui provoque la formation du contrat, comme dans les contrats *litteris*, ou sommes-nous simplement en présence d'un instrument de preuve destiné à fournir de meilleures garanties aux parties et éventuellement aux tiers ?

Le but de Justinien n'est pas de réformer la vente ni d'en créer une variété nouvelle. Son intervention vise à assurer la fiabilité des conventions écrites et concerne une série d'actes juridiques, dont la vente. Il n'impose pas la forme écrite. Les parties restent libres de conclure la vente par simple consentement. Mais si les cocontractants optent pour la forme écrite, les obligations n'existeront pas tant que l'acte ne sera pas entièrement écrit dans sa version définitive avec les signatures des parties, ou rédigé par un notaire de façon complète avec l'approbation des parties. Aussi longtemps que ces formalités ne sont pas accomplies, la vente ne produit aucun effet.

La vente écrite conserve donc son caractère essentiellement consensuel. Ce sont les parties elles-mêmes qui s'imposent une modalité pour l'expression définitive de leur consentement. Le droit se borne à préciser que, dans ce cas, l'acte écrit doit être complètement achevé.

5. Les obligations du vendeur

Le vendeur a pour obligation essentielle de livrer la chose à l'acheteur. Cette prestation découle nécessairement de la nature même du contrat. En liaison avec cette obligation, on examinera au préalable celle de conserver la chose en bon état jusqu'au moment prévu pour la livraison.

A l'époque classique, on reconnaît en outre deux obligations *naturelles*, qui consistent à garantir l'acheteur contre l'éviction et contre les vices cachés de la chose. Ces obligations ne sont pas inhérentes à la définition de la vente. Elles n'ont pas toujours été sanctionnées juridiquement, mais elles se sont imposées peu à peu dans la pratique, d'abord par des conventions expresses et des règlements particuliers, ensuite parce qu'on a considéré que les parties les incluaient d'office dans leur engagement, comme un corollaire naturel d'un contrat de bonne foi.

L'obligation de garder la chose. – Le vendeur, qui devra livrer la chose, doit se mettre en état d'accomplir correctement sa prestation. Il lui faudra, selon les cas, acquérir la chose en question, la libérer de charges qui empêcheraient d'en transférer la libre possession et la mettre en condition d'être livrée (emballage, préparation pour le transport, etc.).

Lorsque la livraison n'a pas lieu immédiatement, le vendeur a l'obligation de garder la chose. Il doit en prendre soin, l'entretenir et la préserver comme le ferait un bon père de famille. Si la chose est détruite ou endommagée par la faute du vendeur, l'acheteur pourra lui réclamer des dommages et intérêts. Par "faute", il y a lieu d'entendre ici la *culpa leuis in abstracto*, c'est-à-dire toute faute, maladresse, négligence ou omission que n'aurait pas commise un administrateur attentif.

Les parties peuvent évidemment préciser les modalités de la garde et de l'entretien dans leur convention. Il leur est également permis d'atténuer ou d'alourdir la responsabilité du vendeur, par exemple en prévoyant que celui-ci sera responsable même des cas fortuits.

L'obligation de livrer la chose. – Suivant la conception romaine, l'obligation du vendeur n'est pas de transférer la propriété sur la chose mais de livrer cette chose, d'en céder la possession, sans fraude ni arrière-pensée de sa part *(uacuam possessionem tradere et purgari dolo malo)*. Le mot *uacuus* signifie ici "libre, inoccupé, disponible". Le vendeur a donc le devoir de conférer sur la chose une possession entièrement libre. Le transfert peut s'effectuer avec toutes les modalités qui ont été étudiées en droit des biens – tradition de brève main, tradition symbolique, etc.

Il y a là une différence notable avec notre droit, dans lequel la vente implique nécessairement le transfert de la propriété. L'acheteur peut se plaindre, en dehors de tout trouble, quand il n'a pas été rendu propriétaire.

On explique généralement cette particularité de la vente romaine par le fait qu'elle est une institution du *ius gentium*, commune aux Romains et aux pérégrins, ces derniers étant évidemment incapables d'acquérir ou de transférer la propriété civile.

La règle du droit romain offre en tout cas plusieurs avantages. Le vendeur est dispensé de fournir la preuve de son droit de propriété. La vente est ouverte aux pérégrins. Elle peut avoir pour objet des biens, tels les fonds provinciaux, sur lesquels il est impossible d'acquérir une véritable propriété civile. En cas de vente de *res mancipi*, il n'est pas nécessaire de recourir aux modes formalistes. Et surtout, la vente de la chose d'autrui n'est pas frappée de nullité comme dans notre droit. Elle est susceptible, sous certaines conditions, de fournir à l'acquéreur un titre valable. Elle lui assure en tout état de cause un recours contre le vendeur, sur base du contrat de vente.

En effectuant la livraison, le vendeur doit s'abstenir de tout dol. Le dol répréhensible *(dolus malus)* s'oppose ici à l'habileté et à une certaine astuce *(dolus bonus)* qui ne sont pas illicites dans la pratique des affaires.

Par exemple, le vendeur commet un dol frauduleux s'il sait que le fonds aliéné est grevé d'une servitude et omet de le signaler à l'acheteur. De même, s'il est vrai que la vente de la chose d'autrui n'est pas nulle en droit romain, il n'est pas permis pour autant au vendeur qui sait que la chose appartient à autrui de tromper l'acheteur sur ce point. Ce dernier peut intenter un recours contre le vendeur dès qu'il apprend le vice juridique de la chose, même s'il n'est pas directement menacé d'éviction.

La même considération a permis d'apporter un correctif important en ce qui concerne les modes de transfert de la chose vendue. Le citoyen romain qui vend une *res mancipi* à un autre citoyen romain peut s'acquitter de son obligation en effectuant une simple livraison. Celle-ci confère à l'acquéreur la possession *ad usucapionem*. Mais si l'acheteur a un intérêt à acquérir immédiatement la propriété civile et si le vendeur peut, sans gros inconvénient, procéder à une mancipation, on ne comprendrait pas qu'il s'y refuse en invoquant sa seule obligation de livrer. En utilisant une subtilité du droit pour se réserver, pendant un ou deux ans, la propriété civile sur la chose, il commettrait indubitablement un dol.

Que faut-il livrer ? – Le vendeur est tenu de livrer la chose convenue avec ses accessoires et dépendances, plus les fruits et tous les accroissements reçus par la chose entre le moment de la conclusion du contrat et celui de la livraison. L'idée fondamentale est que l'acheteur a droit, pour autant qu'il n'y ait pas de convention contraire, à la chose telle qu'elle lui a été offerte et à tous les avantages que le vendeur en a retirés ou qu'il aurait pu en retirer depuis la vente.

Concrètement, l'obligation du vendeur comporte les éléments suivants.

– La chose convenue, dans l'état où elle se trouvait au moment du contrat.

– Les accessoires et dépendances de la chose. Par exemple, un terrain est normalement vendu avec les constructions et plantations qui adhèrent au sol, une maison avec ses portes, fenêtres, tuyauteries et toutes les installations placées à perpétuelle demeure, un navire avec ses agrès, ancres, rames et gouvernails, une armoire avec ses planches, etc. Par contre, sauf convention contraire, les biens simplement affectés à la chose vendue ne sont pas inclus dans le contrat. Ainsi, la selle ou le harnais d'un cheval ne doivent pas être livrés, sauf si le cheval était sellé ou harnaché lorsqu'il a été présenté à la vente.

– Les accroissements de la chose elle-même, par exemple les fruits qui ont poussé ou mûri, ou les constructions ajoutées après la vente, les acquisitions réalisées grâce a la chose et les fruits naturels perçus ou qui auraient dû être perçus. A l'inverse, les loyers ne sont en principe pas dus à l'acheteur. La raison en est que le contrat de louage est pour lui une *res inter alios acta*. Il ne doit pas en tirer profit, pas plus qu'il n'a l'obligation de respecter le bail – sauf convention contraire, l'acheteur est en droit d'expulser le locataire, qui dispose alors d'un recours en dommages et intérêts contre celui qui lui a consenti la location.

Quand faut-il livrer ? – Il faut tout d'abord respecter la convention. Celle-ci peut prévoir une livraison immédiate ou à une date déterminée.

Si rien n'a été expressément convenu, la livraison peut en principe être exigée immédiatement, mais dans certains cas la bonne foi censée présider au contrat commande de laisser au vendeur un délai raisonnable. Par exemple, si la marchandise ne se trouve pas sur place, il faut accorder au vendeur le temps du transport par les voies les plus normales. Si l'on achète une maison, l'occupant doit pouvoir retirer ses meubles, etc.

La corrélation avec le paiement du prix soulève un problème plus délicat. Le vendeur est-il tenu d'exécuter sa prestation tant que l'acheteur ne lui garantit pas le paiement du prix ? La question se pose également lorsque le contrat prévoit une date fixe pour la livraison et le paiement, et que l'acheteur n'est pas disposé à fournir le prix.

Jusqu'à la fin de la République, on considère que le vendeur est forcé d'accomplir sa prestation indépendamment de la contrepartie due par l'acheteur. C'est la conséquence de la juxtaposition des deux obligations dans le système des stipulations parallèles : le vendeur est tenu et peut être poursuivi en justice, son seul droit étant de poursuivre l'acheteur en paiement. Il subit donc le risque de l'insolvabilité de l'acheteur.

Ce risque est toutefois atténué par une règle ancienne, attribuée à la loi des XII Tables (Vème siècle avant notre ère) mais citée seulement par les Institutes de Justinien. Selon cette règle, le vendeur conserve la propriété de la marchandise livrée jusqu'au moment où il reçoit le prix ou des garanties jugées satisfaisantes. Si l'acheteur ne paye pas, le vendeur peut donc reprendre le bien, qui n'a pas cessé de lui appartenir, et il est en droit de le revendiquer *erga omnes*. Le seul danger qu'il court réellement est celui de la destruction du bien, de sa disparition ou de son endommagement par un acheteur insolvable.

Sous le Principat, les juristes estiment qu'il faut établir une simultanéité entre les deux prestations, en raison même de la *bona fides* qui régit le contrat. Le vendeur reçoit donc un droit de rétention sur la marchandise tant qu'il n'a pas obtenu le paiement du prix ou des garanties appropriées. Si l'acheteur intente une action en justice contre lui, le vendeur échappera à la condamnation en invoquant la mauvaise foi du demandeur. La doctrine moderne parle à ce propos d'une exception *non adimpleti contractus*, mais celle-ci n'apparaît pas dans les sources romaines. En fait, il s'agit tout simplement d'une exception de dol.

A côté de l'obligation de livrer, qui est de l'essence même de la vente, le droit classique impose au vendeur deux obligations de garantie : contre l'éviction et contre les vices cachés. Ces obligations, qui découlent de la bonne foi, n'ont pas toujours été considérées comme inhérentes à la vente. Par ailleurs, les parties peuvent toujours, dans les limites de la bonne foi, les exclure du contrat ou en réduire la portée.

La garantie du chef d'éviction. – Etre évincé, c'est être vaincu et privé de son droit par une décision judiciaire. Le vendeur doit garantir l'acheteur contre les vices juridiques de la chose. Il doit lui assurer qu'il ne sera pas vaincu en justice et dépossédé par une action du véritable propriétaire ou par un ancien possesseur faisant valoir un interdit, ou encore par un créancier gagiste ou un usufruitier. Cette obligation se situe dans le prolongement de l'obligation de livrer. Il ne suffit pas de livrer la chose à l'acheteur, il faut encore lui permettre de la conserver.

Comment la garantie d'éviction a-t-elle été intégrée au contrat de vente ? Le droit ancien connaissait déjà un recours de l'acheteur en cas d'éviction, mais seulement dans le cadre de la mancipation. Accompli solennellement en présence de témoins, ce rite engageait l'aliénateur, qui couvrait l'acquéreur de son autorité et s'obligeait à le défendre contre toute revendication des tiers. S'il échouait dans cette défense, l'acquéreur évincé pouvait le faire condamner au double de la valeur de la chose.

Dans les ventes accomplies sans mancipation, les acheteurs ont cherché à créer une garantie similaire par le biais de stipulations adjointes au contrat. Deux formes se sont dégagées de la pratique. La stipulation au double, par laquelle le vendeur promettait de restituer le double du prix en cas d'éviction, et la stipulation *rem habere licere*, par laquelle le vendeur s'engageait à verser à l'acheteur la valeur de l'intérêt qu'il aurait eu à conserver la chose. Cette clause était malgré tout plus favorable au vendeur, car il est exceptionnel que l'intérêt atteigne le double du prix payé.

Les juristes du Principat ont fini par considérer que cette dernière stipulation était en quelque sorte incorporée dans la vente. Le vendeur, s'il est de bonne foi, doit fournir cette garantie, qui s'ajoute aux obligations découlant naturellement du contrat, même si rien n'a été précisé à la conclusion de l'acte. S'il n'est pas certain de l'origine du bien, le vendeur peut écarter expressément cette garantie, mais l'acheteur sait alors quel risque il court. En toute hypothèse, l'acheteur conserve un recours contre le vendeur en cas de dol de ce dernier. Une solution similaire a été retenue par le Code civil.

La garantie contre les vices cachés. – Les vices sont des défauts de la chose vendue, qui la rendent impropre à l'usage auquel elle est normalement destinée ou qui en diminuent la valeur.

Seuls les vices cachés et inconnus de l'acheteur sont susceptibles d'engager la responsabilité du vendeur. Si le défaut était apparent et que l'acheteur ne l'a pas remarqué, il n'a qu'à supporter les conséquences de sa négligence. Et si l'acheteur a eu connaissance du vice, il en a normalement tenu compte dans le prix qu'il a offert.

En ce qui concerne les vices cachés, il faut distinguer les dispositions du droit civil et une réglementation plus stricte introduite par les édiles curules pour les ventes sur les marchés publics. Justinien fusionne les deux systèmes et jette les bases d'une véritable obligation de garantie.

Dans le droit civil traditionnel, la seule obligation du vendeur est de livrer la chose dans l'état ou elle se trouve. Les vices sont aux risques de l'acheteur. Il existe cependant trois exceptions.

Premièrement, des garanties spéciales sont prévues pour quelques cas particuliers, notamment dans la mancipation de fonds de terre. Lorsque la contenance du fonds a été expressément mentionnée et que la surface s'avère inférieure à ce qui a été déclaré, l'acheteur dispose, d'après la loi des XII Tables, d'une action pénale qui lui permet de réclamer le double de la valeur de la partie manquante.

Deuxièmement, comme en matière d'éviction, les parties peuvent ajouter au contrat des stipulations de garantie contre certains vices déterminés.

Troisièmement, si le vendeur a sciemment trompé l'acheteur en affirmant des qualités inexistantes ou en dissimulant des défauts connus de lui, l'acheteur trompé peut exiger la réparation du préjudice, à condition cependant de démontrer la mauvaise foi du vendeur. Il faut pouvoir prouver que le vendeur connaissait les défauts ou l'absence des qualités annoncées.

Les édiles curules instaurent un régime particulier pour les ventes d'esclaves et d'animaux lorsqu'elles ont lieu sur les marchés publics de Rome. Ces magistrats ont dans leurs attributions la police des marchés. Leur souci a été de réprimer les fraudes de marchands, qui risquaient de nuire au commerce romain.

Les édiles posent comme principe que le vendeur doit connaître sa marchandise et annoncer clairement les défauts non apparents. S'il ne l'a pas fait, il est réputé coupable, sans qu'on ait à fournir la preuve de sa mauvaise foi.

L'acheteur qui découvre un vice non signalé par le vendeur peut choisir parmi deux actions. Soit l'action rédhibitoire, qui permet d'annuler la vente, de rendre la marchandise et d'obtenir la restitution du prix payé, soit l'action estimatoire, qui permet d'obtenir une diminution du prix proportionnelle à la moins-value de la marchandise.

Ces obligations et ces actions ont été étendues, dès l'époque classique, aux ventes d'esclaves et de bestiaux accomplies en dehors des marchés.

Justinien généralise le principe de la garantie contre les vices cachés pour toutes les ventes, y compris les ventes d'immeubles. Trois recours sont ouverts à l'acheteur.

– L'action rédhibitoire, pendant un délai de six mois. Si le vendeur accepte de restituer le prix et de reprendre sa marchandise, la vente est simplement annulée. Si le vendeur refuse cette demande, il s'expose à une condamnation au double.

– L'action estimatoire, pendant un délai de douze mois. Elle tend, comme dans la législation des édiles, à obtenir une réduction du prix, en fonction de ce que l'acheteur aurait offert en moins s'il avait connu le défaut. C'est donc au moment de la vente qu'il faut se reporter pour estimer la moins-value.

– L'action ordinaire du contrat, sans limitation de délai. Cette action peut toujours être intentée lorsqu'on est capable de prouver la mauvaise foi du vendeur, qui a caché des vices ou affirmé de fausses qualités. Elle permet d'obtenir la réparation intégrale du préjudice.

Ce système se retrouve dans notre Code civil, aux articles 1641 et suivants. L'acheteur a le choix de rendre la chose et de se faire restituer le prix, ou de garder la chose et de se faire rendre une partie du prix, telle qu'elle sera arbitrée par experts. Si le vendeur connaissait les vices de la chose, il est tenu, outre la restitution du prix qu'il a reçu, de tous les dommages et intérêts envers l'acheteur.

6. Les obligations de l'acheteur

L'acheteur a comme obligation essentielle de payer le prix. Il lui faut transférer au vendeur la propriété des espèces monétaires.

La question véritable à ce propos est plutôt de savoir quand le paiement doit avoir lieu.

S'il y a une convention expresse, il faut la respecter. On peut prévoir le paiement immédiat, ou à date fixe, ou dans un certain délai après la livraison.

En l'absence de convention, le paiement intervient en principe au moment de la livraison. La dette existe sans doute dès la formation du contrat, mais on a toujours admis que son exigibilité coïncide avec la livraison. Si le vendeur intente un recours judiciaire avant la livraison, l'acheteur est en droit d'opposer une exception ou tout simplement d'invoquer la bonne foi qui préside au contrat. Bien entendu, le refus de payer n'est pas justifié si les parties ont prévu que la livraison aurait lieu après le paiement.

Accessoirement, l'acheteur doit rembourser au vendeur les frais de garde et d'entretien de la chose depuis la conclusion de la vente jusqu'à la livraison.

Il doit également les intérêts du prix, s'il est en retard de paiement et qu'il a été mis en demeure – ce sont les intérêts moratoires – ou si une convention a été conclue en ce sens – il s'agit alors d'intérêts conventionnels.

7. La théorie des risques

Si la chose vendue disparaît ou est détruite entre la conclusion du contrat et le moment où elle aurait dû être livrée, sans qu'il y ait faute du vendeur, la question qui se pose alors est de déterminer qui subit cette perte.

Solution de principe. – En droit romain comme en droit belge, le vendeur est libéré de son obligation puisqu'elle est devenue impossible, mais l'acheteur reste tenu de payer le prix. C'est ce qu'on exprime par la règle *Res perit emptori*, "La chose périt au détriment de l'acheteur".

Comment justifier cette règle, qui semble en contradiction avec la notion même d'équilibre entre les prestations ?

Dans notre droit, la solution, confirmée par l'article 1138 du Code civil, est parfaitement logique. Puisque la vente transfère instantanément la propriété à l'acheteur, il est normal que ce dernier supporte les risques de *son* bien : *Res perit domino*, "La chose périt au détriment du propriétaire".

Par contre, il en va autrement dans le droit romain. Aussi longtemps que la livraison n'est pas effectuée, le vendeur reste propriétaire et la vente engendre uniquement des obligations. Dès lors, pourquoi l'obligation de l'acheteur subsiste-t-elle tandis que celle du vendeur s'éteint ?

Justinien explique la règle en invoquant une sorte de compensation des risques et des avantages. Puisque l'acheteur a droit à la plus-value et aux fruits de la chose depuis la conclusion du contrat, il est juste qu'il subisse les conséquences d'un amoindrissement ou de la disparition de la chose. Ce raisonnement, formellement correct, est tout à fait scolaire et fort éloigné des réalités pécuniaires : il n'y a pas de commune mesure entre l'espoir d'un enrichissement modique et la crainte d'une perte totale.

En réalité, la véritable raison est d'ordre historique. Avant de reconnaître l'existence d'une vente simplement consensuelle, les Romains ont utilisé une double stipulation, donc deux contrats distincts, comme nous l'avons vu plus haut. Les obligations étant juridiquement indépendantes, il était normal que la perte de la chose libère le vendeur mais pas l'acheteur. Lorsque la vente consensuelle a remplacé la double stipulation, les Romains ont conservé la règle qu'ils connaissaient en matière de risques, même si elle ne correspondait plus vraiment à l'esprit du nouveau contrat.

Conditions d'application. – Si la règle *Res perit emptori* n'a pas heurté les juristes classiques, c'est surtout parce qu'elle s'applique rarement, compte tenu des conditions qui doivent être réunies.

En premier lieu, il faut que la vente soit définitive. Si une condition suspensive a été prévue, la vente ne sera définitive qu'à la réalisation de la condition. Si la perte survient avant cette réalisation, c'est le vendeur qui en subira les conséquences puisque la vente, faute d'objet, ne pourra plus produire ses effets (l'exigibilité des prestations). De même, si les parties ont prévu de faire un acte écrit, comme le droit de Justinien leur en donne la possibilité, la vente ne sera définitive qu'à partir du moment où l'écrit sera rédigé et signé.

Ensuite, il faut que l'objet du contrat ait véritablement disparu. S'il s'agit d'une chose d'espèce, la destruction ou la perte de l'objet libère définitivement le vendeur. Par contre, si la vente porte sur une chose de genre, le vendeur reste tenu en vertu du principe *Genera non pereunt*, "Les choses de genre ne disparaissent pas". Les risques ne seront à charge de l'acheteur qu'à partir du moment où ce qu'il a acheté est individualisé. Par exemple, en cas d'achat de matériaux de construction, l'acheteur, en mettant sa marque sur ces matériaux, réalise leur individualisation, assimilée par les juristes classiques à une livraison.

Il faut encore que la perte ou la détérioration soit due à une cause extérieure au vendeur, c'est-à-dire à un cas fortuit ou une force majeure. Si la chose a péri par la faute du vendeur, ce n'est plus la théorie des risques qui trouve à s'appliquer mais, assez logiquement, les règles de la responsabilité contractuelle. Normalement, le vendeur répond de sa *culpa leuis in abstracto* et doit assurer la garde de la chose. De ce fait, il est normalement responsable s'il y a vol simple, car des mesures de garde simplement passives permettent de l'éviter. Dès lors, la théorie des risques voit encore son champ d'application se réduire.

Il ne faut pas, enfin, que le vendeur ait été mis en demeure de livrer l'objet. Si le vendeur tarde à faire la livraison, c'est lui qui répondra de tout dommage, même provoqué par une cause extérieure.

Il est important de relever que cette règle a seulement une valeur supplétive. Une clause insérée dans le contrat de vente peut mettre les risques à charge du vendeur jusqu'à la livraison.

8. Les conventions annexes à la vente

Depuis une époque assez ancienne, la pratique a imaginé, dans l'intérêt du vendeur comme de l'acheteur, certaines clauses prévoyant la résolution de la vente pour diverses raisons.

L'attribution dans un certain délai. – Par une clause dite *in diem addictio*, les parties au contrat prévoient que la vente est conclue sous réserve qu'un meilleur prix ne soit pas offert dans un certain délai par un deuxième acheteur. Dans ce cas, le premier acheteur est écarté et la vente est conclue avec le deuxième.

Ce type de convention répond au même objectif que la vente aux enchères, largement pratiquée en droit public mais également entre particuliers. Son intérêt pratique est facile à comprendre. A une époque où les vendeurs n'avaient pas à leur disposition des agences immobilières ou les petites annonces dans la presse, une telle convention leur permettait de ne pas traiter définitivement avec le premier amateur qui se présentait et de se réserver la faculté de vendre dans de meilleures conditions.

Le pacte de déplaisance. – Le *pactum displicentiae* est une vente à l'essai. Dans cette convention, l'acheteur se réserve la faculté de ne pas donner suite au contrat si la chose, dans un certain délai, a cessé de lui plaire.

Le pacte commissoire. – La *lex commissoria* est une convention par laquelle le vendeur se réserve le droit de reprendre la chose vendue si le prix ne lui est pas versé dans un certain délai. En droit romain, la résolution de la vente pour non-paiement du prix n'existait pas de plein droit. Le pacte commissoire est donc une garantie conventionnelle que le vendeur prudent se réserve.

La clause de réméré. – Grâce au *pactum de retro uendendo* ou pacte de réméré, le vendeur se réserve le droit de racheter la chose dans un certain délai en restituant le prix reçu. Une telle convention permet au vendeur, si ses affaires s'améliorent, de revenir sur une vente qu'il a conclue, pressé par des besoins d'argent.

Interprétation juridique de ces conventions. – Il est curieux de constater que le droit romain est arrivé à valider ces différents types de ventes sans admettre, à proprement parler, la condition résolutoire. C'est pourtant l'interprétation la plus aisée, communément admise aujourd'hui : la vente est accompagnée d'une condition qui, si elle se réalise, la fait disparaître. Mais les juristes romains n'ont jamais rangé la condition résolutoire parmi les modes d'extinction des obligations.

En droit romain, on a d'abord proposé d'interpréter ces conventions comme des conditions suspensives de la vente. Ainsi, dans le cas du pacte commissoire, la vente est conclue sous la condition que le prix sera payé. La validité de la condition suspensive ne présente aucune difficulté, mais avec cette interprétation, la vente n'est définitivement conclue qu'au moment de la réalisation de la condition. Si la chose disparaît par cas fortuit avant le paiement du prix, la vente ne se forme pas et les risques sont ainsi à charge du vendeur. C'est pour le moins paradoxal : une convention conclue dans l'intérêt du vendeur, comme une garantie en cas de non-paiement du prix, se retourne contre lui en cas de perte fortuite.

Aussi le juriste Julien (IIème siècle de notre ère) a-t-il proposé une autre interprétation. La *lex commissoria* est considérée comme une convention autonome, ajoutée au contrat de vente. C'est un pacte de résolution sous condition suspensive. Les parties, par cet acte distinct de la vente, conviennent de procéder à la résolution de celle-ci au cas où le prix ne serait pas payé. Si le prix n'est pas payé, la condition suspensive est réalisée et le pacte entre en vigueur. La validité de ce pacte ne présente aucune difficulté. C'est un pacte adjoint à un contrat consensuel, et il est parfaitement correct d'introduire une condition suspensive dans un pacte.

Quels sont les effets juridiques du pacte ? Les résultats que nous obtenons aujourd'hui avec la condition résolutoire, les Romains parviennent à les atteindre par le détour du pacte de résolution, même si leur construction juridique est plus complexe. Examinons les trois hypothèses qui peuvent se présenter.

– La condition est pendante. Dans la conception romaine, la vente accompagnée d'un pacte de résolution n'est pas elle-même conditionnelle. La condition affecte le pacte, non la vente. Tant que la condition n'est pas réalisée, le pacte n'entre pas en action et la vente produit tous ses effets, comme une vente pure et simple. L'acheteur peut recevoir la propriété par tradition, il peut usucaper car la vente existe et constitue une *iusta causa*. L'acheteur peut être contraint de payer le prix par une action en justice et la chose est à ses risques dès le jour du contrat.

– La condition est défaillie. L'événement ne se réalise pas et ne peut plus se réaliser. Le pacte est dénué d'effets. La vente devient définitive et produit ses effets, comme si aucune condition n'avait été prévue.

– La condition est réalisée. Dans cette dernière hypothèse, le pacte de résolution entre en action. Si la vente n'a encore reçu aucune exécution, le pacte de résolution peut être opposé, comme moyen de défense, à celle des parties qui prétendrait en obtenir l'exécution malgré l'arrivée de la condition. Par contre, si la vente a déjà été exécutée, il faut que l'acheteur restitue la chose et le vendeur le prix. L'acheteur est responsable si la chose est endommagée par sa faute.

Effet sur le transfert de propriété. – Qu'en est-il, enfin, du problème du transfert de propriété ? Sur ce point, le système romain et le système contemporain s'opposent plus nettement encore.

Aujourd'hui, la condition résolutoire a un effet *réel*. Les droits réels obtenus en vertu d'un acte affecté d'une condition résolutoire s'évanouissent dès que la condition se réalise. Cette solution présente un grand avantage pratique. En cas de résolution de la vente, le vendeur est considéré comme n'ayant jamais aliéné la propriété et peut revendiquer la chose.

Cette solution n'est pas conforme à l'esprit du droit romain, qui n'admet pas le transfert temporaire de la propriété, en raison du caractère perpétuel de ce droit. Le droit romain classique aboutit aux solutions suivantes.

Les juristes qui pensent qu'il s'agit d'une vente sous condition suspensive considèrent assez logiquement que si la condition ne se réalise pas – par exemple, dans le cas du pacte commissoire, si le prix n'est pas payé –, la vente n'a pas été conclue. Le vendeur peut reprendre facilement la chose. N'ayant jamais abandonné la propriété, il peut exercer l'action en revendication.

Par contre, si nous considérons qu'il y a une vente ferme accompagnée d'un pacte de résolution, la livraison faite à l'acheteur l'a rendu propriétaire ou lui a permis d'usucaper. Si le pacte entre en vigueur, il n'en résulte rien d'autre que l'obligation de restituer la propriété au vendeur. L'acheteur ne cesse pas pour autant d'être propriétaire.

C'est seulement dans le droit de Justinien que l'on a admis l'effet réel en matière de donation, avec effet rétroactif. Mais ces solutions, très dangereuses pour les tiers qui ont acquis la chose avant la résolution de la donation, ne sont pas classiques.

Section 2
Le louage

Le louage *(locatio conductio)* est un contrat important en droit romain parce qu'il s'agit d'une catégorie juridique utilisée pour régir des situations très variées. Il y a en réalité trois types de louages et le plus étonnant, pour nous, est que les juristes romains les aient rangés dans le même contrat, car les différences sont quasiment plus importantes que les points communs.

1. Unité du contrat et figures spécifiques

D'une manière générale, le louage est un contrat consensuel, synallagmatique parfait, de bonne foi, par lequel une personne promet à une autre, soit la jouissance d'une chose (contrat de bail proprement dit), soit la prestation de ses services (contrat de travail), soit l'exécution d'un ouvrage déterminé (contrat d'entreprise).

Le contrat de bail. – Appelé *locatio conductio rei*, le louage de choses ou contrat de bail au sens strict est la figure qui nous est la plus familière, les principes étant restés relativement stables. Le bailleur s'engage à assurer au locataire la jouissance d'une chose moyennant le paiement du loyer convenu. On retrouve la même définition dans notre Code civil, à l'article 1709.

Le contrat de travail. – Appelé *locatio conductio operarum* en droit romain, le contrat de travail est la convention par laquelle un ouvrier met sa force de travail à la disposition d'un employeur qui s'engage à lui verser en contrepartie un salaire. Le salarié est souvent appelé *mercenarius*, du nom du salaire *(merces)*.

Alors qu'une grande partie de la population active est composée aujourd'hui de salariés, le contrat de travail est relativement peu développé à Rome. Ce phénomène s'explique par deux raisons qui se complètent mutuellement.

En premier lieu, la plupart des travaux matériels et certaines prestations d'ordre intellectuel – les activités des scribes, des régisseurs ou des pédagogues par exemple – étaient accomplis par des esclaves et accessoirement par des affranchis qui devaient des services à leur patron en dehors de tout lien contractuel.

De plus, la qualité de salarié répugne aux Romains, qui estiment qu'un homme libre ne saurait s'abaisser à fournir ses services pour de l'argent. Les travaux effectués par des hommes libres étaient considérés plus volontiers dans le cadre du contrat d'entreprise, la troisième figure du louage. Quant aux prestations de confiance – de médecins ou d'avocats par exemple –, elles ne donnaient pas lieu à un salaire mais à des honoraires, et étaient analysées comme une variété de mandat.

Le contrat d'entreprise. – Dans cette troisième figure, une personne appelée "client" ou "maître de l'ouvrage" confie un travail à effectuer à un entrepreneur pour un prix convenu d'avance. Il peut s'agir, par exemple, du transport de marchandises par voie terrestre ou maritime, de la construction d'une maison ou d'un ouvrage d'art, du nettoyage ou de la réparation de vêtements, ou encore de l'instruction d'un enfant confié à un précepteur.

Eléments communs. – Dans les trois figures du louage, il y a un bailleur *(locator)*, un preneur *(conductor)*, une rémunération qui est versée par la partie qui retire un avantage du contrat et, en règle générale, une limite temporelle au contrat.

La rémunération est un élément essentiel. Tant qu'elle n'est pas convenue, le contrat n'existe pas. Si aucune rémunération n'est prévue, il ne s'agit pas d'un louage mais d'un autre contrat – d'un prêt d'usage ou d'un mandat par exemple.

Les parties au contrat. – Dans le louage comme dans la plupart des autres contrats du droit romain, il importe de déterminer exactement qui est *locator* et qui est *conductor*. En effet, pour obtenir en justice les prestations qui leur sont dues sur la base du contrat, le premier dispose de l'*actio locati* et le second de l'*actio conducti*. Une erreur de qualification entraîne en principe la perte du procès : si le *locator* demande ce qu'il doit recevoir *ex conducto* (en tant que preneur), le juge ne pourra que constater que rien ne lui est dû à ce titre et il absoudra le défendeur.

Dans le contrat de bail proprement dit ou louage de choses (*locatio rei*), le *locator, qui locat rem*, est celui qui "place" la chose en location, c'est-à-dire le bailleur. Le *conductor, qui conducit rem*, est la personne qui "emporte" la chose avec elle, c'est-à-dire celle que nous appelons le locataire ou preneur.

Dans le contrat de travail (*locatio operarum*), le *locator, qui locat operas*, est celui qui place sa force de travail, c'est-à-dire l'ouvrier. Le *conductor*, qui bénéficie du travail de l'ouvrier, est le patron.

Dans le contrat d'entreprise ou *locatio operis faciendi*, le *locator* fournit l'ouvrage à exécuter, il est le maître de l'ouvrage, tandis que le *conductor* est celui qui emporte la commande, c'est-à-dire l'entrepreneur.

Le loyer ou le prix du contrat est dû respectivement par le preneur dans la *locatio rei* et la *locatio operarum*, et par le bailleur dans la *locatio operis faciendi*.

Problèmes de qualification. – Il existe une série de situations dans lesquelles on peut hésiter sur la nature exacte du contrat. Par exemple, si quelqu'un fait transporter des marchandises par bateau, il s'agit le plus souvent d'un contrat de transport (*locatio operis faciendi*). Mais on peut également considérer qu'il y a location de la cale du navire (*locatio rei*).

De même, si on fait appel à un plombier pour réparer un évier, les juristes romains considèrent qu'il y a *locatio operarum* s'il travaille à l'heure ou à la journée. Par contre, ce sera un contrat d'entreprise (*locatio operis faciendi*) s'il travaille pour un prix forfaitaire.

Parfois encore, on peut hésiter entre la vente et le louage. Si l'on commande chez un bijoutier, pour un prix déterminé, une bague en or avec un dessin particulier, certains juristes y voient un contrat mixte, qui comporterait en partie une vente pour la matière qui est fournie par le bijoutier et en partie un contrat d'entreprise pour le travail qu'il doit effectuer. Mais l'opinion dominante analyse plutôt l'ensemble de l'opération comme une vente, portant en l'occurrence sur une chose qui est encore à fabriquer, c'est-à-dire une chose future. Cette solution offre du reste l'avantage de la simplicité.

Dans le même sens, si un entrepreneur s'engage à construire une maison sur le terrain de son client, bien qu'il fournisse les matériaux, ceux-ci ne font pas l'objet d'une vente car ils deviennent la propriété du client par accession dès qu'ils sont incorporés au sol. Toute l'opération constitue un contrat d'entreprise. Par contre, si l'entrepreneur s'engage à construire la maison sur son terrain et à en transférer ensuite la propriété au client, il s'agira exclusivement d'une vente.

2. Historique

Dans la société traditionnelle, le louage n'apparaît pas comme contrat. Il peut cependant exister, au même titre que la vente, en tant que simple opération au comptant. Bien que les sources historiques soient muettes à ce sujet, on peut imaginer le schéma suivant.

Un *paterfamilias* concède à autrui l'usage d'un terrain pour une durée d'un an. Il perçoit immédiatement le prix et, par mancipation, transfère la propriété du terrain avec une clause de fiducie qui prévoit sa rétrocession au terme de l'année. Le *paterfamilias* peut procéder de la même façon lorsqu'il loue à autrui, pour un temps relativement long, les services de son fils ou d'un animal domestique compris parmi les *res mancipi*. Pour les prestations de courte durée, un ouvrier peut louer ses services, par exemple à la journée, et recevoir son salaire le soir, lorsqu'il a accompli son travail. Le paiement, dans ce cas, repose sur la *fides* du patron et sur le risque de ne plus réussir à embaucher de journaliers s'il se montre malhonnête à leur égard.

Le développement du contrat s'inscrit dans le cadre des transformations économiques et sociales qui ont suivi les deux premières guerres puniques. Au IIème siècle avant notre ère, les différents types de louage font leur apparition : louage de maisons et d'appartements dans les zones urbaines, louage de terres à des fermiers, contrat de travail conclu par des ouvriers agricoles, contrat d'entreprise à l'instar des adjudications de grands travaux publics. Au premier siècle avant notre ère, la *locatio conductio* est définitivement reconnue comme contrat consensuel sanctionné, dans la procédure formulaire, par des actions civiles de bonne foi.

Parmi les facteurs qui ont contribué à sa formation, on peut invoquer, comme pour la vente, le modèle du droit public, qui connaît la location de terres de l'*ager publicus* et les adjudications de travaux publics, l'influence des pratiques étrangères reçues dans le *ius gentium*, l'utilisation de stipulations réciproques et le rôle de la *fides* dans la création des actions de bonne foi.

3. Les caractères propres au louage de choses

Le bailleur, la chose et le loyer. – Outre le consentement des parties, le contrat de bail suppose qu'une chose soit donnée en jouissance en échange d'un loyer.

Le louage peut être concédé par un propriétaire quiritaire ou bonitaire, par le titulaire d'un bail de longue durée, par un usufruitier et même par un simple possesseur. Il n'est pas nécessaire que le bailleur ait lui-même un droit réel puisqu'il ne confère au locataire, qui est un simple détenteur, aucun droit sur la chose.

Le bien donné en location peut être une chose corporelle, meuble ou immeuble. S'il s'agit d'un fonds rural, on parle de bail à ferme et le locataire est appelé *colonus* (fermier).

Quant à son contenu, le louage ressemble beaucoup à l'usufruit. Comme celui-ci, il accorde au locataire la disposition matérielle de la chose, mais sans possession au sens technique du terme. Il confère l'usage *(usus)* et la jouissance *(fructus)* dans les mêmes conditions que l'usufruit et avec les mêmes limites. En effet, le locataire ne peut ni entamer la substance de la chose, ni en altérer la destination. Les fruits lui sont acquis par perception. Les constructions et améliorations appartiennent au propriétaire par accession.

Il y a cependant des différences importantes. En premier lieu, l'usufruit est essentiellement gratuit, tandis que la location implique toujours un loyer. Ensuite, l'usufruit est le plus souvent viager, alors que le louage est généralement concédé pour un terme déterminé. Enfin et surtout, l'usufruit confère un droit réel, opposable à tous. Le louage, par contre, est un contrat qui engendre des obligations entre les parties mais ne procure au preneur aucun droit sur la chose. Il s'ensuit que si le bailleur est évincé, s'il perd son droit ou s'il le cède à autrui, par exemple en cas de vente, le locataire risque de se voir retirer la chose ou d'en être expulsé. Son seul recours est une action personnelle contre le bailleur, en dommages et intérêts, pour inexécution du contrat.

Le loyer, comme le prix dans le contrat de vente, doit être sérieux, certain et, en principe, exprimé en argent. Il n'y a à cet égard qu'une seule exception : en matière de baux ruraux, le loyer peut être fixé en nature et consister, soit en une quantité déterminée de fruits, soit en une quote-part de la récolte. On parle dans ce dernier cas de "colonat partiaire". Cette convention est largement pratiquée, car elle offre l'avantage de répartir les profits et les pertes des bonnes et mauvaises années entre le propriétaire et le fermier. Son équivalent moderne est le métayage, qui est longtemps resté en vigueur dans plusieurs régions de France.

La durée du contrat. – Le bail peut être conclu avec ou sans terme. Cet élément n'est en effet pas requis pour la validité du contrat.

Si le contrat est conclu sans terme, il reste en vigueur aussi longtemps que subsiste le consensus, mais chaque partie peut à tout moment y mettre fin. Cette faculté doit néanmoins s'appliquer avec bonne foi. Il ne faut pas que la résiliation soit intempestive. Elle doit respecter les usages. Pour les baux ruraux par exemple, la durée ne saurait être inférieure à un an. Malgré ces correctifs, le bail à durée indéterminée fait peser une menace tant sur le locataire, qui peut être expulsé, que sur le bailleur, qui risque de perdre le revenu des loyers.

C'est pourquoi le louage est le plus souvent conclu pour un terme précis. En matière de baux ruraux, la durée ordinaire est de cinq ans, par analogie avec les locations des parcelles de l'*ager publicus* qui étaient mises en adjudication tous les cinq ans par les censeurs.

Même lorsque le contrat comporte un terme précis, il peut prendre fin de manière anticipée, soit par l'accord des parties, soit à l'initiative de l'un des contractants lorsqu'il démontre que l'autre ne remplit pas correctement ses engagements, par exemple si le locataire abuse de sa jouissance ou ne paie pas régulièrement ses loyers, ou si le bailleur néglige d'effectuer les réparations qui lui incombent.

A l'échéance du terme, le contrat s'éteint normalement. Il arrive cependant que les parties le prolongent de fait, le bailleur continuant à assurer la jouissance et le locataire à payer les loyers. On parle dans ce cas de "tacite reconduction". Le comportement des parties fait présumer leur volonté de proroger le contrat. Mais celui-ci n'est pas renouvelé pour sa durée initiale. Il se poursuit simplement en bail à durée indéterminée, avec un minimum d'un an pour les baux ruraux.

Comme le bail n'est normalement pas un contrat conclu *intuitu personae*, il n'est pas interrompu par la mort d'une des parties. Les héritiers du défunt – bailleur ou locataire – ont l'obligation de respecter les clauses du contrat.

Obligations des cocontractants. – La principale obligation du bailleur est d'assurer au locataire la disposition effective de la chose. Pour cela, il faut qu'il la lui remette par une simple livraison, qui est une opération matérielle n'impliquant pas le transfert de la propriété ni même de la possession. Le bailleur doit permettre au locataire de jouir paisiblement de la chose. A cet effet, il a l'obligation d'entretenir le bien en bon état locatif, de défendre le locataire contre l'éviction et de le garantir contre les vices cachés.

Le cas échéant, il doit indemniser le locataire pour les dépenses extraordinaires que ce dernier aurait faites en faveur de la chose – à l'exclusion bien sûr des frais qui sont la contrepartie normale de la jouissance.

L'obligation essentielle du locataire est de payer le loyer ou le fermage. Mais cette obligation est subordonnée à la prestation effective de la jouissance du bien loué. Si la chose est détruite par cas fortuit et que le bailleur n'assure donc plus la jouissance, le loyer cesse automatiquement d'être dû.

Le locataire doit veiller sur la chose en bon père de famille. Comme il retire un avantage du contrat, il est responsable de sa *culpa leuis in abstracto*, c'est-à-dire de toute faute que n'aurait pas commise un père de famille consciencieux. Enfin, il doit restituer la chose à l'expiration du contrat.

Section 3
La société

Il ne faut pas confondre le contrat de société, qui existe également dans notre droit civil, et les sociétés du droit commercial, qui bénéficient généralement de la personnalité juridique et apparaissent par conséquent comme des sujets de droit distincts aux yeux des tiers. Le contrat de société que nous allons étudier ici crée exclusivement des rapports juridiques entre les associés. Il n'a pas d'effets vis-à-vis des tiers, qui traitent toujours individuellement avec les associés.

Le droit romain a connu la société commerciale dotée de la personnalité juridique. Dès le IIème siècle avant notre ère, des sociétés de publicains se sont créées pour traiter avec l'Etat, notamment pour l'affermage des impôts. Ces sociétés, bien organisées, levaient d'importants capitaux qu'elles faisaient fructifier. Comme les sociétés par actions aujourd'hui, elles avaient la personnalité juridique et un patrimoine distinct de celui de leurs membres. Elles mettaient en circulation des actions au porteur *(partes)*, que les investisseurs pouvaient acheter et vendre pour un prix variable. Elles étaient gérées par un conseil d'administration *(corpus publicanorum)*. Mais ces sociétés de publicains présentent trop de particularités pour avoir pu servir de modèle à la société civile.

1. Définition et histoire

La société civile est un contrat consensuel, synallagmatique parfait, de bonne foi, par lequel deux ou plusieurs personnes s'engagent à mettre quelque chose en commun, dans un but licite, pour en retirer un avantage.

Contrat consensuel, la société se forme par le seul consentement des parties. Le contrat existe même si les apports n'ont pas encore été réalisés, même si aucune activité n'a été déployée dans le cadre de la société. Synallagmatique parfait, le contrat donne à chaque associé des droits et des devoirs. Mais ces droits et ces devoirs sont généralement de même nature. Les rôles ne sont pas aussi tranchés que dans la vente ou le louage. Pour rendre compte de cette réalité, certains romanistes parlent d'obligations "plurilatérales".

A l'époque ancienne, le contrat de société n'existait pas, mais le vieux droit romain connaissait une institution familiale assez semblable, la "propriété non partagée" *(ercto non cito)* ou société entre frères. Par rapport à l'indivision ordinaire, qui est de règle avant que les héritiers ne procèdent au partage des biens, l'avantage de cette société familiale est de permettre à un de ses membres de faire valablement seul tous les actes relatifs aux biens mis en commun. Dans une société traditionnelle qui connaît des relations familiales serrées, une telle société est faite pour durer toujours. Mais le droit civil, prudent, a, dès le Vème siècle avant notre ère, posé la règle selon laquelle "Nul n'est tenu de rester en indivision" et créé la procédure permettant de provoquer le partage judiciaire des biens. Une règle similaire sera reprise pour le contrat de société.

La société civile apparaît dès le IIème siècle avant notre ère. On la trouve mentionnée chez Caton, qui parle de sociétés établies entre des entrepreneurs, associés pour exécuter d'importants travaux agricoles pour des montants forfaitaires. Vraisemblablement, les associations de fait réalisées entre professionnels dans la pratique du commerce international ont également pu influencer le contrat de société civile.

2. Les éléments du contrat

Les apports. – Chaque associé doit mettre quelque chose en commun, soit une chose, soit son activité. Il existe une très grande diversité d'apports. On peut apporter des biens corporels comme des capitaux, du matériel, des bâtiments ou des marchandises. Ces biens peuvent être mis en copropriété ou simplement à la disposition des associés.

On peut également apporter une activité : son travail, des conseils, un savoir faire ou même une influence. Ainsi, la caution morale d'un associé peut constituer un apport dans la mesure où elle présente une véritable utilité pour la société.

Le droit romain connaît la *société en commandite*, dans laquelle un des associés apporte des capitaux tandis que l'autre fournit son activité et ses compétences pour l'exploitation d'un commerce ou d'une industrie.

L'intérêt commun. – Chaque associé doit retirer un avantage de l'association. Une société où tous les avantages seraient réservés à un ou à quelques-uns des membres serait nulle. Pour qualifier ce genre de société, on parlait, déjà dans l'Antiquité, de "société léonine", par allusion au lion de la fable qui chasse avec tous les autres animaux mais se réserve la totalité du butin.

Le principe posé, on admet cependant une grande diversité de conventions relatives au partage des bénéfices et à la répartition des pertes. Ainsi, les parts dans les bénéfices peuvent être égales. Telle est la règle si rien n'est expressément convenu, sans doute parce que la fraternité de la société familiale traditionnelle impose l'égalité. Mais rien n'empêche de retenir, comme aujourd'hui, le principe selon lequel les parts sont proportionnelles aux apports.

On admet également que les parts soient différentes selon qu'il y a bénéfice ou perte, à condition toutefois que la répartition s'opère sur le solde net et non sur chaque opération. Dans le droit de Justinien, on accepte même qu'un des associés participe aux bénéfices et ne soit pas tenu de concourir aux pertes si le solde est déficitaire.

En définitive, la seule convention qui n'est pas admise est celle qui réserve la totalité du bénéfice à un ou à quelques associés car dans cette hypothèse, les autres ne retirent aucun avantage de leur qualité d'associé et un élément essentiel du contrat fait défaut.

L'*affectio societatis*. – L'intention de créer une société est la condition nécessaire d'un contrat consensuel. C'est l'élément qui permet de distinguer la société de situations voisines en apparence, comme l'indivision. Il peut y avoir indivision et même copropriété, sans intention de constituer une société. Par exemple, si deux personnes héritent d'une entreprise et décident de poursuivre l'exploitation en commun en attendant le moment opportun pour vendre, il s'agit d'une indivision.

La présence de l'*affectio societatis* est une question de fait, à apprécier éventuellement par le juge.

Une conséquence de l'*affectio societatis* est la limite apportée au pouvoir du juge en cas d'action en justice. Le juge reçoit pour mission de ne condamner qu'à concurrence des ressources du défendeur. Cette règle trouve son origine dans les rapports de fraternité qui sont supposés exister entre les associés : on peut intenter un procès à son frère, mais pas le mettre en faillite, avec les conséquences rigoureuses que cela entraînerait pour lui.

Un but licite. – En fonction de l'objectif poursuivi, la société peut être universelle, si elle s'étend à tous les biens présents et futurs des associés. Le but d'une telle société, constituée par exemple entre époux, est de créer une communauté sur le modèle familial, qui rappelle l'ancienne société entre frères *(ercto non cito)* tout en étant volontaire.

La société peut, plus fréquemment, n'être constituée que pour certaines opérations déterminées, permettant l'exploitation d'un commerce ou d'une banque, ou encore pour une seule opération, s'il s'agit par exemple d'une association momentanée d'entrepreneurs pour réaliser un chantier déterminé.

Mais quelle que soit son étendue, la société doit avoir un but licite, qui ne doit être contraire ni aux lois ni aux bonnes mœurs. Il s'agit là d'une condition d'ordre public. Il en résulte par exemple qu'une association de malfaiteurs ne peut être reconnue juridiquement comme société et qu'aucune action en justice ne sera acceptée dans ce cadre.

3. Les effets juridiques du contrat

Le contrat engendre une série d'obligations pour chaque associé. Chacun doit réaliser son apport – biens ou activité. Chacun doit apporter un certain soin à la garde des choses ou à l'activité qui lui est confiée. Le critère retenu pour apprécier la responsabilité d'un associé est la *culpa leuis in concreto*, ce qui revient à dire que l'on appréciera le soin que l'associé en cause apporte d'habitude à la gestion de ses propres affaires.

Ce critère de responsabilité particulièrement favorable se comprend bien dans le cadre du contrat de société, fondé sur le choix des partenaires et sur une confiance mutuelle. On n'applique donc pas les mêmes critères que dans les contrats de type purement économique comme la vente ou le louage. Si quelqu'un se montre particulièrement négligent ou incapable, les autres associés n'ont qu'à se reprocher à eux-mêmes le choix qu'ils ont fait de leur partenaire.

Chaque associé doit communiquer aux autres les gains qu'il a réalisés dans le cadre de la société, éventuellement tous les gains, y compris les legs et héritages, s'il s'agit d'une société universelle. En échange, il peut exiger que les autres contribuent aux pertes qu'il a subies.

4. L'extinction du contrat

La société prend automatiquement fin lorsque le but social – l'objet pour lequel la société a été constituée – est pleinement réalisé, dans le cas par exemple d'une association momentanée d'entrepreneurs pour la construction d'un ouvrage d'art. Il en va de même lorsque le but social est devenu impossible.

Si la société a été constituée pour une durée déterminée, l'échéance du terme a normalement pour effet de la faire disparaître. Les associés peuvent bien entendu décider de poursuivre leurs activités, mais ils forment alors une nouvelle société, cette fois à durée indéterminée. Ce renouvellement peut être tacite, s'il résulte à suffisance de la continuation des activités sociales.

La société peut être dissoute, même avant le terme fixé, par la renonciation unanime de tous les associés.

Elle peut également être dissoute par la volonté d'un seul des partenaires. En effet, comme elle est un contrat basé sur une idée de fraternité, les Romains estiment qu'il est impossible de forcer quelqu'un à rester dans la société contre son gré.

Mais la renonciation unilatérale doit respecter certaines règles. Elle ne doit être ni frauduleuse, ni intempestive. Elle serait frauduleuse si elle était accomplie dans le but de se réserver un avantage qu'il aurait fallu partager. Elle serait intempestive si elle était accomplie à un moment où la cessation des activités est de nature à causer un préjudice grave, par exemple si un associé retire ses capitaux alors que la société vient d'affréter une flotte pour entreprendre un commerce maritime.

La société est dissoute d'office par le décès d'un des associés, quelle que soit l'importance de ses apports ou de sa part dans les bénéfices. La société est un contrat *intuitu personae* : on choisit ses partenaires en raison de leurs capacités et de la confiance qu'ils inspirent. Les associés ne sauraient être contraints de prolonger la société avec un ou plusieurs héritiers qu'ils n'auraient pas agréés.

La dissolution résulte encore de la faillite d'un associé, qui entraîne une vente forcée du patrimoine *(uenditio bonorum)* ou de la confiscation de ses biens. En effet, la poursuite des activités sociales est impossible avec un partenaire qui a perdu son crédit.

Enfin, la société est automatiquement éteinte dès l'instant où un des associés intente l'action en justice relative au contrat. Le motif est apparemment d'ordre technique. L'exercice de l'action suppose que les plaideurs réclament tout ce qu'ils se doivent mutuellement sur base du contrat. Il faut donc procéder à une liquidation générale.

En réalité, il aurait été possible de limiter la portée du procès en ne soumettant au juge que les questions controversées – concernant vraisemblablement le partage de bénéfices ou la répartition de pertes –

tout en réservant expressément les autres droits issus du contrat. Mais les juristes romains n'ont pas voulu de cette solution. Ils ont estimé que le recours en justice était incompatible avec l'esprit de fraternité qui est censé présider au contrat. Cette solution doit être critiquée car son idéalisme a des effets pervers. La crainte de dissoudre la société peut empêcher les parties de rechercher un règlement judiciaire et le conflit non résolu risque quand même de compromettre la bonne entente entre les associés.

Section 4
Le mandat

Basé sur une relation d'amitié ou en tout cas de confiance, le mandat correspond à un besoin social certain et le préteur se devait de le sanctionner juridiquement. Même s'il s'agit d'un service d'ami, basé sur un principe de gratuité, qui s'est vraisemblablement développé en dehors de toute contrainte juridique, le mandat a fait ensuite l'objet d'une reconnaissance par les magistrats, car la gratuité n'exclut pas le conflit. Le mandant doit pouvoir compter sur la prestation du mandataire, et ce dernier est en droit de réclamer le remboursement des frais provoqués par l'exécution de sa mission.

1. Définition et histoire

Le mandat est un contrat consensuel, synallagmatique imparfait et de bonne foi par lequel une personne appelée "mandant" charge une autre personne, qui accepte, de lui rendre gratuitement un service déterminé. Cette dernière est appelée "mandataire".

Le contrat donne nécessairement naissance à une obligation : le mandataire est tenu d'accomplir correctement la mission qui lui a été confiée.

Le contrat peut éventuellement créer une obligation à charge du mandant. Ce dernier a le devoir d'indemniser le mandataire pour les dépenses ou les dommages subis dans l'exécution du mandat. Il faut toutefois reconnaître que, par comparaison aux autres contrats synallagmatiques imparfaits comme le dépôt ou le gage, le mandat crée plus facilement des obligations réciproques. En effet, s'il est relativement exceptionnel que le dépôt ou le gage occasionnent des frais, le mandat par contre en implique presque toujours – achat, expédition, frais de voyage ou de séjour, etc. Ceci explique pourquoi Gaius, après avoir défini les contrats consensuels – vente, louage, société, mandat, les trois premiers étant synallagmatiques parfaits –, donne comme trait caractéristique commun l'existence d'obligations réciproques.

Le mandat est aussi un contrat de bonne foi. Cette qualité se rapporte à la procédure. Elle signifie que le juge est invité à condamner ou à absoudre le défendeur en tenant compte de toutes les prestations qu'il doit ou qui lui dont dues si l'on considère, non le droit strict, mais la bonne foi.

Naissance du mandat. – Dans la société traditionnelle, les Romains n'avaient guère besoin de recourir à l'aide de personnes étrangères à la famille pour administrer leur patrimoine et accomplir des actes juridiques. Les biens étaient peu dispersés et le *paterfamilias* s'en occupait personnellement, assisté des parents, y compris des fils adultes et de ses esclaves. Toutes les acquisitions réalisées par des personnes sous puissance rentraient d'office dans l'unique patrimoine familial.

Lorsqu'un secours extérieur était indispensable, le *paterfamilias* pouvait compter sur la solidarité des parents, des voisins ou des amis. Les rapports ainsi établis reposaient sur la confiance mutuelle et la bonne foi. En cas d'empêchement prolongé, pour cause de service militaire, de voyage à l'étranger ou de maladie par exemple, il était possible de céder à une personne de confiance les pleins pouvoirs sur les *res mancipi*, grâce au contrat de fiducie, que nous avons étudié dans le chapitre deux.

Les grandes conquêtes bouleversent les données économiques et le tissu social. Certains Romains amassent d'immenses richesses, qu'ils ne sont plus capables d'administrer personnellement. Les biens sont alors confiés à des régisseurs, de condition servile, qui reçoivent un réel pouvoir économique, même si leur condition servile, en droit, fait d'eux de simples instruments d'acquisition.

Les régisseurs les plus zélés sont souvent affranchis et il n'est pas rare que les maîtres les gardent à leur service, en qualité cette fois de *procuratores* ou régisseurs libres. La condition juridique du *procurator* est ambiguë car il a désormais un patrimoine à lui. En fait, la confusion n'est toutefois guère à craindre car les tiers qui traitent avec lui savent bien qu'il agit pour son ancien maître. Le principe une fois admis, on trouve des *procuratores* qui ne sont pas forcement des affranchis. A la fin de la République, il existe une catégorie de gérants professionnels qui gagnent leur vie en administrant les biens d'autrui.

Toutefois, les juristes romains, du moins à l'époque classique, ne vont pas considérer le *procurator* comme un mandataire, parce qu'il est rémunéré. Le véritable mandataire, lui, n'est pas un professionnel et ne reçoit aucun salaire. C'est un ami qui rend gratuitement service.

Le contrat de mandat, vraisemblablement, est né de la pratique du commerce international. Lorsqu'un négociant se rend dans un pays lointain, il noue des relations d'affaires avec des collègues étrangers. Assez normalement, des services réciproques peuvent être demandés : assurer la réception de marchandises, transporter du courrier, permettre des contacts utiles, etc. Ces conventions, basées sur la confiance et l'honnêteté, ont été peu à peu ratifiées par le préteur pérégrin. Du *ius gentium*, elles sont passées progressivement au *ius ciuile*.

La plus ancienne allusion à une action en justice relative au mandat se rapporte au IIème siècle avant notre ère. Comme l'attitude du préteur est encore hésitante, on en déduit généralement que le mandat est sans doute d'introduction récente en droit civil.

A l'époque classique, les deux figures juridiques – le *procurator* et le mandataire – vont peu à peu se rapprocher.

Par exemple, si le *procurator* est un homme libre, son engagement résulte d'une convention consensuelle, au même titre que le mandat. De même, le *procurator* qui agit dans le cadre d'une mission générale peut avoir besoin d'instructions particulières, par exemple pour aliéner le bien dont il assume la gestion, pour le transformer ou pour y effectuer de grosses réparations. Cette mission initiale et les précisions qui y sont apportées par la suite constituent des mandats au sens large du terme.

En sens inverse, le mandat peut concerner un professionnel. C'est le cas notamment pour les médecins, les avocats ou les architectes, qui ne veulent pas être considérés comme des salariés louant leurs services mais qui réclament néanmoins des honoraires. De plus, le mandat ne porte pas nécessairement sur un acte isolé. La mission peut être complexe et se prolonger pendant un certain temps. Ceci remet à nouveau en cause le principe de la gratuité dans la mesure où le mandataire a besoin de moyens de subsistance.

Du point de vue doctrinal enfin, les institutions sont très voisines puisqu'elles consistent l'une et l'autre à charger une personne de confiance d'effectuer certaines prestations gratuitement ou, en tout cas, en dehors du cadre mercantile de la *locatio conductio*. Il est compréhensible que les juristes classiques aient eu tendance, dans un souci de systématisation, à inclure dans le mandat toute convention par laquelle une partie demande à une autre de lui rendre un service, que celui-ci consiste en un acte particulier ou en une suite plus ou moins prolongée d'opérations.

L'extension du mandat est déjà perceptible dans les textes des IIème et IIIème siècles de notre ère. Elle a été généralisée par les compilateurs de Justinien, qui ont appliqué les règles du mandat au *procurator*.

2. Les éléments essentiels du contrat

Le consentement. – Le mandat se forme par l'accord des deux parties. Il n'est pas nécessaire que le mandataire ait déjà entrepris sa mission. Il est lié dès le moment où il a donné son consentement.

Aucune forme n'est exigée, ni écrit, ni gestes symboliques, ni paroles déterminées. Le mandant peut même exprimer sa volonté d'un simple signe ou tacitement, en accomplissant ce qui lui a été demandé. Les parties ne doivent pas être présentes au même endroit. Le mandat peut être donné et accepté par lettre ou par l'intermédiaire d'un messager.

Il faut cependant que le mandat soit suffisamment explicite. Si quelqu'un agit dans l'intérêt d'autrui de sa propre initiative, il ne saurait prétendre au remboursement de ses dépenses ou de ses pertes à titre de mandataire. Au mieux, son intervention pourra être considérée comme une gestion d'affaires et donner lieu, à la fin de l'époque classique, à un remboursement des frais qui ont effectivement profité au géré.

Il existe une circonstance où le mandat est conféré de façon certaine, bien que tacitement. C'est en matière de cautionnement. Lorsqu'une personne garantit l'obligation d'autrui et que le débiteur est présent et ne proteste pas, la caution est censée avoir reçu un mandat de la part du débiteur. L'intention de donner mandat peut ici se déduire des circonstances. L'utilité de cette construction juridique est qu'elle permet à la caution, qui est mandataire, de se retourner contre le débiteur principal – le mandant – pour obtenir la restitution de ce qui aurait été payé en exécution du mandat.

L'objet. – Le mandat concerne souvent l'accomplissement d'actes juridiques : vendre, acheter, encaisser une créance, placer une somme à intérêt, etc. Mais en droit romain, il peut tout aussi bien porter sur un travail matériel : remplacer une vitre, nettoyer un costume, soigner un animal, transporter des marchandises, etc. D'après Gaius, toute activité susceptible de rentrer dans le cadre d'une *locatio conductio* lorsqu'elle est rémunérée, peut faire l'objet d'un mandat si elle est exécutée gratuitement.

Le mandat peut avoir pour objet un acte particulier ou comporter une succession plus ou moins complexe d'activités, comme l'administration d'un domaine ou même la gestion de tout un patrimoine.

Le mandat a été largement utilisé dans la société romaine pour réaliser des opérations juridiques très diverses, comme la représentation en justice ou le cautionnement.

Cette dernière opération se réalise comme suit. Le mandant demande au mandataire de prêter une somme convenue à un tiers. Si le tiers ne rembourse pas le mandataire à l'échéance, ce dernier pourra exercer un recours contre son mandant puisque la perte qu'il subit résulte de l'exécution du mandat.

De même, le mandat permet de réaliser une cession de créance. Si Primus veut céder à Secundus sa créance sur Tertius sans avoir à solliciter l'accord de ce dernier, il chargera Secundus de recevoir le paiement et éventuellement de le réclamer en justice. Secundus apparaît comme le mandataire de Primus, même s'il recueille le paiement dans son propre intérêt.

L'objet du mandat doit être certain, possible et licite. Ce sont d'ailleurs les conditions habituelles pour tout contrat.

La tâche du mandataire doit être suffisamment déterminée. On ne saurait charger quelqu'un d'acheter un immeuble quelconque. Un mandat conçu en des termes aussi vagues est nul et ne produit aucune obligation. Mais il est permis de laisser une large part d'initiative au mandataire. Le mandant peut lui confier l'administration d'un patrimoine, lui demander d'acheter telle chose sans en fixer le prix ou de placer son argent à intérêt sans préciser les conditions du prêt.

L'objet doit être possible, matériellement et juridiquement. Le mandat d'acquérir un animal qui n'existe pas ou d'acheter une chose hors commerce est nul. Qu'adviendra-t-il si le mandataire, croyant l'objet possible, a entrepris certaines démarches et encouru des frais ? Si sa mission consistait à déployer des efforts en vue d'un résultat aléatoire, il a certainement agi dans le cadre d'un mandat et bénéfice d'un recours contre le mandant.

L'objet doit être licite, en ce sens qu'il ne peut être contraire ni aux lois, ni aux bonnes mœurs. Si on donne mandat de commettre un délit ou un crime, le contrat est sans valeur. Le mandataire ne peut pas être contraint de l'exécuter et, s'il l'a exécuté, ne dispose d'aucun recours contre le mandant.

L'intérêt du mandant. – L'affaire dont le mandataire se charge doit présenter de l'intérêt pour le mandant. Cette règle résulte du principe "Pas d'intérêt, pas d'action". En l'absence d'intérêt, il ne servirait à rien de poursuivre le mandataire puisque la condamnation en justice, toujours pécuniaire, a précisément pour but d'attribuer une indemnité correspondant à l'importance que le mandant attachait à l'exécution de la mission.

Mais cet intérêt peut se manifester de différentes façons, ce qui rend la question plus complexe et justifie la place qui lui est réservée dans les Institutes de Gaius et de Justinien.

Gaius souligne que le mandat peut être constitué en faveur du mandant ou en faveur d'autrui. Dans ce deuxième cas, le mandant doit également avoir un intérêt personnel à ce que le tiers obtienne la prestation, par exemple s'il est lui-même chargé de veiller aux intérêts du tiers ou s'il est tenu, par un mandat ou tout autre contrat, de lui assurer la prestation.

Par contre, le mandat qui est donné dans l'intérêt exclusif du mandataire est superflu, car c'est à lui qu'il appartient de veiller à ses propres affaires. Par exemple, si je vous recommande de placer votre argent ou d'acheter un immeuble, il s'agit d'un simple conseil, qui n'engage pas ma responsabilité au titre du mandat.

Deux types de mandats au bénéfice du mandataire sont néanmoins admis dans la pratique. Nous en avons parlé plus haut. Il s'agit du mandat de cautionnement et de celui qui réalise une cession de créance.

La gratuité du contrat. – Le mandataire a droit au remboursement intégral de ses frais et des pertes que lui ont causées le mandat, mais il ne peut réclamer aucune indemnité pour son travail ni pour le temps qu'il y a consacré. Une douzaine de textes au moins énoncent cette exigence. On peut d'ailleurs se demander si cette insistance ne provient pas précisément de la difficulté de faire respecter le principe.

Lorsque le mandat apparaît à la fin de la République, il n'a aucun rapport avec le contrat de travail. L'ouvrier travaille pour vivre et accomplit des tâches généralement réservées aux esclaves. Son salaire est le prix de son travail. Le mandataire, lui, agit par amitié et intervient dans des matières plus délicates, qu'on ne confierait pas facilement à un esclave. Un tel service est nécessairement gratuit, même s'il n'exclut pas un cadeau de reconnaissance.

Pour comprendre la règle de la gratuité, il faut également tenir compte des réalités culturelles. Les Romains de la haute société géraient leur fortune mais n'exerçaient pas d'activité professionnelle. Ils pouvaient donc consacrer une part importante de leur temps à leurs amis, de même qu'ils participaient gratuitement aux affaires publiques. Ainsi, les magistratures n'étaient pas rétribuées à Rome.

L'effort de la doctrine pour conserver au mandat son caractère de gratuité n'a cependant pas permis de s'opposer à l'évolution des relations sociales. Les juristes ont bien été obligés de tenir compte des situations établies. Ainsi, certains gestionnaires consacrent tout leur temps à la gestion d'un patrimoine. Il est normal qu'ils aient droit à une indemnité de subsistance (*salarium*). Il en va de même pour un représentant en justice, qui peut être retenu pendant de longs mois dans la capitale ou le chef-lieu de la province.

Mais ces indemnités ne sont pas exigibles sur base du contrat et les juristes romains décident que le salaire ou les honoraires, en cas de conflit, seront attribués par le magistrat statuant sur base d'une procédure particulière, prévue au départ pour s'appliquer aux procurateurs impériaux, qui étaient des fonctionnaires rémunérés par l'Etat. Cette procédure est également d'application pour les titulaires de professions libérales ("dignes d'un homme libre"), médecins, avocats ou professeurs.

3. Les effets juridiques du mandat

Les obligations du mandataire. – Le mandataire doit accomplir correctement la mission qu'il a acceptée. S'il n'exécute pas le mandat alors qu'il en avait la possibilité, il peut être condamné à concurrence de l'intérêt que l'affaire présentait pour le mandant.

A l'époque classique, le mandataire ne répond que de son dol, c'est-à-dire des actes et abstentions qui nuisent aux intérêts du mandant et dont il s'est rendu coupable sciemment et volontairement. Au dol, on assimile la faute lourde (*culpa lata*), qui résulte de maladresses et négligences que ne commettrait pas l'administrateur le moins capable et le moins attentif. Par contre, le mandataire n'est pas responsable de sa faute ordinaire (*culpa leuis*). Comme il rend gratuitement un service, on n'exige pas qu'il fasse preuve d'adresse et de prévoyance à l'instar d'un *bonus paterfamilias*.

Justinien alourdit la responsabilité du mandataire. En acceptant sa mission, celui-ci contracte l'obligation de se comporter en homme prévoyant et diligent. Il répond désormais de son dol et de sa faute, au même titre que le commodataire, le vendeur, le créancier gagiste ou le locataire.

Le Code civil impose également au mandataire de répondre de son dol et de sa faute, mais précise que cette responsabilité est appliquée "moins rigoureusement à celui dont le mandat est gratuit qu'à celui qui reçoit un salaire" (art. 1992).

Le mandataire ne doit pas sortir des limites de son mandat. S'il les transgresse, il est censé avoir accompli autre chose et peut être condamné comme s'il n'avait rien fait du tout.

La règle est d'interprétation rigoureuse. Par exemple, si le mandataire a reçu pour instruction d'acquérir un terrain à 25.000 euros, il peut bien entendu l'acheter à 20.000, car le prix indiqué est considéré simplement comme un maximum. Mais s'il paye 26.000 euros, il ne respecte pas le mandat convenu. Dans ce dernier cas, selon certains juristes classiques, le mandataire ne pourrait même pas obliger le mandant à accepter le bien pour 25.000 euros, en supportant lui-même la différence. L'achat reste donc entièrement à charge du mandataire. Bien plus, il risque de se voir réclamer des dommages et intérêts si le mandant parvient à prouver que le bien aurait pu être acquis pour le montant offert et que le mandataire a commis une faute en ne suivant pas ses instructions. Mais cette position, fort dure pour le mandataire, n'est pas partagée par tous les juristes classiques.

En cas d'erreur sur l'objet même du mandat, l'inexécution est flagrante. Si je vous demande de m'acheter telle maison à tel prix et que vous en achetez, même moins cher, une autre qui vaut plus que la première, vous ne remplissez pas votre mandat.

Le mandataire doit-il exécuter le mandat en personne ? La question n'est pas tranchée explicitement dans les sources mais une distinction paraît s'imposer.

Lorsqu'il a été convenu que le mandataire agirait personnellement ou lorsqu'il a été choisi *intuitu personae* (en considération de la personne du contractant) pour accomplir un travail qui requiert une compétence ou une habileté particulière, il ne peut évidemment pas se faire remplacer. Dans les autres cas, le mandataire satisfait à son obligation s'il procure le résultat attendu en se faisant aider par un tiers ou en déléguant quelqu'un d'autre à sa place.

La représentation juridique. – Au terme du mandat, le mandataire doit rendre compte de sa gestion. Il est tenu de transmettre au mandant les choses, les actions et les droits qu'il a acquis dans l'accomplissement de sa mission. Les effets des actes juridiques conclus par le mandataire ne se produisent pas directement dans le chef du mandant, puisque le droit romain ne connaît pas le principe de la représentation.

Le mandataire devra ainsi transférer la propriété ou la possession des biens acquis pour compte du mandant, transmettre au mandant les garanties contre l'éviction ou les vices cachés, céder les créances sur les acheteurs des biens vendus, etc.

Une certaine représentation est cependant admise en ce qui concerne l'acquisition matérielle des biens. Le *procurator*, qui était considéré à l'origine comme un auxiliaire du *paterfamilias*, peut transmettre automatiquement la possession. Le maître qui a l'intention d'acquérir *(animus)* obtient de plein droit la possession dès l'instant où le *procurator* acquiert la maîtrise matérielle sur l'objet en cause *(corpus)*.

De même, le *procurator* transmet la propriété lorsqu'elle est fondée sur la livraison *(traditio)*. La question a sans doute suscité des controverses, mais elle est tranchée positivement dès le IIème siècle de notre ère. Enfin, la règle est étendue au mandataire lorsque le mandat s'est généralisé en absorbant la *procuratio*, probablement dès la fin de l'époque classique et certainement dans le droit de Justinien.

Les obligations du mandant. – Le mandant doit rembourser au mandataire ses dépenses légitimes, par exemple les sommes déboursées pour l'achat, la garde ou l'expédition de certains biens, pour l'acquisition de matériel, les frais de voyage et de séjour, ou l'éventuelle indemnité de subsistance pour le mandataire qui se consacre entièrement à sa mission.

Les dépenses doivent être raisonnables mais non être calculées au plus juste. Le mandant ne peut pas refuser de payer au motif qu'il aurait personnellement géré l'affaire à moindres frais. Les dépenses effectuées de bonne foi doivent être remboursées même si le mandat n'a pas atteint son but, par exemple si le *procurator* a perdu le procès en justice.

Le mandant doit indemniser le mandataire pour toutes les pertes que lui aurait causées l'accomplissement du mandat, par exemple les dégâts occasionnés par un animal acquis pour lui, les sommes non récupérées en cas de mandat de crédit, les sommes payées par le mandataire en cas de mandat de cautionnement, ou les dommages physiques ou matériels encourus dans l'exécution du mandat.

Cette dernière hypothèse appelle cependant des réserves. L'indemnité n'est due que pour les dommages inhérents au mandat. Une causalité directe est exigée. Les pertes accidentelles que le mandataire aurait subies à l'occasion du mandat ne sont pas prises en considération. Ainsi, le mandant ne devra pas répondre des dommages dus au fait que le mandataire a été détroussé par des voleurs, qu'il a perdu des biens dans un naufrage ou supporté des frais parce que lui-même ou un des siens est tombé malade. Comme le souligne le juriste Paul qui cite ces trois exemples, "Tout ceci en effet doit être attribué au sort bien plus qu'au mandat".

Cette réflexion finale atténue sans doute la rigueur du texte. Paul songe à des cas fortuits qui n'ont aucun rapport avec le mandat. Il n'est donc pas exclu que le mandataire puisse réclamer une indemnité si c'est à cause de sa mission qu'il a été obligé d'entreprendre un voyage dangereux ou de se rendre dans une région insalubre ou infestée de pillards.

Enfin, le mandant est tenu d'accepter ce que le mandataire a régulièrement acquis ou exécuté pour lui. Il doit ratifier les actes juridiques qui ont été accomplis dans le cadre de la mission. Après cette approbation définitive, le mandant ne peut plus désavouer ce qui a été fait. Il doit prendre à sa charge toutes les obligations contractées par le mandataire à l'égard de tiers, comme les sommes encore à payer ou les garanties qui ont été offertes.

Exceptionnellement le mandant peut être amené à payer une rémunération. Comme nous l'avons dit, le mandat est en principe gratuit et les cadeaux auxquels il peut donner lieu ne sont pas exigibles en justice. Il est toutefois admis par l'usage et toléré par la jurisprudence que les parties conviennent d'honoraires, qui ne seront pas réclamés par l'action de mandat mais attribués directement par le magistrat sur base de sa juridiction extraordinaire.

4. L'extinction du contrat

Le mandat prend normalement fin lorsqu'un des cinq événements suivants se produit : l'exécution par le mandataire de sa mission, l'impossibilité pour ce dernier de le faire, par exemple si le mandat était de se rendre à une vente publique qui est annulée, l'échéance du terme convenu, la mort d'une des parties ou la décision unilatérale. Ces deux dernières hypothèses appellent quelques précisions.

La mort d'une partie au contrat. – Comme le contrat de société, le mandat est un contrat essentiellement personnel. Il est fondé sur l'amitié et la confiance mutuelle des partenaires. Le service rendu au mandant et la confiance témoignée au mandataire ne se transmettent pas aux héritiers.

Il s'ensuit que le mandat qui devrait être exécuté après la mort du mandataire est nul. C'est d'ailleurs une règle générale en matière de contrats : il n'est pas permis de faire naître une obligation dans le chef de l'héritier.

La question est plutôt de déterminer la valeur juridique du mandat qui serait à exécuter après la mort du mandant. A l'époque classique, la question a été fort discutée. Dans certains cas, un tel mandat se justifie, comme par exemple le mandat d'ériger un monument funéraire ou de prendre les mesures conservatoires pour la succession. Mais nombre d'historiens du droit pensent que ces solutions ne sont pas classiques et que ce type de mandat n'aurait été admis que sous Justinien.

La renonciation unilatérale. – Enfin, comme tous les contrats, le mandat peut s'éteindre par le consentement mutuel des parties. Mais il peut également prendre fin par une décision unilatérale. Le mandant peut à tout moment révoquer le mandataire. Ce dernier, qui agit gratuitement, n'a en principe aucun intérêt à exiger de poursuivre sa mission. Bien entendu, les actes accomplis avant la révocation restent valables et le mandant est tenu de l'indemniser pour tous les frais déjà encourus, même si le but n'a pas été atteint.

Le mandataire peut également renoncer à sa mission. Etant donné qu'il rend un pur service, il ne serait pas équitable de l'obliger d'une manière absolue. Mais il faut que la renonciation ait lieu à un moment opportun ou, si elle a lieu à un moment inopportun, qu'elle repose sur des motifs légitimes. Si la renonciation est intempestive et préjudiciable au mandant, le mandataire commet une faute et est passible de dommages et intérêts.

Chapitre 16
La responsabilité contractuelle

Un contrat fait naître ce que l'on pourrait appeler une obligation primaire, qui existe nécessairement et dès le départ. Par exemple, dans le prêt d'usage, le prêteur s'assure que l'emprunteur lui restituera l'objet à une date convenue. La restitution de l'objet est la suite logique et attendue du contrat. Mais les hommes et les événements sont ainsi faits que la prestation espérée – l'obligation primaire – ne se réalise pas toujours ou se réalise incorrectement, tardivement ou partiellement. Par exemple, l'emprunteur ne restitue pas l'objet parce qu'il l'a perdu ou qu'on le lui a volé.

Normalement, l'inaccomplissement de l'obligation primaire va entraîner sa disparition. La chose est évidente lorsque l'obligation porte sur une chose d'espèce, c'est-à-dire une chose qui a été individualisée dans le contrat. La perte matérielle ou juridique de cette chose a pour effet de libérer le débiteur. Il s'agit là de l'application d'un principe plus général : "A l'impossible, nul n'est tenu".

Il en va de même, paradoxalement, pour les choses de genre, c'est-à-dire pour les choses déterminées en nature, qualité et quantité. Bien sûr, celles-ci ne disparaissent pas juridiquement. Le vendeur qui s'est astreint à livrer cent kilos de froment de première qualité a toujours la possibilité matérielle et l'obligation juridique, si son stock venait à disparaître, de se réapprovisionner chez son fournisseur pour satisfaire son acheteur. Mais à défaut d'exécution volontaire de la part du vendeur, son obligation primaire disparaît. Le juge n'a pas le pouvoir d'imposer l'exécution de la prestation par la force. Dans le système classique de procédure formulaire, la condamnation du débiteur défaillant ne peut être que pécuniaire.

De la sorte, on peut affirmer qu'en principe, toute inexécution de son obligation par le débiteur fait naître à sa charge une obligation secondaire, qui a pour objet ce que les juristes romains appellent l'*id quod interest* : l'intérêt qu'avait le créancier de voir l'obligation primaire exécutée correctement. En d'autres termes, cette obligation secondaire, que l'on peut qualifier d'obligation de responsabilité, impose au débiteur de verser au créancier les dommages et intérêts résultant de l'inexécution, de l'exécution tardive ou de l'exécution incorrecte de son obligation primaire.

Tel est l'objet de la responsabilité contractuelle, dont nous allons étudier les grandes lignes avant de dégager les critères de responsabilités applicables en droit romain.

Section 1
Théorie de la responsabilité contractuelle

Même si les juristes classiques ne la qualifient pas ainsi, l'existence de cette obligation secondaire – par laquelle le débiteur défaillant est tenu, sous certaines conditions, d'indemniser le créancier – est bien réelle en droit romain. On en trouvera la preuve dans les effets de la *litis contestatio*, ce moment de la procédure qui clôt la phase *in iure* du procès et qui se réalise lorsque les parties acceptent la formule rédigée par le préteur exprimant leurs prétentions respectives.

1. L'effet novatoire de la *litis contestatio*

La *litis contestatio* a pour effet d'éteindre en principe l'obligation primaire du défendeur – par exemple ce que l'emprunteur devait en raison d'un contrat de prêt d'usage – et de créer à sa charge une obligation nouvelle, soustraite aux causes d'extinction de l'ancienne et transmissible même si l'ancienne ne l'était pas.

Par exemple, si le demandeur est créancier parce qu'il a été victime d'un délit, son obligation primaire est celle qui a sa cause dans le délit. Grâce à la *litis contestatio* naît une obligation secondaire qui est transmissible aux héritiers alors que la première, de nature délictueuse, ne l'était pas. Le but de cette obligation nouvelle, secondaire au moins en ce sens qu'elle est chronologiquement postérieure, est de permettre au demandeur d'obtenir en justice la condamnation du défendeur. Son objet est toujours, du moins en droit classique, une créance exprimée en argent, quel que soit l'objet de l'obligation primaire.

Caractères de l'obligation secondaire. – L'obligation secondaire, qui est d'indemniser le créancier du préjudice subi à la suite de l'inexécution de l'obligation primaire, a deux caractéristiques marquantes : elle est accessoire, elle est éventuelle.

Elle est accessoire par rapport à l'obligation primaire. Si elle existe formellement dès la *litis contestatio*, elle ne sortira ses effets – la condamnation du débiteur – que dans la mesure où le créancier aura fait la preuve de la réalité et de l'étendue de l'obligation primaire.

Par exemple, si l'action en justice concerne le paiement de mille sesterces résultant d'une stipulation, le juge ne condamnera le débiteur en défaut de paiement qui nierait l'existence de sa dette, que si le créancier en établit la réalité et l'exigibilité. Ceci apparaît clairement dans la structure même de la formule. La condamnation ("Juge, condamne Numerius Negidius au profit d'Aulus Agerius") est subordonnée à la vérification de l'*intentio* qui exprime la prétention du créancier ("S'il apparaît que Numerius Negidius doit payer mille sesterces à Aulus Agerius").

De même, l'étendue de l'obligation primaire du débiteur est sujette à discussion. Il suffit de considérer les mots *quidquid dare facere oportet* ("tout ce qu'il faut donner ou faire") de certaines formules, qui permettent au juge d'apprécier librement ce que doit ou devait faire le débiteur. Un rôle similaire est joué par le mécanisme des intérêts moratoires, qui imposent au créancier d'établir que l'obligation primaire devait être exécutée à tel moment plutôt qu'à tel autre. L'obligation secondaire a donc un caractère accessoire : l'inexistence de l'obligation primaire entraîne l'inexistence de l'obligation secondaire.

L'obligation secondaire a également et surtout un caractère éventuel. Sauf à considérer que la faute contractuelle s'identifie avec le défaut d'exécution, il serait injuste et absurde que la règle de base de la responsabilité – l'inexécution de l'obligation primaire entraîne la naissance de l'obligation secondaire – trouve à s'appliquer automatiquement, quelles que soient les causes de cette inexécution. Pareil automatisme serait en outre contraire à l'esprit du droit romain, essentiellement jurisprudentiel et casuistique. Cet esprit explique sans doute pourquoi les juristes romains, assez rapidement, ont distingué les hypothèses dans lesquelles le dommage est mis à charge du débiteur, de celles où le créancier subit lui-même la perte, sans pouvoir obtenir de contrepartie de la part de son cocontractant. Cette distinction s'opère sur base du concept de *risque*.

2. Le risque et la responsabilité

Le concept central en matière de responsabilité est celui de risque. Dès l'instant où un dommage se produit, la question se pose inévitablement de savoir qui va le supporter. Dans le domaine de la responsabilité contractuelle, le mot "risque", *periculum* en latin, est utilisé pour désigner celui sur qui un dommage particulier va tomber, parfois parce qu'il a commis une faute, mais parfois indépendamment de tout comportement négatif de sa part. Le risque est lié à deux idées : celle de perte et celle de possibilité. Il faut savoir qui subira le dommage, s'il se produit.

Lorsqu'ils font référence au risque, les textes envisagent le plus souvent la perte matérielle, totale ou partielle, de la chose qui fait l'objet du contrat. Mais au-delà de la perte physique de cette chose, le véritable problème est celui de l'imputation de la perte, de sorte que la question est en définitive celle de la perte pécuniaire. Une perte matérielle ou une détérioration conduit nécessairement à une moins-value patrimoniale et il faut bien que cette moins-value soit affectée quelque part. C'est très précisément ce que vise le terme *periculum*, qui est toujours employé pour indiquer le patrimoine qui va subir la soustraction, quelle que soit la cause de celle-ci.

La question du risque, même si elle est en relation étroite avec la question de la responsabilité, ne se confond pas avec elle, comme le montre la façon dont elle est traitée par exemple dans le contrat de vente.

Les textes relatifs au contrat de vente font référence soit au *periculum* de l'acheteur, soit à celui du vendeur, car les deux solutions peuvent se rencontrer.

Partons de l'hypothèse où le vendeur ne peut plus livrer la chose vendue parce que celle-ci a péri. S'il s'agit d'une chose d'espèce, le vendeur est libéré de son obligation de livraison, quelle que soit la cause de la perte, car l'obligation devenue impossible a fort logiquement pour effet de libérer le débiteur, le problème d'éventuels dommages et intérêts restant évidemment entier. Mais la question qui se pose alors est de savoir ce que devient l'obligation de l'acheteur : reste-t-il tenu de verser le prix alors qu'il ne recevra, au mieux, que les débris matériels de la chose ou les actions qu'avait le vendeur contre un tiers éventuel responsable de la perte ? La réponse, exprimée par l'adage *"Periculum est emptoris"*, est qu'en principe l'acheteur subit la perte, parce qu'il va devoir payer malgré cette perte. Une somme d'argent sort de son patrimoine et rien n'y rentre en échange.

Il n'y a que dans l'hypothèse où la responsabilité du vendeur est engagée à la suite de la perte que l'on appliquera le principe inverse, *"Periculum est uenditoris"* (le risque est à charge du vendeur). Le vendeur n'obtient pas le paiement du prix, un objet sort de son patrimoine – puisqu'il en est toujours propriétaire – et rien n'y rentre en contrepartie. Le *periculum* est donc bien la diminution du patrimoine, que la victime soit responsable (s'il s'agit du vendeur) ou non (s'il s'agit de l'acheteur).

L'exemple du contrat de vente permet donc de préciser le rapport qui existe entre la théorie des risques et le problème de la responsabilité. Ces deux questions ne se confondent pas mais elles sont liées : les risques ne sont à charge de l'acheteur que dans les hypothèses où la responsabilité du vendeur n'est pas engagée.

En d'autres termes, on remplace la règle générale du *periculum emptoris* par son contraire, le *periculum uenditoris*, s'il apparaît que le vendeur doit être tenu pour responsable de la perte de la chose vendue. Il faut savoir, bien entendu, quand le vendeur, comme tout autre débiteur d'une chose, est tenu pour responsable du dommage. On doit, pour y répondre, découvrir le *critère de responsabilité* applicable dans chaque cas.

3. Le critère de responsabilité

S'il faut comprendre le concept même de critère de responsabilité, indépendamment des diverses figures qu'il peut avoir dans un ordre juridique déterminé, le plus simple est de considérer la situation d'un détenteur de la chose d'autrui – un dépositaire ou un emprunteur par exemple –, quelles que soient les circonstances contractuelles de son obligation de restitution. Que va-t-il se passer si le débiteur est dans l'impossibilité de restituer la chose ou de la restituer en bon état ?

A cette question, on ne peut donner une seule réponse, car celle-ci est fonction de nombreux facteurs agissant de concert, parmi lesquels la nature juridique du contrat, le type de chose qui en est l'objet, l'existence ou non d'une rémunération, la position économique et sociale du débiteur, sa réputation, le droit qu'il a ou non d'utiliser la chose ou le degré de confiance que son cocontractant lui accorde.

Quoi qu'il en soit des figures particulières qu'il présente, le critère de responsabilité est l'élément qui permet de mettre un dommage à charge d'une personne. On peut définir le critère de responsabilité comme la condition nécessaire et suffisante d'imputation du dommage au débiteur. La faute par exemple, ou *culpa*, est un critère de responsabilité du droit romain classique. Cela signifie que le débiteur qui en répond (le vendeur notamment) sera considéré comme responsable si le juge arrive à la conclusion que le dommage est dû à sa faute ou, plus exactement, que sans sa faute, le dommage ne se serait pas produit.

Le critère de responsabilité est un élément nécessaire du raisonnement du juge, même dans les cas où l'on a affaire à une "responsabilité absolue". Imaginons qu'un dépositaire, par convention, accepte de répondre de tous les risques. Il sera alors tenu, quelle qu'en soit la cause, du dommage survenu au bien qui lui a été confié. Mais il n'y a pas pour autant absence de critère de responsabilité. Simplement, dans le cas d'espèce, le critère de responsabilité applicable se réduit à la seule survenance du dommage. On retiendra donc qu'être responsable, en droit, ne signifie pas nécessairement être en faute : la faute est seulement un des critères de responsabilité applicables.

Avant de les étudier dans leur singularité, il convient de grouper les critères par genre, sur base du principe fondamental qu'ils mettent en œuvre. On obtiendra de la sorte une typologie sommaire des critères de responsabilité. Ceci ne signifie cependant pas que tous ces critères ont été ensemble d'application à un moment donné de l'évolution de l'ordre juridique romain.

Critères objectifs et critères subjectifs. – La première distinction à opérer entre les critères de responsabilité repose sur la question de savoir quel élément va entrer en ligne de compte dans le raisonnement qui conduit à la condamnation éventuelle du débiteur défaillant. Est-ce le seul événement objectif que constitue le dommage ? Est-ce au contraire le comportement qu'a eu le sujet avant et lors de la survenance du dommage ?

Dans le premier cas, on parlera de responsabilité objective : la responsabilité du débiteur est engagée automatiquement, par le fait que le vol ou le dommage a eu lieu, indépendamment de son comportement. Dans ce système objectif, le critère de responsabilité mis en œuvre se réduit à la survenance du dommage et n'impose au juge aucune analyse particulière. Seul compte en définitive le fait négatif de l'impossibilité de restituer la chose dans des conditions satisfaisantes pour le créancier.

Dans le second cas par contre, la responsabilité est de nature subjective, liée à la personne du débiteur. Il faut alors nécessairement procéder à un examen de son comportement. Mais cette investigation peut être poussée plus ou moins loin, ce qui justifie une deuxième distinction.

Critères psychologiques et critères de comportement. – Les critères de responsabilité qui prennent en compte l'attitude qu'a eue le débiteur peuvent être rangés en deux catégories, selon ce qu'on entend par "attitude" du sujet. Est-ce son état d'esprit, sa volonté réelle, le motif qui l'a poussé à agir ? On parlera alors de critère psychologique. Est-ce seulement son comportement, l'acte qu'il a posé ou qu'il s'est abstenu de poser ? Il s'agira en l'espèce d'un critère de comportement.

Le dol, par exemple, est un critère psychologique en ce sens qu'il impose au juge, non seulement de tenir compte des actes et omissions du débiteur, mais encore de vérifier si ce dernier a provoqué volontairement ou sciemment le dommage, ou délibérément omis de mettre en œuvre les moyens de l'empêcher. Alors, et alors seulement, le juge imputera le dommage au débiteur s'il s'avère que ce dernier ne devait répondre que de son dol – c'est le cas notamment du dépositaire ordinaire. On peut en déduire qu'un acte donné n'est jamais *en soi* constitutif de dol. Tout dépend de l'attitude mentale qui a été celle du sujet.

La faute, par contre, est un critère de comportement dans la mesure où le juge, pour décider si le débiteur est ou non responsable, va comparer son comportement effectif au comportement d'un modèle, d'un débiteur-type. Si la comparaison n'est pas à l'avantage du débiteur, ce dernier sera tenu.

Par exemple, dans la *culpa* au sens strict, qu'on appelle *culpa in abstracto*, le second terme de la comparaison est le *bonus et diligens paterfamilias*, le "père de famille" modèle, qui n'est ni un génie ni un imbécile, ni un timoré ni une tête brûlée, ni un Harpagon ni un prodigue, ni un miséreux ni un Crésus, bref le "Romain moyen" si l'on peut dire, fidèle image de l'homme prudent et sans histoire, qui gère convenablement ses affaires, qui sait la valeur d'un sesterce et la difficulté de le gagner.

Si le juge constate que le comportement du débiteur n'a pas été celui qu'aurait eu, en des circonstances semblables, ce *paterfamilias* idéal, il condamnera le débiteur sur base de la *culpa*, car c'est précisément une faute de ne pas avoir eu un comportement prudent et normal, c'est-à-dire conforme à ce qui se fait habituellement dans le milieu de référence. On voit que, contrairement à ce qui se passe pour le dol, il n'est pas nécessaire que le débiteur ait voulu ni même prévu le dommage. Sur base du concept de *culpa*, seul entre en ligne de compte son comportement.

4. La cause extérieure

Le concept de cause extérieure ne peut être défini de façon stricte en droit romain parce qu'une imprécision assez grande règne dans l'emploi des termes. Les juristes romains parlent de *uis maior* ("force majeure"), de *damnum fatale* ("dommage inévitable") ou de *casus fortuitus* ("événement fortuit") pour désigner des causes d'exonération de responsabilité, sans avoir apparemment éprouvé le besoin de définir ces expressions et de les distinguer entre elles, sinon de façon sommaire.

Cas fortuit et force majeure. – On a longtemps prétendu qu'il importait de faire la distinction entre le cas fortuit et la force majeure.

Selon les partisans de cette distinction, le *casus minor* ou cas fortuit est un événement simplement imprévu mais dont on pourrait, s'il était prévu, au moins écarter les conséquences dommageables. Le *casus maior* ou cas de force majeure, par contre, est un événement qu'on ne peut de toute façon empêcher d'arriver. Il semble bien que les juristes byzantins aient parfois distingué, au moins en théorie, *casus minor* et *casus maior*, par exemple lorsqu'ils affirment que certains débiteurs, qui sont libérés par le *casus maior*, répondent cependant du *casus minor*.

Mais cette distinction, aussi subtile qu'inutile et dont on exagère l'importance qu'elle pouvait avoir aux yeux des byzantins, n'est certainement pas classique. Car si l'idée d'imprévisibilité s'attache, dans certains textes, à l'expression *casus fortuitus*, d'autres textes emploient ces mêmes mots pour désigner des événements *cui resisti non potest*, auxquels on ne peut résister, ce qui va nettement au-delà de la simple idée d'imprévisibilité.

Quel que soit le sens qu'il faut donner aux expressions latines, le plus important est de constater que pour les juristes romains, l'événement qualifié de *casus fortuitus* a, comme la *uis maior*, un effet libératoire.

Par exemple, un incendie accidentel est qualifié tantôt de *damnum fatale* ou de *casus maior*, tantôt de *fortuitus casus*. Il a en principe, dans tous les cas, le même effet libératoire. S'il n'y a pas de différence dans les effets juridiques, la distinction entre les concepts de *casus minor* et *casus maior* doit être bien ténue.

Les événements libératoires. – Il n'y a pas, en droit romain, de théorie élaborée de la force majeure. Les juristes examinent, cas par cas, si l'événement qui a causé le dommage rentre ou non dans la sphère des risques supportés par le débiteur. On peut seulement dire de la *uis maior*, sur base des textes, qu'il s'agit d'une force *cui resisti non potest*, "à laquelle on ne peut résister".

Ayant dit cela, les textes procèdent par énumération. Sont des cas de force majeure, l'incendie, l'écroulement d'un édifice, le naufrage et les inondations, le brigandage, la piraterie, les effets de la guerre, la maladie et la mort naturelle ou accidentelle d'animaux. Certains textes se contentent même d'énumérer les événements sans les qualifier, mais en précisant qu'ils ont pour effet de libérer le débiteur, ce qui montre encore une fois le peu d'intérêt des juristes romains pour la distinction des concepts de *uis maior* et de *casus fortuitus*.

Faute et cause extérieure. – Il faut ajouter, à l'encontre d'une présentation aussi objective de la notion de force majeure, que celle-ci joue à la décharge du débiteur seulement s'il n'a commis aucune faute ayant un lien de cause à effet même indirect avec le dommage.

Par exemple, l'emprunteur est responsable de la mort du cheval emprunté s'il ne l'a pas utilisé comme prévu dans le contrat de prêt, même si la mort de l'animal est due à un événement *cui resisti non potest*. La force majeure ne libérera pas le débiteur qui a en quelque sorte provoqué le dommage par une utilisation de la chose contraire à sa nature ou aux termes de la convention.

L'expression la plus adéquate pour rendre compte des conceptions romaines sur la question est la "cause extérieure", plutôt que la force majeure ou le cas fortuit, qui sont seulement des variantes textuelles d'une même réalité classique. Au lieu de dire que "le débiteur n'est pas responsable s'il y a cause extérieure, à moins qu'il ait commis une faute", il est plus simple d'affirmer que "le débiteur est responsable s'il a commis une faute". Il n'est pas nécessaire d'ajouter que la cause extérieure le libère, car l'effet libératoire de la cause extérieure suppose précisément qu'il n'y ait pas de faute dans le chef du débiteur.

Section 2
Critères de responsabilité du droit romain

L'examen concret des critères de responsabilité du droit romain classique impose que l'on tienne compte des réalités judiciaires et donc de la procédure formulaire en vigueur à l'époque, car la manière dont le juge va apprécier la responsabilité du débiteur est fonction des pouvoirs qui lui sont conférés par la formule rédigée par le préteur.

Obligations certaines et incertaines. – Sur base des termes dans lesquels la formule est rédigée, on peut distinguer deux types d'obligations primaires : celles qui portent sur une *res certa* (une chose certaine) et celles qui ont pour objet un *incertum* (un objet indéterminé ou plutôt un objet à déterminer par le juge). Car c'est bien l'action en justice qui fonde la différence, et non l'objet que devait en fait livrer le débiteur.

Par exemple, si je m'engage par stipulation à livrer tel objet, l'objet de l'action en justice est certain parce que la formule mentionne seulement la livraison de cet objet. Par contre, si je dois le livrer parce que je l'ai vendu, l'action en justice a un objet *incertum* du fait que la formule fait référence au *quidquid dare facere oportet*, à tout ce que je devais donner ou faire en tant que vendeur. La liberté d'appréciation du juge en est évidemment beaucoup plus grande et nous allons voir que la manière dont on applique la question de la responsabilité est différente.

La liberté des parties. – D'une manière générale, les principes de la responsabilité contractuelle ont seulement une valeur supplétive. Les parties au contrat ont toujours la possibilité d'y déroger, soit en aggravant la responsabilité du débiteur, soit en la diminuant.

Le dépositaire ordinaire par exemple, qui ne répond que de son dol, peut s'engager par convention à répondre également de sa faute et permettre ainsi au déposant d'être rassuré sur le sort de son bien. Le déposant peut ainsi compter sur un comportement diligent de son cocontractant qui va alors au-delà de ce qu'on attend normalement d'un simple dépositaire. Une telle aggravation conventionnelle de responsabilité est parfaitement valable en droit romain classique.

Il n'existe qu'une limite inférieure à cette application de l'autonomie de la volonté : nul ne peut, par convention, refuser de répondre de son dol. Cette interdiction se comprend aisément au regard des exigences de l'ordre public et des bonnes mœurs. Le dol étant en quelque sorte la matérialisation de la malveillance, nul ne peut se libérer a priori de ses conséquences. Tout débiteur répond donc de son dol sans qu'il faille le préciser dans la convention, et un débiteur qui répond de sa faute répond également et a fortiori de son dol.

1. Obligations portant sur un objet certain

Les obligations portant sur une *res certa*, sanctionnées en justice par une action certaine et de droit strict, ont leur source soit dans un contrat de stipulation, soit dans l'application de la théorie de l'enrichissement injuste, soit dans un legs.

Le critère de responsabilité applicable à ces obligations est en principe la *culpa*, mais celle-ci présente ici une physionomie particulière, semblable à celle qu'elle reçoit dans le domaine des responsabilités délictuelle et quasi-délictuelle.

Le débiteur est en principe tenu si l'impossibilité de livrer la chose est due à sa faute, mais cette *culpa* se réduit strictement à un fait positif, à un acte concret. Par contre, sa paresse, sa passivité ou sa négligence ne sont pas des faits positifs : il n'en répondra en principe pas.

Ainsi, le débiteur qui avait promis de livrer un cheval sera tenu s'il l'a tué mais ne répondra pas de la mort du cheval due à un manque de soins de sa part, si la mort survient après la livraison.

Du point de vue de la seule technique judiciaire, la chose se comprend bien. La stipulation est un contrat de droit strict et le juge ne peut prendre en considération que ce qui a été promis par contrat. Or, le débiteur avait promis de livrer le cheval – ce qu'il a fait –, pas de le soigner. Engager la responsabilité du débiteur qui n'a pas soigné le cheval reviendrait à le charger d'une obligation qui ne résulte pas du contrat. On ne peut même pas invoquer le fait que l'abstention ou la négligence du débiteur ont été intentionnelles et qu'il a ainsi volontairement laissé se produire le dommage. Seul entre en ligne de compte un acte positif de sa part.

Une définition aussi stricte du concept de faute est évidemment loin de rencontrer les exigences de l'équité. Pour cette raison sans doute, considérant qu'il était inéquitable de ne pas tenir compte de la malveillance du débiteur, les juristes de l'époque classique ont admis deux correctifs.

En premier lieu, le créancier prudent qui veut se réserver un recours en cas de négligence volontaire du débiteur peut ajouter au contrat initial une stipulation de dol, une convention par laquelle le débiteur promet de ne pas commettre un dol. Le créancier dispose ainsi d'un recours judiciaire si cette promesse n'est pas tenue.

En second lieu, s'il est vrai qu'il n'y a normalement pas de sanction contractuelle, l'abstention volontaire constitue un délit, qui peut être sanctionné comme tel : l'action de dol accordée par le juriste Labéon permet de poursuivre le débiteur malveillant.

2. Obligations portant sur un objet incertain

Les obligations portant sur un objet incertain (*incertum*) sont en fait toutes celles dont la formule de l'action en justice qui les sanctionne ne réduit pas l'objet de la demande à une chose déterminée ou à une somme précise. Il s'agit principalement des obligations nées des contrats et quasi-contrats dont la formule correspondante est indéterminée en ce sens qu'elle mentionne le *quidquid dare facere oportet ex fide bona* (tout ce qu'il faut donner ou faire en vertu de la bonne foi). On peut y ajouter les obligations sanctionnées par une action de droit strict dont l'objet est indéterminé, par exemple celles qui résultent d'une stipulation portant sur un objet incertain.

Bon nombre d'historiens du droit prétendent que dans ce type d'obligations, les juristes classiques n'auraient connu que deux critères de responsabilité, le dol et la *custodia* – littéralement la garde [d'une chose] et donc la responsabilité qui en découle. Cette dernière serait un critère de responsabilité objective, engageant la responsabilité du débiteur par le seul fait que le dommage se produit, même s'il n'a commis aucune faute dans la garde de la chose qu'on lui a confiée.

En réalité, si on étudie plus attentivement les textes, on s'aperçoit que la *custodia* constitue, comme la *culpa* dont elle n'est d'ailleurs qu'une variante, un critère de responsabilité subjective, permettant au débiteur de se libérer en établissant qu'il a eu un comportement adéquat.

Il y a certes, à l'époque classique, des hypothèses où la responsabilité est objective, *sans faute*. Mais celles-ci sont plus limitées et moins nombreuses qu'on ne le dit. De la sorte, l'étude des critères de responsabilité en vigueur en droit classique impose d'examiner successivement le dol, la *culpa*, et les hypothèses de responsabilité objective.

Le dol. – Le dol dont il est question ici n'est pas cette manœuvre frauduleuse destinée à tromper quelqu'un ou à exploiter son erreur dans le but de l'amener à conclure un contrat ou à poser un acte juridique unilatéral, et qu'on appelle dol dans la conclusion du contrat. Il s'agit ici du dol commis dans l'exécution du contrat, lorsque le débiteur, par des actes positifs ou par son abstention, rend consciemment et volontairement impossible l'exécution de son obligation, soit parce qu'il provoque lui-même le dommage, soit parce qu'il le laisse se produire alors qu'il avait les moyens de l'empêcher.

L'analyse du seul comportement du débiteur ne suffit donc pas. Il faut prendre en considération un élément psychologique, car un même acte peut ou non être constitutif de dol. Tout dépend de l'état d'esprit du débiteur.

Un bel exemple est donné par Gaius dans les Institutes. Il s'agit, dans le cas d'espèce, d'un quasi-délit mais le concept de dol, comme tel, est identique dans le domaine de la responsabilité contractuelle. Une personne a mis en fuite un troupeau de vaches en agitant une étoffe. Cette personne sera ou non poursuivie par une action pénale selon qu'elle a agi pour permettre à un complice de s'emparer du bétail ou, au contraire, par simple plaisanterie. S'il s'agit d'une aide donnée à un complice, Gaius estime, à juste titre, qu'il y a dol car l'intention frauduleuse existe. Dans le cas contraire, l'auteur du dommage ne répondra pas du dol mais seulement de sa faute, et la sanction sera normalement moins lourde.

On trouvera des analyses similaires dans le domaine de la responsabilité contractuelle, par exemple chez Gaius ou chez Pomponius, à propos de l'emprunteur qui a utilisé la chose prêtée autrement que ce qui avait été convenu au contrat. Pour déterminer si le propriétaire peut agir contre le commodataire par l'action de vol – donc en invoquant son dol –, Gaius fait intervenir un élément d'ordre psychologique. Il n'y a dol que si l'emprunteur a eu conscience de l'irrégularité de son acte, soit parce que l'usage qu'il fait de la chose a été formellement interdit, soit parce qu'il l'aurait été si la question avait été posée au propriétaire.

C'est une bonne analyse que fait Gaius. Pour qu'il y ait dol, il ne suffira pas d'établir que le propriétaire se serait opposé à l'usage de la chose si l'emprunteur lui avait demandé l'autorisation, mais il faudra de plus démontrer que l'emprunteur, au moment où il a utilisé la chose, savait très bien qu'il essuierait un refus s'il demandait l'autorisation.

Cet élément psychologique, la plupart du temps, résultera des circonstances même de la cause : celui qui a emprunté un cheval de course ou d'agrément ne peut normalement pas l'utiliser pour faire du débardage en forêt ou comme bête de charge. Il n'empêche qu'on ne commet pas de dol si l'on croit, même à tort, que le propriétaire aurait été d'accord. C'est ce qu'exprime Pomponius au Digeste : "Si quelqu'un utilise une chose qu'il a reçue en prêt autrement que ce qui a été convenu mais avec la conviction de ne pas agir contrairement à la volonté du propriétaire, il n'est pas tenu par l'action de dol".

Le dol est donc un critère de responsabilité relativement favorable au débiteur puisqu'il lui suffit d'être correct en affaires et d'éviter d'être volontairement négligent ou indélicat.

Qui répond de son dol ? Tous les débiteurs, du fait qu'on ne peut, par convention, s'exonérer de sa responsabilité pour dol.

Qui ne répond que de son dol ? En principe, une situation aussi favorable ne concerne que les débiteurs qui ne retirent pas d'avantage du contrat. Par exemple, le dépositaire ou, à l'époque classique, le mandataire, s'ils agissent à titre gratuit, rendent un service d'ami au déposant ou au mandant et ne répondent que de leur dol. Mais il s'agit là d'une situation exceptionnelle, car le critère normal de responsabilité est la *culpa*, la faute.

La *culpa leuis*. – Dès l'époque classique, la *culpa* est le critère de responsabilité habituel, la pierre d'angle de l'édifice romain de la responsabilité contractuelle. Ceux qui ont voulu démontrer le contraire en prétendant que tous les textes qui mentionnent la *culpa* sont postclassiques, ont été obligés d'étendre exagérément le champ d'application du dol pour y faire rentrer des hypothèses où, manifestement, l'intention malveillante ou la négligence volontaire font défaut.

Nous avons parlé plus haut de la *culpa* dans le cadre des obligations dont l'objet est certain, pour dire qu'elle se réduit à l'acte positif du débiteur. Ici, lorsque l'obligation porte sur un *incertum*, le sens de la *culpa* est plus large puisqu'elle englobe également la négligence ou la simple abstention. La *culpa* doit être comprise comme le comportement, actif ou passif, que n'aurait pas eu, dans les mêmes circonstances, un débiteur idéal, un modèle qui va servir de point de référence. Le comportement fautif, en définitive, est un comportement déviant.

La difficulté consiste à établir la mesure de la déviance. Quel est le modèle par rapport auquel on va juger le comportement qui a été celui du débiteur en cause ? Dans la majorité des cas, le modèle sera le *bonus paterfamilias*, celui qui gère son patrimoine avec raison, est correct en affaires et fait partie des *boni uiri*, c'est-à-dire des "honnêtes gens", des "hommes de bien". Si telle est la référence, le critère de responsabilité est la *culpa leuis in abstracto*, la faute légère considérée abstraitement parce qu'elle a comme point de référence un individu abstrait.

S'il n'y a pas à rechercher quelle a été l'intention du débiteur – en cela, la *culpa* n'est pas un critère psychologique –, on ne peut cependant pas la réduire au seul lien de cause à effet entre l'acte du débiteur et le dommage. Il est possible en effet d'être la cause d'un dommage sans pour autant être en faute, comme le montre l'exemple suivant tiré du Digeste.

Dans le cas d'espèce, quelqu'un a reçu en prêt pour un voyage un cheval qui n'était pas de force à supporter un aussi long trajet, et l'animal s'est blessé. Si on ne considère que les éléments matériels de la cause, on peut dire que c'est le comportement de l'emprunteur qui est la cause du dommage, car c'est lui qui a demandé à la monture un effort exagéré par rapport à ses possibilités. De ce fait, on peut considérer qu'il a commis une erreur, au sens commun du terme. Il s'est trompé sur les capacités du cheval alors qu'un connaisseur n'aurait vraisemblablement pas commis cette erreur et aurait adapté sa conduite en conséquence en prévoyant des étapes plus courtes ou des haltes plus fréquentes.

On décide pourtant dans ce cas d'espèce que la responsabilité de l'emprunteur n'est pas engagée, au motif que l'erreur peut ici être considérée comme admissible : le "bon" emprunteur – le *bonus paterfamilias* – ne doit pas être un fin connaisseur de chevaux. Du reste, l'erreur de l'emprunteur se trouve en quelque sorte excusée par celle du propriétaire lui-même, qui a accepté de prêter son cheval pour un aussi long voyage.

Bien entendu, la solution serait différente s'il était établi que l'emprunteur, grâce à ses connaissances, s'était aperçu ou devait s'apercevoir de l'état d'épuisement de sa monture et avait négligé d'en tenir compte. On peut donc poser en principe que l'erreur n'est pas nécessairement une faute et que celle-ci ne se réduit pas à l'acte qui a causé le dommage.

Il existe, dès l'époque classique, d'autres types de faute que la *culpa leuis in abstracto*, car le point de référence permettant de juger le comportement du débiteur n'est pas toujours celui du *bonus paterfamilias*. Plus favorable au débiteur est la *culpa lata* (faute lourde), plus sévères pour lui sont la *custodia* (la faute dans la garde d'une chose) et l'*imperitia* (la faute professionnelle, pourrait-on dire).

La *culpa lata*. – C'est la faute grave, la bévue, inexplicable et impardonnable. C'est la faute que ne commettrait pas un homme négligent, médiocrement attentif. Elle est à ce point grave que c'est presque *comme si* on l'avait commise volontairement. Dans son essence, la faute lourde est distincte du dol puisque l'élément intentionnel fait défaut. Pourtant, elle y est assimilée dans ses effets. Ceci veut dire qu'un débiteur qui ne répond que de son dol répondra néanmoins également de sa faute lourde, comme le précise Gaius à propos du dépositaire.

Cette assimilation peut se justifier aisément. Il serait contraire à la sécurité juridique de permettre au débiteur d'échapper à la condamnation pour dol en prétendant, contre les apparences, qu'il "ne l'a pas fait exprès". Outre cet impératif de sécurité, il serait injuste de ne pas sanctionner une faute qu'un minimum d'attention aurait pu éviter.

Beaucoup d'auteurs prétendent que l'assimilation de la faute lourde au dol n'est pas classique. Il est plus réaliste de penser que les compilateurs ne sont pas partis de rien et qu'ils ont généralisé et érigé en principe une règle qui existait déjà de façon limitée en droit romain classique.

Dans l'autre sens, la situation est plus défavorable pour le débiteur si l'on compare son comportement à celui qu'aurait eu un homme plus attentif, plus expérimenté que le simple *paterfamilias*. Telle est la situation du débiteur qui doit répondre de la *custodia* ou de l'*imperitia*.

La *custodia*. – Le terme *custodia*, en droit romain, est équivoque dans la mesure où il désigne à la fois le contenu d'une obligation, c'est-à-dire d'une prestation attendue d'un contractant, et un critère de responsabilité, c'est-à-dire la condition d'imputation du dommage au débiteur.

Dans le premier sens, la *custodia* est d'abord et toujours une activité de garde, un ensemble de précautions ou d'actes destinés à prévenir et empêcher le vol, la perte ou la détérioration d'une chose que l'on devra livrer ou restituer à autrui. En ce sens, elle constitue une obligation qui pèse sur tous les débiteurs de la chose d'autrui, qu'ils rendent gratuitement service, comme le dépositaire, ou qu'ils aient un intérêt personnel au contrat, comme l'emprunteur ou le locataire.

Mais la *custodia* est aussi un critère de responsabilité distinct du dol et de la *culpa* au sens strict, même si elle n'est qu'une variante de cette dernière.

La différence entre la *culpa* et la *custodia* réside dans le deuxième terme de la comparaison. Dans le cadre de la *culpa*, le comportement du débiteur, en ce compris la manière dont il a assumé son obligation de garder la chose, est apprécié par rapport à celui d'un *diligens paterfamilias*.

Dans le cadre de la *custodia* par contre, il l'est par rapport à celui d'un *diligens custos*, d'un gardien diligent.

C'est en cela que la *custodia* est un critère plus sévère pour le débiteur. On n'exige pas d'un simple *paterfamilias* ce qu'on attend d'un gardien. Si le premier peut normalement se contenter de mesures préventives – mettre l'objet sous clé, ne pas l'exposer à la convoitise du premier venu –, le second doit souvent exercer une véritable activité de garde, qui est bien sûr fonction de la valeur de la chose et des risques de dommage.

Quels sont les débiteurs qui répondent de la *custodia* ? A l'époque classique et sauf convention contraire, ce critère de responsabilité est appliqué à certains artisans comme le foulon, le tailleur ou le gardien rémunéré, à l'emprunteur, à certains vendeurs et à l'acheteur qui reçoit la chose à l'essai, sans compter tous les débiteurs qui, par convention, ont accepté de répondre de la garde. C'est souvent le cas du bailleur d'entrepôts, parfois celui du dépositaire ou du locataire.

Enfin, il faut remarquer que l'application de ce critère de responsabilité ne supprime pas la possibilité d'un recours sur base de la *culpa*. Le foulon par exemple, sera responsable sur base de la *custodia* si les vêtements qu'on lui a remis ont été volés ou perdus, parce qu'il avait l'obligation d'en assurer la garde afin d'éviter la perte ou le vol. Mais le foulon doit également et surtout exécuter le travail conformément aux règles de la profession. Il pourra être poursuivi, sur base de la *culpa*, si le travail de nettoyage a été mal exécuté.

L'*imperitia*. – Faute professionnelle, si l'on peut dire, littéralement "incompétence", l'*imperitia* est également, pour le débiteur qui doit en répondre, plus lourde que la *culpa* au sens strict, dont elle n'est d'ailleurs qu'une variante et à laquelle elle est assimilée par les juristes romains quant à ses effets.

Ce qui distingue l'*imperitia* de la *culpa* est, à nouveau, le deuxième terme de la comparaison. Si le débiteur ordinaire, c'est-à-dire le simple particulier, voit son comportement apprécié par rapport à celui d'un simple particulier idéal, il est normal que les artisans, les entrepreneurs, tous les gens de métier en somme, soient jugés par référence à l'artisan idéal. L'*imperitia* est un critère de responsabilité plus sévère du fait que l'artisan idéal a, par définition, plus de compétence, d'attention et d'expérience dans l'exercice de son métier que n'en a d'habitude un simple *paterfamilias*.

La responsabilité objective. – La responsabilité sans faute ou responsabilité objective fait figure d'exception dans le système classique de responsabilité contractuelle, qui est fondé sur la *culpa* et présente de ce fait une image nettement subjective. Ce caractère exceptionnel se comprend bien si l'on tient compte des conséquences qu'entraîne pour le débiteur une responsabilité objective.

S'il est tenu objectivement, le débiteur devra répondre du dommage, quel qu'ait été son comportement effectif. Il n'y a pas à examiner l'attitude qu'il a eue. On peut dire que la condition d'imputation du dommage au débiteur se réduit au fait que le dommage s'est produit.

Une règle aussi lourde n'a été appliquée qu'à de rares débiteurs en droit romain. En dehors évidemment de ceux qui acceptent par convention, probablement en échange d'une rémunération plus élevée, de répondre de tous les risques, seuls le transporteur maritime, l'aubergiste et le loueur d'écuries ont eu à répondre objectivement du dommage. Encore leur était-il possible d'écarter préalablement cette responsabilité mais on comprend qu'un tel refus, qui n'était pas de nature à inspirer confiance au client, ait été peu fréquent.

Au départ, le transporteur maritime, l'aubergiste et le loueur d'écuries sont même tenus de façon absolue. Ils doivent indemniser le client pour la perte, le vol ou la détérioration des marchandises qui leur sont confiées, quelle qu'en soit la cause et même dans l'hypothèse où cette cause pourrait être analysée comme un cas de force majeure.

La situation du transporteur maritime s'améliore cependant quelque peu sous Auguste, grâce à une exception proposée par le juriste Labéon. Cette exception permet au transporteur de dégager sa responsabilité dans l'action que lui intente le client, en établissant que le dommage est dû à un acte de piraterie ou à un naufrage. Ultérieurement, on accordera une exception similaire aux aubergistes et loueurs d'écuries, s'ils peuvent établir l'existence d'un cas de force majeure.

Mais la responsabilité de ces débiteurs, même limitée de la sorte, reste objective, *sine culpa* ("sans faute"), pour reprendre les termes du juriste Labéon. Il ne leur est pas permis d'écarter leur responsabilité en se contentant de prouver qu'ils ont eu un comportement correct, adéquat. Seul compte en définitive le fait objectif du dommage.

3. Evolution postclassique

L'intervention des juristes du Bas-Empire et des compilateurs de Justinien dans le domaine de la responsabilité contractuelle ne modifie pas fondamentalement les règles du droit classique.

La responsabilité du droit classique était de nature subjective et reposait essentiellement sur la *culpa leuis*. Les juristes postclassiques conservent ce système et généralisent certaines règles et certains concepts de l'époque classique – l'assimilation de la *culpa lata* au dol par exemple.

La seule véritable création concrète des compilateurs est la *culpa leuis in concreto*, la faute appréciée par rapport au comportement habituel du débiteur. Il s'agit normalement d'un critère plus favorable au débiteur que la *culpa in abstracto*. Ainsi, le débiteur dans les liens d'un contrat de société par exemple, qui a géré le bien commun avec négligence, ne sera pas tenu, sur base de la *culpa in concreto*, s'il a coutume d'être aussi négligent dans la gestion de son propre patrimoine.

Le dol, la *culpa* au sens strict et la *custodia* gardent leur nature et leurs caractéristiques de l'époque classique. Il faut souligner, à propos de la *custodia*, que les compilateurs la qualifient fréquemment de *culpa leuissima* ("faute très légère"), sans doute pour la distinguer de la *culpa* ordinaire. Cette qualification est correcte puisqu'on attend du débiteur qui répond de la *custodia* qu'il fasse preuve d'une *exactissima diligentia*, d'une attention plus grande que celle qu'on espère d'un simple *paterfamilias*.

On trouve donc dans la compilation de Justinien les éléments qui fondent le système de responsabilité contractuelle de notre Code civil.

Les critères de base restent le dol – l'article 1134 alinéa 3 impose d'exécuter de bonne foi les conventions légalement formées – et la *culpa leuis in abstracto* – déduite de l'article 1137 qui oblige le débiteur à apporter à la conservation de la chose tous les soins d'un bon père de famille.

Par contre, les débiteurs qui rendent un service d'ami sont traités moins rigoureusement. Leur responsabilité est appréciée sur base de la *culpa leuis in concreto*. Par exemple, l'article 1927 du Code civil impose au mandataire d'apporter, dans la garde de la chose déposée, les mêmes soins qu'il apporte dans la garde des choses qui lui appartiennent.

Expressions et maximes latines

De nombreuses expressions et maximes d'origine latine sont encore utilisées de nos jours, par les juristes comme dans toutes les autres disciplines, voire dans le langage courant. Comme le temps n'est plus où le latin était connu de tous les intellectuels et constituait un langage universel, il est utile de présenter les expressions et maximes latines les plus fréquentes et d'en donner une traduction et une brève explication.

Il faut préciser que la présente liste ne prétend pas être exhaustive. Un choix a été opéré, pour retenir les expressions et maximes les plus fréquentes, classées par ordre alphabétique.

ab absurdo – "par l'absurde".

ab initio – "depuis le commencement". Recommencer une procédure *ab initio*, en faisant abstraction des actes déjà accomplis.

ab intestato – "de quelqu'un mort sans testament". On meurt "intestat" (*intestatus*) lorsqu'on n'a pas fait de testament et on hérite "ab intestat" (*ab intestato*, de quelqu'un qui est décédé intestat).

accessorium sequitur principale – "la chose accessoire suit la chose principale". Voir la théorie de l'accession dans le droit des biens.

accipiens – "celui qui reçoit". Le mot désigne celui qui bénéficie de l'exécution d'une obligation.

a contrario – "par le contraire". Pour démontrer qu'une hypothèse est valide, on peut démontrer, *a contrario*, que l'hypothèse inverse est incorrecte.

actori incumbit probatio sed reus excipiendo fit actor – "la preuve incombe au demandeur mais le défendeur qui soulève une exception devient demandeur". C'est le demandeur qui doit apporter la preuve de ce qu'il avance, mais le défendeur doit apporter la preuve de son exception.

ad hoc – "pour cela". Un document *ad hoc* est un document adéquat pour le but poursuivi.

ad hominem – "contre l'homme". Un argument *ad hominem* vise l'auteur d'une thèse plutôt que la thèse défendue.

ad libitum – "au choix, à volonté".

ad litem – "pour le procès". L'avocat réclame une provision *ad litem* à son client.

a domino – "d'un propriétaire". Dans une vente *a domino*, le vendeur était propriétaire de la chose vendue.

affectio societatis – "volonté d'être en société". Cet élément subjectif est une condition de validité du contrat de société du droit civil.

a fortiori – "à plus forte raison".

a posteriori – "postérieurement, après coup". Un jugement *a posteriori* se fonde sur une expérience, une observation.

a priori – "de façon anticipée, à première vue". Un jugement *a priori* est construit avant toute vérification.

bis de eadem re ne sit actio – "il ne peut y avoir de deuxième action sur le même objet". Un demandeur débouté par le tribunal ne peut pas recommencer son action en justice.

bona fides – "la bonne foi".

bonus et diligens paterfamilias – "le bon et diligent (attentif) père de famille".

casus belli – "cas de guerre". Un *casus belli* est le motif invoqué pour justifier une déclaration de guerre.

confer – "compare". Le terme renvoie le lecteur à un autre passage ou à un autre ouvrage.

consensus – "accord, consentement".

contra legem – "contre la loi". Une coutume *contra legem*.

curriculum vitae – "cours de la vie". Document décrivant une personne par son état civil, ses études, ses activités professionnelles, etc.

damnum emergens – "perte ressortant". Il s'agit de la perte pécuniaire subie effectivement, que l'on oppose au *lucrum cessans*, qui est le simple manque à gagner.

(is) de cuius (haereditate agitur) – "celui dont la succession est en cause". Le *de cuius* est le défunt.

de facto – "en fait".

de iure – "en droit".

de lege data – "d'après la loi existante". Il s'agit de la solution légale actuelle.

de lege ferenda – "selon la loi à adopter". Il s'agit d'une solution à créer, que l'on présente comme opportune.

de minimis non curat praetor – "le préteur ne s'intéresse pas aux cas les plus petits". Il n'est pas opportun d'encombrer la justice avec des affaires dont les enjeux sont négligeables. Le procureur ne poursuit pas pour des fautes insignifiantes.

de plano – "à plat". Un problème résolu *de plano*, sans rencontrer de difficultés.

de visu – "par la vue". Un témoin *de visu* a pu observer personnellement ce qu'il décrit.

dies a quo non computatur – "le jour de départ ne compte pas". Dans le calcul d'un délai, le premier jour n'est pas inclus dans le compte.

dies ad quem computatur – "le dernier jour est inclus dans le calcul".

dolus bonus – "bon dol". Habileté permise dans les pratiques du commerce, comme les publicités.

dolus malus – "mauvais dol". Fraude, tromperie.

dura lex sed lex – "la loi est dure, mais c'est la loi".

ex æquo et bono – "d'un point de vue égal et bon". En équité : le juge a fixé le montant de l'indemnité *ex æquo et bono*.

exceptio non adimpleti contractus – "exception du contrat non exécuté". Moyen de défense permettant à une partie au contrat de ne pas exécuter sa prestation si le cocontractant n'a pas fourni la sienne.

exequatur – "qu'il exerce". Acte par lequel un jugement rendu à l'étranger est rendu exécutoire dans un autre Etat.

ex nihilo – "à partir de rien". Un dossier monté *ex nihilo* ne repose sur rien de sérieux.

ex nunc – "à partir de maintenant". La résiliation d'un contrat produit des effets *ex nunc*.

expressis verbis – "de façon explicite". Le recours à un conciliateur a été prévu *expressis verbis* dans le contrat.

ex tunc – à partir d'alors". L'annulation d'un acte juridique se fait *ex tunc*, avec effet rétroactif.

fraus omnia corrumpit – "la fraude corrompt tout". Ce principe justifie l'action en nullité pour dol ou l'action paulienne en inopposabilité d'un acte frauduleux (article 1167 du Code civil).

genera non pereunt – "les choses de genre ne périssent pas". Contrairement aux choses d'espèce, les choses de genre peuvent toujours être remplacées.

grosso modo – "en gros". A peu près, approximativement.

habeas corpus (ad subiiciendum) – "il faut que tu aies un corps pour comparaître en justice". Nom d'une loi anglaise de 1679 (*habeas corpus Act*), selon laquelle toute arrestation doit être suivie de l'audition de la personne arrêtée par un juge.

hic et nunc – "ici et maintenant". Le juge a statué *hic et nunc*.

in articulo mortis – "à l'article de la mort". Une déclaration reçue *in articulo mortis* par un notaire.

in dubio pro reo – "dans le doute, en faveur de l'accusé". En cas de doute, le juge doit acquitter l'accusé.

in extenso – "complètement". Reproduire un témoignage *in extenso*.

in extremis – "au dernier moment". Introduire un recours *in extremis*.

infans conceptus pro nato habetur (quoties de commodo suo agitur) – "l'enfant simplement conçu est considéré comme déjà né chaque fois qu'il y va de son intérêt".

in fine – "à la fin". Voir l'article 15 *in fine*.

infra – "en dessous". Le mot renvoie à un texte qui suit.

in illo tempore – "en ce temps-là". Dans le passé.

in lege aquilia et levissima culpa venit – "dans la loi aquilienne, la faute la plus légère intervient". En matière de responsabilité civile, la faute la plus légère suffit.

in limine litis – "au début du procès". Les questions préjudicielles doivent être examinées *in limine litis*.

in pari causa turpitudinis cessat repetitio – "en cas de cause immorale similaire, la restitution disparaît". Le juge peut rejeter l'action en répétition (en restitution) lorsqu'il estime que le demandeur a eu un comportement illicite ou immoral.

intestatus – "sans testament". Décédé sans avoir fait de testament.

intuitu personae – " en regardant la personne". Un contrat *intuitu personae* est conclu en considérant la personne du cocontractant.

in vitro – "dans le verre". Un enfant *in vitro* a été conçu selon un procédé artificiel.

ipso facto – "par le fait même". Automatiquement.

is fecit cui prodest – "celui qui a commis (le délit) est celui à qui (le délit) profite". Il faut chercher le mobile pour trouver le coupable.

iura novit curia – "le tribunal connaît le droit". Il n'est pas nécessaire de s'étendre sur les principes juridiques, que connaît le juge.

iuris et de iure – "de droit et en droit". Une présomption *iuris et de iure* est une présomtion irréfragable, qu'on ne peut renverser.

iuris tantum – "seulement de droit". Une présomption *iuris tantum* peut être renversée, en apportant la preuve du contraire.

ius est ars boni et aequi – "le droit est l'art du bien et du juste".

ius gentium – "droit des nations". Droit international public.

ius utendi, fruendi et abutendi – "le droit d'utiliser (une chose), d'en jouir et d'en disposer". Il s'agit des prérogatives du propriétaire.

lucrum cessans – "gain cessant". Il s'agit du manque à gagner résultant par exemple de la non exécution d'un contrat. Le *lucrum cessans* est opposé au *damnum emergens*, qui est la perte effectivement subie.

mala fides superveniens non nocet – "la mauvaise foi survenant après coup ne nuit pas". La bonne foi, lorsqu'elle est exigée, par exemple pour prescrire un bien, doit exister au moment de l'entrée en possession. Peu importe que le possesseur ne soit plus de bonne foi ultérieurement.

manu militari – "par la main militaire". Une manifestation empêchée *manu militari*.

mater semper certa est – "la mère est toujours certaine". La filiation maternelle est toujours établie, contrairement à la filiation paternelle.

modus operandi – "façon de faire". Le *modus operandi* d'un crime est la manière dont il a été réalisé.

modus vivendi – "moyen de vivre". Compromis, arrangement.

mortis causa – "à cause de mort". Le testament est un acte *mortis causa*, destiné à produire ses effets après la mort de son auteur.

motu proprio – "de son propre mouvement". Présenter un projet *motu proprio*, de sa propre initiative.

mutatis mutandis – "ayant changé les choses devant être changées". Une règle peut, *mutatis mutandis*, être également appliquée à une situation voisine de celle qui est visée.

negotiorum gestio – "gestion d'affaires".

neminem laedit qui suo iure utitur – "celui qui fait usage de son droit ne lèse personne". Ce principe est contredit par la théorie de l'abus de droit.

nemo auditur propriam turpitudinem allegans – "personne n'est entendu lorsqu'il allègue sa propre honte". Une partie à un contrat illicite ou immoral ne peut en réclamer l'exécution en justice.

nemo censetur ignorare legem – "nul n'est censé ignorer la loi". En principe, la législation en vigueur peut être opposée à toute personne.

nemo dat quod non habet – "nul ne donne ce qu'il n'a pas". On ne peut pas faire don d'une chose dont on n'est pas propriétaire.

nemo plus iuris transferre potest quam ipse habet – "nul ne peut transférer plus de droits qu'il n'en a lui-même". Pour opérer transfert de propriété, la vente doit être réalisée par un propriétaire.

nemo potest praecise cogi ad factum – "nul ne peut être contraint de faire quelque chose". On ne peut recourir à la force publique pour contraindre un débiteur à effectuer une prestation de faire (prestation non pécuniaire). L'expulsion est une exception à ce principe.

non bis in idem – "pas deux fois à propos de la même chose". On ne peut être jugé deux fois pour le même délit.

nulla poena sine culpa – "pas de peine sans faute". On ne peut pas prononcer de condamnation contre quelqu'un qui n'est pas coupable.

nullum crimen (nulla poena) sine lege – "pas de crime (pas de peine) sans loi". Seuls les comportements réprimés par la loi peuvent faire l'objet d'une poursuite pénale.

omnium – "de tous". Une assurance *omnium* couvre tous les dommages.

onus probandi – "la charge de la preuve".

pacta sunt servanda – "les accords doivent être respectés".

pater est quem nuptiae demonstrant – "le père est celui que révèle le mariage". Le père présumé d'un enfant est celui qui était marié avec la mère durant la période légale de conception.

paterna paternis, materna maternis – "les biens paternels aux parents paternels, les biens maternels aux parents maternels". Le patrimoine du père doit être attribué aux parents de la lignée paternelle, celui de la mère doit revenir aux parents de la lignée maternelle.

periculum est emptoris – "les risques sont à charge de l'acheteur". Voir la théorie des risques dans le contrat de vente.

per obitum – "par suite d'un décès". Un poste devient vacant *per obitum*.

persona non grata – "personne non agréée". Un diplomate qui a commis un délit peut être déclaré *persona non grata* et devra quitter le pays.

pretium doloris – "le prix de la douleur". Indemnité accordée pour la souffrance ou le dommage moral, par exemple à la suite du décès d'un proche.

primus inter pares – "le premier entre les égaux". Le président d'une assemblée est *primus inter pares* s'il n'a pas plus de pouvoirs que les autres membres.

prior tempore, potior iure – "premier dans le temps, meilleur en droit". Le titulaire d'un droit antérieur l'emporte en principe.

pro Deo – "pour Dieu". Gratuitement. Un *pro Deo* est un dossier dont s'occupe un avocat non rémunéré par le client.

pro domo – "pour sa maison". Celui qui parle dans son propre intérêt fait une intervention *pro domo*.

pro et contra – "pour et contre". Il faut examiner les arguments *pro et contra*, dans un sens et dans l'autre.

pro forma – "pour la forme". Un document à remplir *pro forma*, pour respecter les normes, mais sans véritable utilité.

pro rata (parte) – "pour la partie calculée". Proportionnellement. Une redevance calculée au *pro rata* (ou au *prorata*) du service fourni.

pro rata temporis – "proportionnellement au temps". Un loyer payé *pro rata temporis*.

probatio diabolica – "la preuve diabolique". Une *probatio diabolica* est une preuve impossible à apporter.

qualitate qua – "en cette qualité". Certaines personnes sont membres *qualitate qua* d'une assemblée, par exemple du fait de leur fonction.

quod non – "ce qui n'est pas le cas". En supposant, *quod non*, que les faits aient été commis, ...

quorum – "de ceux qui ...". Le *quorum* est le nombre minimal de membres présents pour qu'une assemblée puisse délibérer valablement.

ratio legis – "raison d'être de la loi".

ratione loci – "en raison du lieu". Un juge compétent *ratione loci*.

ratione materiae – "en raison de la matière". La compétence *ratione materiae* est déterminée en fonction de l'objet du litige.

ratione personae – "en raison de la personne".

rebus sic stantibus – "les choses étant ce qu'elles sont".

res furtiva – "chose volée".

res inter alios acta (aliis neque nocet neque prodest) – "une affaire conclue entre parties (ne peut ni nuire ni profiter aux tiers)". En principe, un contrat ne produit d'effets qu'entre les contractants.

res iudicata pro veritate habetur – "une cause jugée tient lieu de vérité". Cette maxime exprime le principe de l'autorité de la chose jugée.

res nullius (privati) – "la chose d'aucun (particulier)". Chose n'ayant aucun propriétaire.

res perit emptori – "la chose périt au détriment de l'acheteur". Voir la théorie des risques dans le contrat de vente.

res perit domino – "la chose périt au détriment du propriétaire".

reus in excipiendo fit actor – "le défendeur devient demandeur lorsqu'il se défend". Il appartient au défendeur (ou à l'accusé) d'apporter la preuve de ses affirmations.

secundum legem – "suivant la loi". Une pratique *secundum legem* est conforme à la législation.

sensu lato – "au sens large".

sensu stricto – "au sens strict".

sic – "ainsi". Le mot s'emploie pour préciser que l'on a reproduit fidèlement l'intervention d'un tiers, y compris avec ses fautes éventuelles.

sine die – "sans jour". Sans fixer de nouvelle date. Une réunion a été ajournée *sine die*.

sine qua non – "sans laquelle non". Une condition *sine qua non* est une condition indispensable.

(in) statu quo (antea) – "dans la situation antérieure".

solo consensu – "par le seul consentement". La vente opère transfert de propriété *solo consensu* en droit civil actuel.

solvens – "celui qui paie".

species – "la chose d'espèce". Chose individualisée par les parties au contrat.

stricto iure – "en droit strict". Selon une interprétation stricte du droit.

sui generis – "d'un genre particulier". Un contrat *sui generis*.

summum ius, summa iniuria – "le meilleur droit, la plus grande injustice". Une application trop rigoureuse du droit peut conduire à une solution inéquitable.

superficies solo cedit – "ce qui est sur le sol cède devant le sol". Les choses incorporées à un terrain (des plantations par exemple) appartiennent au propriétaire du terrain. Voir la théorie de l'accession de meuble à immeuble.

supra – "au-dessus". Le mot renvoie à un texte qui précède.

terminus a quo – "date à partir de laquelle".

testis unus, testis nullus – "un témoin, pas de témoin". Maxime du droit postclassique selon laquelle un témoignage unique est sans valeur en justice.

terminus ad quem – "date jusqu'à laquelle".

ultima ratio – "le dernier argument".

ultra petita – "au-delà de ce qui est demandé". En droit civil, le juge ne peut en principe pas statuer *ultra petita*.

vademecum – "viens avec moi". Un *vademecum* est un aide-mémoire que l'on emporte facilement avec soi.

varia – "diverses choses".

verba volant, scripta manent – "les mots s'envolent, les écrits subsistent".

verus dominus – "le propriétaire véritable".

veto – "j'interdis". Le droit de *veto* permet de s'opposer à l'adoption d'une décision.

vinculum iuris – "lien de droit".

vis maior – "force majeure".

volens nolens – "voulant, ne voulant pas". De gré ou de force. Un accusé emmené *volens nolens* devant le juge d'instruction.

Tableau chronologique

dates	histoire romaine	histoire du droit
− 753	fondation légendaire de Rome par le premier roi, Romulus	
509	le dernier roi, Tarquin le Superbe, est destitué	
	fondation légendaire de la République	
451-450		loi des XII Tables
367		création de la fonction de préteur
286		*lex Aquilia* sur le dommage causé à autrui
264-241	première guerre punique (contre Carthage)	
242		création de la fonction de préteur pérégrin
218-201	deuxième guerre punique	
149-146	troisième guerre punique	
140		*lex Aebutia* sur la procédure formulaire : début du droit romain classique
73-71	révolte des esclaves menés par Spartacus	
63	consulat de Cicéron conjuration de Catilina	
58-50	guerre des Gaules	
49-48	guerre civile entre César et Pompée	
45-44	César est nommé dictateur assassinat en mars 44	
43	triumvirat d'Octave, Antoine et Lépide	
31	guerre entre Octave et Antoine victoire d'Octave mort d'Antoine et de Cléopâtre	

27	le Sénat confirme les pouvoirs d'Octave et lui donne le titre d'Auguste : début de l'Empire	
– 18		lois d'Auguste sur le mariage
+ 1	**début de notre ère**	
14	mort d'Auguste	
14-37	règne de Tibère	le juriste Masurius Sabinus dirige l'Ecole des sabiniens
37-41	règne de Caligula	activité de Proculus, chef de file de l'Ecole des proculiens
41-54	règne de Claude	
54-68	règne de Néron	
69	règnes de Galba, Othon et Vitellius	
69-79	règne de Vespasien	
79-81	règne de Titus	
81-96	règne de Domitien	
96-68	règne de Nerva	
98-117	règne de Trajan	
117-138	règne d'Hadrien	création du Conseil du prince, comprenant des juristes sénatus-consulte Tertulien sur les droits successoraux de la mère codification de l'édit du préteur par Salvius Julien
132-135	répression de la révolte de Judée et dispersion des Juifs	
138-161	règne d'Antonin le Pieux	
150		rédaction des Institutes de Gaius
161-180	règne de Marc-Aurèle	
177		sénatus-consulte Orfitien sur les droits successoraux des enfants vis-à-vis de leur mère
180-192	règne de Commode	
193-211	règne de Septime-Sévère	publication des œuvres des grands juristes classiques : Papinien, Paul et Ulpien
211-217	règne de Caracalla	

212		édit de Caracalla accordant la citoyenneté romaine à tous les habitants de l'Empire
218-222	règne d'Elagabal	
222-235	règne d'Alexandre-Sévère	
235-284	anarchie militaire : succession de coups d'état et invasions barbares	
284	règne de Dioclétien	
	réformes politiques et militaires et début du Bas-Empire	
305	abdication de Dioclétien	fin du droit romain classique
306-337	règne de Constantin	
313		édit de tolérance (édit de Milan) autorisant la religion chrétienne
330	transfert de la capitale à Byzance, qui devient Constantinople	
379-395	règne de Théodose Ier	
381		interdiction des cultes païens (concile de Constantinople)
394		le christianisme est déclaré seule religion officielle
395	séparation de l'Occident et de l'Orient	
	mouvements migratoires de populations germaniques et création de royaumes barbares en Occident	
410	prise de Rome par les Wisigoths	
438		codification de la législation impériale par Théodose II (code Théodosien)
450	invasion des Huns (Attila)	
476	le dernier empereur d'Occident, Romulus Augustule, est déposé par le roi barbare Odoacre	
527-565	règne de Justinien Ier en Orient	
528-534		rédaction du *Corpus Iuris Ciuilis*

Bibliographie

R. Bauman, *Crime and Punishment in Ancient Rome,* Londres, Routledge, 1996.

R. Barrow, *Les Romains,* Paris, Payot, 1962.

M. Bretone, *Storia del diritto romano,* Bari, Laterza, 1987.

J. Carcopino, *La vie quotidienne à Rome à l'apogée de l'Empire,* Paris, Hachette, 1983.

M. Ducos, *Rome et le droit,* Paris, Librairie Générale Française, 1996.

J. Gaudemet, *Le droit privé romain,* Paris, Armand Colin, 1974.

J. Gaudemet, *Les institutions de l'Antiquité,* 4ème édition, Paris, Montchrestien, 1994.

J. Gazzaniga, *Introduction historique au droit des obligations,* Paris, PUF, 1992.

L. Harmand, *Société et économie de la République romaine,* Paris, Armand Colin, 1976.

M. Humbert, *Institutions politiques et sociales de l'Antiquité,* 4ème édition, Paris, Dalloz, 1991.

D. Johnston, *Roman Law in Context,* Cambridge, Cambridge University Press, 1999.

A. Lebigre, *Quelques aspects de la responsabilité pénale en droit romain classique,* Paris, PUF, 1967.

A. Magdelain, *La loi à Rome. Histoire d'un concept,* Paris, Belles Lettres, 1978.

J. Martin (éd.), *La Rome antique,* Paris, Bordas, 1994.

M. Meslin, *L'homme romain. Des origines au premier siècle de notre ère,* Bruxelles, Editions Complexe, 1985.

Cl. Nicolet, *Le métier de citoyen dans la Rome républicaine,* 2ème édition, Paris, Gallimard, 1979.

J. Poucet, *Les origines de Rome. Tradition et histoire,* Bruxelles, Publications des Facultés universitaires Saint-Louis, 1985.

R. Robaye, *L'obligation de garde. Essai sur la responsabilité contractuelle en droit romain,* Bruxelles, Publications des Facultés universitaires Saint-Louis, 1988.

R. Schmidlin et C.A. Cannata, *Droit privé romain,* 2 volumes, 2ème édition, Lausanne, Payot, 1984-1987.

R. Villers, *Rome et le droit privé,* Paris, Albin Michel, 1977.

A. Watson, *The Law of Obligations in the Later Roman Republic,* Oxford, Clarendon Press, 1965.

A. Watson, *The Law of Persons in the Later Roman Republic,* Oxford, Clarendon Press, 1967.

A. Watson, *The Law of Property in the Later Roman Republic,* Oxford, Clarendon Press, 1968.

A. Watson, *The Law of Successions in the Later Roman Republic,* Oxford, Clarendon Press, 1971.

R. Zimmerman, *The Law of Obligations. Roman Foundations of the Civilian Tradition,* Oxford, 1996.

Table des matières